SEGURANÇA DO TRABALHO
NA AGROPECUÁRIA E NA AGROINDÚSTRIA

O GEN | Grupo Editorial Nacional, a maior plataforma editorial no segmento CTP (científico, técnico e profissional), publica nas áreas de saúde, ciências exatas, jurídicas, sociais aplicadas, humanas e de concursos, além de prover serviços direcionados a educação, capacitação médica continuada e preparação para concursos. Conheça nosso catálogo, composto por mais de cinco mil obras e três mil e-books, em www.grupogen.com.br.

As editoras que integram o GEN, respeitadas no mercado editorial, construíram catálogos inigualáveis, com obras decisivas na formação acadêmica e no aperfeiçoamento de várias gerações de profissionais e de estudantes de Administração, Direito, Engenharia, Enfermagem, Fisioterapia, Medicina, Odontologia, Educação Física e muitas outras ciências, tendo se tornado sinônimo de seriedade e respeito.

Nossa missão é prover o melhor conteúdo científico e distribuí-lo de maneira flexível e conveniente, a preços justos, gerando benefícios e servindo a autores, docentes, livreiros, funcionários, colaboradores e acionistas.

Nosso comportamento ético incondicional e nossa responsabilidade social e ambiental são reforçados pela natureza educacional de nossa atividade, sem comprometer o crescimento contínuo e a rentabilidade do grupo.

Antonio Nunes Barbosa Filho

SEGURANÇA DO TRABALHO

NA AGROPECUÁRIA E NA AGROINDÚSTRIA

O autor e a editora empenharam-se para citar adequadamente e dar o devido crédito a todos os detentores dos direitos autorais de qualquer material utilizado neste livro, dispondo-se a possíveis acertos caso, inadvertidamente, a identificação de algum deles tenha sido omitida.

Não é responsabilidade da editora nem do autor a ocorrência de eventuais perdas ou danos a pessoas ou bens que tenham origem no uso desta publicação.

Apesar dos melhores esforços do autor, do editor e dos revisores, é inevitável que surjam erros no texto. Assim, são bem-vindas as comunicações de usuários sobre correções ou sugestões referentes ao conteúdo ou ao nível pedagógico que auxiliem o aprimoramento de edições futuras. Os comentários dos leitores podem ser encaminhados à **Editora Atlas Ltda.** pelo e-mail editorialcsa@grupogen.com.br.

Direitos exclusivos para a língua portuguesa
Copyright © 2017 by
Editora Atlas Ltda.
Uma editora integrante do GEN | Grupo Editorial Nacional

Reservados todos os direitos. É proibida a duplicação ou reprodução deste volume, no todo ou em parte, sob quaisquer formas ou por quaisquer meios (eletrônico, mecânico, gravação, fotocópia, distribuição na internet ou outros), sem permissão expressa da editora.

Rua Conselheiro Nébias, 1384
Campos Elísios, São Paulo, SP — CEP 01203-904
Tels.: 21-3543-0770/11-5080-0770
editorialcsa@grupogen.com.br
www.grupogen.com.br

Designer de capa: MSDE | MANU SANTOS Design
Imagem de capa: makaule | iStockphoto
Editoração eletrônica: Caio Cardoso
Projeto gráfico: Formato Editora e Serviços

CIP-BRASIL. CATALOGAÇÃO NA PUBLICAÇÃO
SINDICATO NACIONAL DOS EDITORES DE LIVROS, RJ

B195s

Barbosa Filho, Antonio Nunes.
  Segurança do trabalho na agropecuária e na agroindústria / Antonio Nunes Barbosa Filho. São Paulo : Atlas, 2017.

  ISBN 978-85-97-00862-3

  1. Segurança do trabalho. 2. Meio ambiente. I. Título.

16-38013
CDD: 363.11
CDU: 331.4

Sumário

Apresentação, vii

1. Introdução à saúde e segurança do trabalho na agroindústria, 1

2. Contato com animais peçonhentos e com substâncias naturais, 15

3. Acidentes com tratores e máquinas agrícolas, 25

4. Segurança em silos e armazéns, 39

5. Normas Regulamentadoras aplicadas à agroindústria, 49

6. Zoonoses e segurança no trato com animais, 61

7. Agrotóxicos: riscos e prevenção, 77

8. Ergonomia aplicada à agroindústria, 103

9. Riscos na maquinaria e sua proteção, 113

10. Os desafios da aviação agrícola, 137

11. Trabalho sob exposição solar, 149

12 Segurança no trato com motosserras, 157

13 Trabalho em ambientes artificialmente frios, 167

14 O ruído na agroindústria, 177

15 Doenças respiratórias na agroindústria, 183

16 Prevenção e combate a incêndios, 195

17 Breves relatos e apreciação de acidentes na agroindústria, 207

18 Questões para estudo e discussão, 243

Apresentação

Depois da publicação de *Segurança do trabalho & gestão ambiental*, texto de caráter introdutório e de interesse geral para a iniciação às temáticas relacionadas, de *Insalubridade e periculosidade – Manual de iniciação pericial* e de *Segurança do trabalho na construção civil*, com aplicações específicas, fui instado a desenvolver este livro, voltado para a agroindústria, cuja gama de condições de trabalho em face das distintas possibilidades de produção, por si só, já representa um grande desafio acadêmico e profissional. Resta claro que, diante dos diferentes estágios de evolução das unidades produtivas – desde a familiar de subsistência ao agronegócio com elevado grau de automação, todas abrangidas pelas regras de saúde e segurança ocupacional aplicáveis –, seria impossível esgotar o rol de temas e de questões a serem abordados em uma obra deste gênero.

Diante da ausência de textos nacionais sistematizados a respeito da matéria, este projeto surgiu com o intuito de fornecer uma compilação de alguns dos conhecimentos necessários à formação do estudante e à reciclagem dos profissionais atuantes no segmento, seja nas atividades de campo, seja nas atividades típicas da indústria, cada uma destas com seu respectivo conjunto de exigências e oportunidades de ameaça à integridade sobre os trabalhadores.

Apresentação

A escolha aqui foi por capítulos curtos, a partir dos quais o leitor terá acesso à essência do conteúdo técnico de modo enxuto e eficaz, contudo sem superficialidade. Ademais, ao final de cada um dos capítulos são sugeridas leituras adicionais, para que os assuntos tratados possam ser aprofundados. Como de praxe, em capítulo adicional, fornecemos uma lista de questões para estudo, discussão e consolidação dos conteúdos abordados ao longo da obra.

Espero, sinceramente, que os textos deste livro, em sua simplicidade, a exemplo do propósito dos acima citados, possam ser de utilidade.

Contem comigo em sua caminhada. Cordial abraço, desde Recife.

O autor

Introdução à saúde e segurança do trabalho na agroindústria

1 Introdução à saúde e segurança do trabalho na agroindústria

A evolução da agricultura e da pecuária – em pleno curso há mais de 10 mil anos – representa, em grande monta, as transformações ocorridas na humanidade. Nesse sentido, o surgimento e o aprimoramento de ferramentas e de técnicas de produção, as mais diversas, vêm contribuindo para o incremento da produção de alimentos, requisito essencial para a soberania dos povos e nações. Serve, então, podemos afirmar, como medida de evolução da própria sociedade em que estão inseridas.

No Brasil, o trabalho rural é regulado pela Lei n. 5.889/1973, que, dentre outras particularidades, estabelece:

> Art. 3º Considera-se empregador rural, para efeitos desta Lei, a pessoa física ou jurídica, proprietário ou não, que explore atividade agroeconômica, em caráter permanente ou temporário, diretamente ou através de prepostos e com auxílio de empregados.
>
> § 1º Inclui-se na atividade econômica, referida no "caput" deste artigo, **a exploração industrial em estabelecimento agrário** não compreendido na Consolidação das Leis do Trabalho. (grifo nosso)

Essa diferenciação é fundamental no que concerne à compreensão do que é simplesmente indústria rural e exploração industrial em estabelecimento rural. A primeira promove a transformação do substrato, alterando-lhe a condição de matéria-prima (por exemplo, a usina de açúcar); a segunda, ainda que realize processamento primário para posterior industrialização, não lhe altera essa condição. Apenas a beneficia (prepara): limpeza, secagem, pasteurização, abate, resfriamento, descaroçamento etc.

Em sentido amplo, consideramos como integrantes da agroindústria os segmentos dedicados à produção e ao processamento dos derivados e subprodutos da agricultura, pecuária, aquicultura, silvicultura e exploração florestal. Enfim, de todas as iniciativas baseadas em recursos naturais, excetuando-se desse contexto a extração mineral e a produção de carvão, que, por sua natureza, assumem feições de indústria simples.

A amplitude de atividades requeridas se dá desde áreas para o cultivo, a semeadura e a colheita, transporte e armazenamento de grãos e outros produtos agrícolas, bem como a produção animal, a exemplo

Introdução à saúde e segurança do trabalho na agroindústria

da avícola, a suína e a bovina – a formação de matrizes, os cuidados com as crias, a engorda até o seu desenvolvimento e abate, passando pelo processamento, porcionamento e embalagem – que culmina com a atividade frigorífica e, ainda, seu envio aos canais de distribuição que farão com que estes produtos alcancem seus mercados consumidores.

Em nosso país, a agroindústria compreende vários elos da cadeia produtiva entre o campo e a industrialização do que nele se produz, sendo responsável por 30% da mão de obra ocupada, mais de 35% das exportações nacionais e algo como a terça parte ou mais do PIB, destacando-o nos cenários internacionais atinentes à temática: entre os maiores produtores mundiais de café, açúcar, laranja, etanol, alguns grãos e carnes bovina, suína e de frango. Nas últimas duas décadas, por exemplo, o incremento na produção de grãos foi da ordem de 150%, enquanto a área plantada cresceu em torno de um terço. Ou seja, houve grande incremento de produtividade, provido por novas tecnologias aplicadas.

Entretanto, ao lado desses números impressionantes, há outro que carece de inadiável atenção: anualmente, centenas de milhares de trabalhadores do segmento sofrem algum tipo de acidente laboral. Originados nas mais diversas causas, resultam perdas humanas e produtivas que poderiam e deveriam ser evitadas, pois representam brutal custo humano, social e econômico. A Organização Internacional do Trabalho (OIT) reconhece que a agropecuária está entre as atividades com as maiores cifras de acidentes em todo o mundo. São frequentes os acidentes com tratores e equipamentos agrícolas. Há também a exposição ao ruído e à vibração no trato com estes, assim como às radiações solares por longos períodos, aos agrotóxicos, ao intenso trato manual de cargas, não raro em posturas inadequadas, em ritmos de trabalho intensos e sem se observar as pausas para descanso e a reposição hídrica e calórica necessárias, frente a jornadas laborais também excessivas, dentre outras exigências ou oportunidades de dano à integridade a que estes operários costumam ser rotineira e comumente submetidos.

Já em 1700, Bernardino Ramazzini, no célebre *As doenças dos trabalhadores*, alertava quanto às doenças dos obreiros dedicados a essa produção. Dentre outros, a obra – cuja leitura recomendamos – traz capítulos dedicados aos "azeiteiros, curtidores, queijeiros e de outros ofícios imundos", assim como aos "fabricantes de amido", "pescadores" e "agricultores", expressa em certo capítulo (p. 195-200):

> *Podem atribuir-se esses males a duas causas ocasionais: o ar e a má alimentação; expostos à inclemência do tempo, enquanto realizavam as fainas campestres, açoitados pelos ventos quer do norte, quer do sul, molhados pelas chuvas e pelos orvalhos noturnos, ou tostados pelo sol estival, ainda que sejam fortes, rijos de natureza, não podem suportar tão grandes variações, ora gelados, ora derretidos em suor.*

O autor fazia a si mesmo, assim como aos seus leitores, uma pergunta crucial: "Como a arte médica protegerá a esses lavradores que são tão necessários?".

Mais de três séculos se passaram desde então e a pergunta continua não somente válida, como deve ser estendida a todos os demais profissionais voltados à preservação da integridade laboral.

Nesse sentido, o presente livro se insere no esforço de ofertar informações compatíveis com as medidas necessárias para a preservação da integridade desses trabalhadores, que, de modo ímpar, cumprem um papel essencial para a sobrevivência dos demais habitantes em todas as sociedades.

No mesmo universo da produção originada no campo e daquelas imediata e diretamente derivadas, encontramos o que se convencionou chamar de agronegócio, intensivo em tecnologia aplicada, por um lado oriunda dos laboratórios especializados (genética, química fina e outros) e, de outro, pela utilização da mais recente mecanização; ao que se soma a agricultura familiar, em sua concepção mais tradicional: com poucas e arcaicas ferramentas, assim como mecanização, quando disponível, com ainda restrito acesso, quando não ausência, de informações ou de domínio técnico quanto aos riscos associados a estas produções, dependente do estado como provedor desse conteúdo, assistência e técnica rural. E, não raro, também dependente, para o seu sustento e satisfação de todas as tarefas necessárias para o cotidiano da unidade produtiva, da força de trabalho de todos os membros dessa família, incluindo jovens e crianças que enfrentam jornadas e condições de trabalho inadequadas, até mesmo, para trabalhadores adultos.

Introdução à saúde e segurança do trabalho na agroindústria

Reconhecendo-se que este é um fenômeno pertinente a toda a humanidade, que em todo o mundo, pelas mais diversas razões, trabalhadores muito – e cada vez mais – jovens se submetem a condições laborais que podem causar severos danos à sua integridade ao desenvolverem um sem-número de atividades, a OIT instituiu a Convenção 182 e a Recomendação 190, que versam sobre a *"Proibição das piores formas de trabalho infantil e a Ação imediata para a sua eliminação"*. Estas foram trazidas ao ordenamento jurídico brasileiro pelos Decretos n. 3.597, de 12/09/2000, e n. 6.481, de 12/06/2008. O anexo deste último, do qual reproduzimos excerto ao final deste capítulo, traz a "Lista das piores formas de trabalho infantil": aquelas cujas atividades são descritas como prejudiciais à saúde e segurança, dentre as quais ganham destaque os relacionados à agricultura, pecuária, silvicultura e exploração florestal, ademais de algumas relacionadas à indústria de transformação derivadas das anteriores, como a fabricação de farinha de mandioca, processamento de carnes e seus derivados, assim como no beneficiamento da madeira, segundo a descrição de prováveis riscos ocupacionais decorrentes desse labor e das repercussões associadas.

A leitura atenta deste excerto, muito além do afastamento desses trabalhadores das atividades requeridas para o seu próprio sustento e de sua família, nos fornece indicativos a respeito de que medidas de saúde e segurança ocupacional devem ser levadas a termo para evitar tais infortúnios para todo e qualquer trabalhador.

No intuito de prover o acesso regular dos filhos dos trabalhadores rurais à educação e à escolarização, a Lei n. 5.889/1973 determina:

> *Art. 16. Toda propriedade rural, que mantenha a seu serviço ou trabalhando em seus limites mais de cinquenta famílias de trabalhadores de qualquer natureza, é obrigada a possuir e conservar em funcionamento escola primária, inteiramente gratuita, para os filhos destes, com tantas classes quantos sejam os grupos de quarenta crianças em idade escolar.*
>
> *Parágrafo único. A matrícula da população em idade escolar será obrigatória, sem qualquer outra exigência, além da certidão de nascimento, para cuja obtenção o empregador proporcionará todas as facilidades aos responsáveis pelas crianças.*

As ações visando preservar a integridade dos trabalhadores na agroindústria devem se estender, inclusive, àqueles contratados por tempo determinado, por safra, uma vez que estes também contam com o direito à estabilidade decorrente do acidente de trabalho previsto no art. 118 da Lei n. 8.213/1991 (Lei de Benefícios da Previdência Social), conforme o entendimento consolidado no item II da Súmula 378 do Tribunal Superior do Trabalho (TST). Ou seja, ainda que safrista, o trabalhador deve receber as orientações e os treinamentos necessários para o exercício seguro das atividades a seu encargo, bem como ter à sua disposição as medidas protetivas indispensáveis para tanto. Tal direito não distingue as modalidades do contrato de trabalho, se a termo ou por prazo determinado, para fins de garantia provisória de emprego em decorrência de acidente laboral.

A definição de contrato de safra está estabelecida no parágrafo único do art. 14 da Lei n. 5.889/1973, que assim expressa: *"Considera-se contrato de safra o que tenha sua duração dependente de variações estacionais da atividade agrária".*

Porém, cabe atentar quanto ao contido no art. 14-A:

> *O produtor rural* **pessoa física** *poderá realizar contratação de trabalhador rural por pequeno prazo para o exercício de atividades de natureza temporária.* (grifo nosso)
>
> *§ 1º A contratação de trabalhador rural por pequeno prazo que, dentro do período de 1 (um) ano, superar 2 (dois) meses fica convertida em contrato de trabalho por prazo indeterminado, observando-se os termos da legislação aplicável.*
>
> *[...]*
>
> *§ 8º São assegurados ao trabalhador rural contratado por pequeno prazo, além de remuneração equivalente à do trabalhador rural permanente, os demais direitos de natureza trabalhista.*

Se ao empregador, pessoa física, é facultado contratar outrem em caráter temporário, sendo obrigação preservar-lhe a integridade, tal como direito dos demais trabalhadores, cabe questionar: Têm estes, em nosso país, acesso e à sua disposição as informações necessárias para tanto?

Aos assuntos até aqui abordados, convém acrescer olhares em outras direções. Dentre estas, destacar:

i. Em se tratando de unidades produtivas via de regra situadas na zona rural dos municípios e, por vezes, de difícil acesso e não servidas de transporte público regular, não é incomum que a empresa providencie o transporte para os trabalhadores a seu serviço, desde um ponto de encontro na sede deste município e ao longo de paradas predefinidas no roteiro até as suas instalações. As bases em que esse transporte de pessoas é executado, bem como as responsabilidades decorrentes, se inserem nas condições de trabalho, pois ele deve ser exercido de modo apropriado, digno. Veja-se, nesse sentido, a decisão proferida no processo TST/AIRR 801-48.2010.5.05.0341, em consonância com o estabelecido no item NR 31.16.

ii. Ademais, temos que ter sempre em mente que as condições de trabalho por meio das quais se executam atividades produtivas neste segmento têm estreitas ligações com o estado em que o produto resultante em geral destinado ao consumo humano, será obtido. Logo, podemos inferir que condições de trabalho propícias favorecem não apenas aos seus executantes diretos, mas, sobretudo, aos destinatários, uma vez que contribuem para a obtenção segura e saudável de alimentos.

iii. Nesse sentido, convém ressaltar o conceito de "segurança alimentar", que, de modo abrangente, estabelece que o alimento não causará dano aos consumidores e, em razão disso, não poderá oferecer perigos à saúde destes, em particular no que concerne à contaminação em sua preparação, notadamente em decorrência de sua manipulação.

iv. Assim, dentre outros cuidados requeridos, se faz necessário rigoroso controle da qualidade da água utilizada no processo, das contaminações cruzadas, das pragas (em especial insetos e roedores), bem como das práticas e do comportamento do manipulador, treinado e executando, de modo consciente, procedimentos operacionais padronizados. A este conjunto de cuidados denomina-se "boas práticas de fabricação (BPF)", fundamentais para se assegurar a qualidade e a integridade do alimento produzido.

v. Outra medida pertinente diz respeito à prevenção de doenças infecciosas ou parasitárias junto aos trabalhadores. Algumas destas podem ser adquiridas pelo contato com animais, assunto que trataremos em

1 Introdução à saúde e segurança do trabalho na agroindústria

capítulo específico deste livro. De outro lado, há também aquelas com possibilidade de serem transmitidas aos alimentos, que podem incapacitar esses trabalhadores para atuarem nas áreas de BPF. Neste sentido, uma verificação preliminar nas recomendações constantes do Calendário de Vacinação Ocupacional da Sociedade Brasileira de Imunizações (SBI), segundo a área de atuação profissional,[1] sem dúvida, será um bom ponto de partida.

Sugestões de leitura

BAGATIN, Ericson; KITAMURA, Satoshi. História ocupacional. *Jornal Brasileiro de Pneumologia*, v. 32, 2005. (S12-S16).

BRASIL. Decreto n. 6.481, de 12 de junho de 2008.

_____. Decreto n. 3.597, de 12 de setembro de 2000.

_____. Lei n. 5.889, de 8 de junho de 1973.

BRASIL/MTE. NR 24 – Condições de trabalho e sanitárias no local de trabalho.

Estado de São Paulo. Portaria CVS n. 12, de 17 de agosto de 2009.

MORAES, Márcia Vilma G. *Enfermagem do trabalho* – Programas, procedimentos e técnicas. 4. ed. São Paulo: Iátria, 2013.

RAMAZZINI, Bernardino. *As doenças dos trabalhadores*. 2. ed. São Paulo: Fundacentro, 1999.

31.16 TRANSPORTE DE TRABALHADORES

31.16.1 O veículo de transporte coletivo de passageiros deve observar os seguintes requisitos:

a) possuir autorização emitida pela autoridade de trânsito competente;

b) transportar todos os passageiros sentados;

c) ser conduzido por motorista habilitado e devidamente identificado;

d) possuir compartimento resistente e fixo para a guarda das ferramentas e materiais, separado dos passageiros.

31.16.2 O transporte de trabalhadores em veículos adaptados somente ocorrerá em situações excepcionais, mediante autorização prévia da autoridade competente em matéria de trânsito, devendo o veículo apresentar as seguintes condições mínimas de segurança:

(continua)

---

[1] Vídeo disponível em: <http://sbim.org.br/images/files/calend-sbim-ocupacional-2015-16-150902-spread.pdf>. Acesso em: 20 set. 2016.

Introdução à saúde e segurança do trabalho na agroindústria

a) escada para acesso, com corrimão, posicionada em local de fácil visualização pelo motorista;

b) carroceria com cobertura, barras de apoio para as mãos, proteção lateral rígida, com dois metros e dez centímetros de altura livre, de material de boa qualidade e resistência estrutural que evite o esmagamento e a projeção de pessoas em caso de acidente com o veículo;

c) cabina e carroceria com sistemas de ventilação, garantida a comunicação entre o motorista e os passageiros;

d) assentos revestidos de espuma, com encosto e cinto de segurança;

e) compartimento para materiais e ferramentas, mantido fechado e separado dos passageiros.

LISTA DAS PIORES FORMAS DE TRABALHO INFANTIL (LISTA TIP) – Anexo do Decreto n. 6.481/2008

I. TRABALHOS PREJUDICIAIS À SAÚDE E À SEGURANÇA (Excerto)

	Descrição dos trabalhos	Prováveis riscos ocupacionais	Prováveis repercussões à saúde
1.	Na direção e operação de tratores, máquinas agrícolas e esmeris, quando motorizados e em movimento.	Acidentes com máquinas, instrumentos ou ferramentas perigosas.	Afecções musculoesqueléticas (bursites, tendinites, dorsalgias, sinovites, tenossinovites), mutilações, esmagamentos, fraturas.
2.	No processo produtivo do fumo, algodão, sisal, cana-de-açúcar e abacaxi.	Esforço físico e posturas viciosas; exposição a poeiras orgânicas e seus contaminantes, como fungos e agrotóxicos; contato com substâncias tóxicas da própria planta; acidentes com animais peçonhentos; exposição, sem proteção adequada, à radiação solar, calor, umidade, chuva e frio; acidentes com instrumentos perfurocortantes.	Afecções musculoesqueléticas (bursites, tendinites, dorsalgias, sinovites, tenossinovites); pneumoconioses; intoxicações exógenas; cânceres; bissinoses; hantaviroses; urticárias; envenenamentos; intermações; queimaduras na pele; envelhecimento precoce; câncer de pele; desidratação; doenças respiratórias; ceratoses actínicas; ferimentos e mutilações; apagamento de digitais.

(continua)

1 Introdução à saúde e segurança do trabalho na agroindústria

3.	Na colheita de cítricos, pimenta-malagueta e semelhantes.	Esforço físico, levantamento e transporte manual de peso; posturas viciosas; exposição, sem proteção adequada, à radiação solar, calor, umidade, chuva e frio; contato com ácido da casca; acidentes com instrumentos perfurocortantes.	Afecções musculoesqueléticas (bursites, tendinites, dorsalgias, sinovites, tenossinovites); intermações; queimaduras na pele; envelhecimento precoce; câncer de pele; desidratação; doenças respiratórias; ceratoses actínicas; apagamento de digitais; ferimentos; mutilações.
4.	No beneficiamento do fumo, sisal, castanha-de-caju e cana-de-açúcar.	Esforço físico, levantamento e transporte de peso; exposição a poeiras orgânicas, ácidos e substâncias tóxicas.	Fadiga física; afecções musculoesqueléticas (bursites, tendinites, dorsalgias, sinovites, tenossinovites); intoxicações agudas e crônicas; rinite; bronquite; vômitos; dermatites ocupacionais; apagamento das digitais.
5.	Na pulverização, manuseio e aplicação de agrotóxicos, adjuvantes e produtos afins, incluindo limpeza de equipamentos, descontaminação, disposição e retorno de recipientes vazios.	Exposição a substâncias químicas, tais como pesticidas e fertilizantes, absorvidos por via oral, cutânea e respiratória.	Intoxicações agudas e crônicas; polineuropatias; dermatites de contato; dermatites alérgicas; osteomalácias do adulto induzidas por drogas; cânceres; arritmias cardíacas; leucemias e episódios depressivos.
6.	Em locais de armazenamento ou de beneficiamento em que haja livre desprendimento de poeiras de cereais e de vegetais.	Exposição a poeiras e seus contaminantes.	Bissinoses; asma; bronquite; rinite alérgica; enfizema; pneumonia e irritação das vias aéreas superiores.
7.	Em estábulos, cavalariças, currais, estrebarias ou pocilgas, sem condições adequadas de higienização.	Acidentes com animais e contato permanente com vírus, bactérias, parasitas, bacilos e fungos.	Afecções musculoesqueléticas (bursites, tendinites, dorsalgias, sinovites, tenossinovites); contusões; tuberculose; carbúnculo; brucelose; leptospirose; tétano; psitacose; dengue; hepatites virais; dermatofitoses; candidíases; leishmanioses cutâneas e cutâneo-mucosas e blastomicoses.

(continua)

Introdução à saúde e segurança do trabalho na agroindústria

8.	No interior ou junto a silos de estocagem de forragem ou grãos com atmosferas tóxicas, explosivas ou com deficiência de oxigênio.	Exposição a poeiras e seus contaminantes; queda de nível; explosões; baixa pressão parcial de oxigênio.	Asfixia; dificuldade respiratória; asma ocupacional; pneumonia; bronquite; rinite; traumatismos; contusões e queimaduras.
9.	Como sinalizador na aplicação aérea de produtos ou defensivos agrícolas.	Exposição a substâncias químicas, tais como pesticidas e fertilizantes, absorvidos por via oral, cutânea e respiratória.	Intoxicações exógenas agudas e crônicas; polineuropatias; dermatites; rinite; bronquite; leucemias; arritmia cardíaca; cânceres; leucemias; neurastenia e episódios depressivos.
10.	Na extração e corte de madeira.	Acidentes com queda de árvores, serra de corte, máquinas e ofidismo.	Afecções musculoesqueléticas (bursites, tendinites, dorsalgias, sinovites, tenossinovites); esmagamentos; amputações; lacerações; mutilações; contusões; fraturas; envenenamento e blastomicose.
32.	Na produção de carvão vegetal.	Exposição à radiação solar, chuva; contato com amianto; picadas de insetos e animais peçonhentos; levantamento e transporte de peso excessivo; posturas inadequadas e movimentos repetitivos; acidentes com instrumentos perfurocortantes; queda de toras; exposição à vibração, explosões e desabamentos; combustão espontânea do carvão; monotonia; estresse da tensão da vigília do forno; fumaça contendo subprodutos da pirólise e combustão incompleta: ácido pirolenhoso, alcatrão, metanol, acetona, acetato, monóxido de carbono, dióxido de carbono e metano.	Queimaduras na pele; envelhecimento precoce; câncer de pele; desidratação; doenças respiratórias; hipertemia; reações na pele ou generalizadas; fadiga física; dores musculares nos membros e coluna vertebral; lesões e deformidades osteomusculares; comprometimento do desenvolvimento psicomotor; DORT/LER; ferimentos; mutilações; traumatismos; lesões osteomusculares; síndromes vasculares; queimaduras; sofrimento psíquico; intoxicações agudas e crônicas.

(continua)

33.	Em contato com resíduos de animais deteriorados, glândulas, vísceras, sangue, ossos, couros, pelos ou dejetos de animais.	Exposição a vírus, bactérias, bacilos, fungos e parasitas.	Tuberculose; carbúnculo; brucelose; hepatites virais; tétano; psitacose; ornitose; dermatoses ocupacionais e dermatites de contato.
37.	Em curtumes, industrialização de couros e fabricação de peles e peliças.	Esforços físicos intensos; exposição a corantes, alvejantes, álcalis, desengordurantes, ácidos, alumínio, branqueadores, vírus, bactérias, bacilos, fungos e calor.	Afecções musculoesqueléticas (bursites, tendinites, dorsalgias, sinovites, tenossinovites); tuberculose; carbúnculo; brucelose; antrax; cânceres; rinite crônica; conjuntivite; pneumonite; dermatites de contato; dermatose ocupacional e queimaduras.
38.	Em matadouros ou abatedouros em geral.	Esforços físicos intensos; riscos de acidentes com animais e ferramentas perfurocortantes e exposição a agentes biológicos.	Afecções musculoesqueléticas (bursites, tendinites, dorsalgias, sinovites, tenossinovites); contusões; ferimentos; tuberculose; carbúnculo; brucelose e psitacose; antrax.
40.	Na fabricação de farinha de mandioca.	Esforços físicos intensos; acidentes com instrumentos perfurocortantes; posições inadequadas; movimentos repetitivos; altas temperaturas e poeiras.	Afecções musculoesqueléticas (bursites, tendinites, dorsalgias, sinovites, tenossinovites); contusão; amputações; cortes; queimaduras; DORT/LER; cifose; escoliose; afecções respiratórias e dermatoses ocupacionais.
50.	Na fabricação de bebidas alcoólicas.	Exposição a vapores de etanol e a poeira de cereais; exposição a bebidas alcoólicas, ao calor, à formação de atmosferas explosivas; incêndios e outros acidentes.	Queimaduras; asfixia; tonturas; intoxicação; irritação das vias aéreas superiores; irritação da pele e mucosas; cefaleia e embriaguez.

(continua)

Introdução à saúde e segurança do trabalho na agroindústria

51.	No interior de resfriadores, casas de máquinas ou junto de aquecedores, fornos ou altos-fornos.	Exposição a temperaturas extremas, frio e calor.	Frio; hipotermia com diminuição da capacidade física e mental; calor, hipertermia; fadiga; desidratação; desequilíbrio hidroeletrolítico e estresse.
54.	No beneficiamento de madeira.	Esforços físicos intensos; exposição à poeira de madeiras; risco de acidentes com máquinas, serras, equipamentos e ferramentas perigosas.	Afecções musculoesqueléticas (bursites, tendinites, dorsalgias, sinovites, tenossinovites); asma ocupacional; bronquite; pneumonite; edema pulmonar agudo; enfizema intersticial; asma ocupacional; dermatose ocupacional; esmagamentos; ferimentos; amputações; mutilações; fadiga; estresse e DORT/LER.
55.	Com exposição a vibrações localizadas ou de corpo inteiro.	Vibrações localizadas ou generalizadas.	Síndrome cervicobraquial; dor articular; moléstia de Dupuytren; capsulite adesiva do ombro; bursites; epicondilite lateral; osteocondrose do adulto; doença de Kohler; hérnia de disco; artroses e aumento da pressão arterial.
60.	No transporte e armazenagem de álcool, explosivos, inflamáveis líquidos, gasosos e liquefeitos.	Exposição a vapores tóxicos; risco de incêndio e explosões.	Intoxicações; queimaduras; rinite e dermatites de contato.
63.	No manuseio ou aplicação de produtos químicos, incluindo limpeza de equipamentos, descontaminação, disposição e retorno de recipientes vazios.	Exposição a quimioterápicos e outras substâncias químicas de uso terapêutico.	Intoxicações agudas e crônicas; polineuropatia; dermatites de contato; dermatite alérgica; osteomalácia do adulto induzida por drogas; cânceres; arritmia cardíaca; leucemias; neurastenia e episódios depressivos.

(continua)

Introdução à saúde e segurança do trabalho na agroindústria

64.	Em contato com animais portadores de doenças infectocontagiosas e em postos de vacinação de animais.	Exposição a vírus, bactérias, parasitas e bacilos.	Tuberculose; carbúnculo; brucelose; psitacose; raiva; asma; rinite; conjuntivite; pneumonia; dermatite de contato e dermatose ocupacional.
78.	Com utilização de instrumentos ou ferramentas perfurocortantes, sem proteção adequada capaz de controlar o risco.	Perfurações e cortes.	Ferimentos e mutilações.
79.	Em câmaras frigoríficas.	Exposição a baixas temperaturas e a variações súbitas.	Hipotermia; eritema pérnio; geladura (Frostbite) com necrose de tecidos; bronquite; rinite; pneumonias.
80.	Com levantamento, transporte, carga ou descarga manual de pesos.	Esforço físico intenso; tracionamento da coluna vertebral; sobrecarga muscular.	Afecções musculoesqueléticas (bursites, tendinites, dorsalgias, sinovites, tenossinovites); lombalgias; lombociatalgias; escolioses; cifoses; lordoses; maturação precoce das epífises.
81.	Ao ar livre, sem proteção adequada contra exposição à radiação solar, chuva, frio.	Exposição, sem proteção adequada, à radiação solar, chuva e frio.	Intermações; queimaduras na pele; envelhecimento precoce; câncer de pele; desidratação; doenças respiratórias; ceratoses actínicas; hipertemia; dermatoses; dermatites; conjuntivite; queratite; pneumonite; fadiga; intermação.
83.	Com exposição a ruído contínuo ou intermitente acima do nível previsto na legislação pertinente em vigor, ou a ruído de impacto.	Exposição a níveis elevados de pressão sonora.	Alteração temporária do limiar auditivo; hipoacusia; perda da audição; hipertensão arterial; ruptura traumática do tímpano; alterações emocionais; alterações mentais e estresse.

2

Contato com animais peçonhentos e com substâncias naturais

2 Contato com animais peçonhentos e com substâncias naturais

Com a expansão das fronteiras agrícolas, naturalmente, houve uma redução dos espaços para a fauna regional nas localidades onde se processou tal fenômeno. Como consequência, ampliaram-se as possibilidades de contato entre alguns animais e os trabalhadores que desenvolvem atividades no campo, em especial naquelas culturas que oferecem condições propícias para a presença desses animais (como a cana-de-açúcar, o arroz, as bananas e o bambu) e em ambientes que podem oferecer alimentos e moradia ou proteção, sobretudo das intempéries, como apriscos, galinheiros, silos e assemelhados. Assim, não raro temos notícias de acidentes envolvendo cobras, escorpiões, aranhas e alguns insetos, como abelhas e vespas, ademais de alguns tipos de formigas e lagartas.

Tais animais, em presença humana, ao se sentirem ameaçados, por instinto de sobrevivência e como forma de defesa, por meio de glândulas excretoras, investem contra as pessoas, buscando atingi-las com substâncias tóxicas produzidas por estas. A gravidade dos efeitos pode variar desde ardência e incômodo local, passando por variável sensação dolorosa, assim como resultar necrose da área afetada e, inclusive, a morte dos indivíduos porventura atingidos, que não contarem com os equipamentos de proteção apropriados durante o exercício das atividades em que ocorrer essa interação ou com a assistência de socorro adequado em tempo hábil.

Os animais peçonhentos distinguem-se dos demais considerados venenosos porquanto estes últimos têm ação tóxica somente quando ingeridos e, também, dos zoonóticos cujo efeito danoso aos trabalhadores se dá pela ação de microrganismos patogênicos, transmitidos direta ou indiretamente por estes. As zoonoses, doenças humanas de origem animal, serão tratadas em capítulo específico mais adiante.

Dentre as espécies de maior interesse, em razão do número de casos registrados por todo o país e quanto a potencial gravidade de consequências, devemos destacar os ofídios e os aracnídeos (aranhas e escorpiões). Todavia, não podemos deixar de citar a ocorrência da peçonha em himenópteros (abelhas, vespas, formigas e marimbondos) e nos lepidópteros (em especial as "taturanas" ou "lagartas de fogo") que, em razão da sensibilização prévia e da susceptibilidade dos indivíduos atingidos pelas toxinas do animal, podem levar a graves reações, inclusive provocando

Contato com animais peçonhentos e com substâncias naturais

choque anafilático que pode resultar fatal se as intervenções requeridas não forem realizadas a contento.

Um dos aspectos comumente destacados no imaginário popular no tocante à conduta de socorro em caso de acidentes com ofídios – ou com outros animais peçonhentos – seria o reconhecimento da espécie causadora do evento, para a orientação quanto ao antígeno a ser ministrado à vítima. Certamente, essa informação, se disponível e de modo confiável, será de utilidade, todavia não se faz imprescindível.[1]

Não se deve despender tempo na procura e eventual captura do animal peçonhento, retardando por minutos preciosos o deslocamento, assim como a ação de assistência que se requerem imediatos e, tampouco, realizar qualquer intervenção baseada em crendices, remédios populares ou práticas ancestrais. A ocorrência é potencialmente grave e, como tal, deve ter pronto atendimento por profissionais habilitados quanto às medidas para o suporte ao acidentado. Nesse sentido, de modo bastante esclarecedor, Azevedo-Marques, Cupo e Hering (2003) explicitam que:

> *Tais acidentes* [com animais peçonhentos] *devem ser atendidos em unidades equipadas para urgências e emergências clínicas, não só pela exigida rapidez na neutralização das toxinas inoculadas pela picada, como pela frequente necessidade de introdução de medidas de sustentação das condições vitais dos pacientes [...] o diagnóstico habitualmente realizado é o* **PRESUMÍVEL***, que se baseia na observação dos sintomas e sinais presentes no acidentado, em consequência das atividades tóxicas, desenvolvidas pela inoculação de determinado tipo de veneno. O atual conhecimento da composição dos venenos e seus principais efeitos sobre o organismo humano permitem ao médico reconhecer o gênero do animal envolvido no acidente e selecionar o antídoto adequado mesmo na ausência da serpente.* (destaque no original)

Tão importante para o sucesso da administração do tratamento, assim como para a minimização de eventuais consequências indesejadas

---

[1] Em nosso país, os acidentes com serpentes, por ordem decrescente de incidência, decorrem de jararacas (*Bothrops jararaca*), cascavéis (*Crotalus durissus*), surucucus (*Lachesis muta*) e cobras-corais (*Micrurus corallinus*). Quanto aos escorpiões, os casos de maior gravidade, em sua maioria, são resultantes de acidentes com o escorpião-amarelo (*Tityus serrulatus*). Já no tocante às aranhas, as armadeiras (*Phoneutria*) são as responsáveis pelo maior número de ocorrências.

2 Contato com animais peçonhentos e com substâncias naturais

do episódio, quanto à disponibilidade do antídoto e sua aplicação em tempo hábil, o que depende sobremaneira do tempo decorrido entre o acidente e a neutralização das toxinas inoculadas na ocorrência, será a conduta de primeiros socorros à vítima, que podem ser prestados por qualquer pessoa e nos quais devem ser observadas as seguintes orientações:

1. Manter o acidentado em repouso, deitado e aquecido, minimizando a sua movimentação, para que a circulação do veneno no corpo não favoreça sua ação sobre a vítima.
2. Não se deve espremer o local da picada, sugar o ferimento ou aplicar qualquer produto sobre a área afetada.
3. Tampouco deve ser realizado garrote ou torniquete, o que pode causar sérias consequências.
4. Deve-se, apenas, limpar o local com água, água e sabão ou soro fisiológico, recobrindo-o com um pano ou outro material limpo, quando possível, em especial se já existirem bolhas, as quais não devem ser rompidas.
5. Se a vítima não apresentar vômitos, pode-se oferecer água, para manter a hidratação.
6. É importante remover pulseiras, relógios, anéis e outros adornos que possam, em caso de inchaço do local afetado, causar estreitamento e até mesmo interrupção do fluxo sanguíneo.
7. Conduzi-lo, pronta e imediatamente, ao atendimento especializado para a aplicação do soro específico.

No caso de acidentes com abelhas, vespas e similares, nas espécies em que o ferrão se desprende do corpo junto com parte das estruturas do abdômen do inseto (autotomia ou autoamputação), geralmente há inoculação de maior quantidade de material tóxico. A remoção desses ferrões deve se dar por raspagem com o auxílio de uma lâmina (ou algo que sirva a tal propósito), jamais por seu pinçamento, uma vez que a compressão da glândula ligada a estes poderá introduzir quantidade adicional do veneno ainda restante nestas. Não raro, nestes acidentes podem ocorrer reações alérgicas severas, especialmente quando em crianças, sendo requeridas medidas frente à eventual choque anafilático, insuficiência respiratória e demais consequências danosas aos afetados.

Contato com animais peçonhentos e com substâncias naturais

Embora geralmente de menor gravidade, acidentes com escorpiões e aranhas podem causar graves incômodos e também demandam socorros e cuidados específicos, como a aplicação de compressas quentes para o alívio da dor local e o uso de medicação sob prescrição médica.

Por sua vez, quando do contato com taturanas, o local deve ser lavado abundantemente com água fria, recebendo compressas frias e medicação local ou outra recomendada, conforme o caso.

É importante destacar que a maior parte dessas ocorrências pode ser evitada por meio de práticas prevencionistas, como o manejo dos ambientes (ordem e limpeza, por exemplo), assim como a utilização regular dos equipamentos de proteção adequados (incluindo botas de cano alto ou perneiras etc.) e o reconhecimento da presença desses animais nos arredores dos espaços de produção. O manual da FUNASA (2001) traz uma série de recomendações neste sentido, as quais podem e devem ser introduzidas, de modo simples e direto, no cotidiano da empresa agrícola ou rural.

De outro lado, desde há muito é sabido em diversas partes do mundo que algumas seivas, extratos e derivados ou subprodutos de processos agrícolas podem oferecer oportunidades de danos à integridade dos trabalhadores, notadamente pelo contato com estes ou por sua ingestão, sendo, portanto, requeridos cuidados específicos para a sua manipulação, preparação e consumo. No Brasil, um exemplo clássico deste saber em nosso país é a preparação da mandioca-brava (*Manihot esculenta, Manihot utilissima*), comumente produzida nos cultivos de subsistência de comunidades tradicionais, em especial nas regiões Norte e Nordeste do Brasil. Embora esses pequenos agricultores possam desconhecer as características ou até mesmo o mecanismo de ação do ácido cianídrico resultante do processamento da raiz (encontrado, sobretudo, na manipueira, calda amarelada de aspecto leitoso obtida na prensagem da mandioca para a extração da fécula), a experiência mostrou-lhes que a presença desse ácido pode causar efeitos danosos à saúde[2] quando a ingestão é realizada sem o devido cozimento (que volatiliza o subproduto) ou quando são consumidas porções do caule e das folhas, assim como ocorre de modo similar no

---
[2] Podem ser observados efeitos de graus diversos: desde falta de ar, taquicardia, taquipneia, acidose metabólica, agitação, confusão mental, convulsão, coma e até morte.

caso de algumas batatas devido à existência de uma toxina presente nestes segmentos (glicoalcaloide) cujo consumo por vezes se faz por meio de infusões (chás).

Algumas outras culturas, como a do fumo, trazem oportunidades de dano à integridade dos trabalhadores nas distintas etapas de sua produção. Seja pelos esforços exigidos, seja pelo uso de defensivos agrícolas em diferentes fases do cultivo, assim como no contato direto com o próprio produto. Há diversos relatos acerca do adoecer no trato com esta plantação, o que demanda atenção dos profissionais de SST, em especial se lembrarmos que o Brasil é o maior produtor mundial da folha de tabaco, originado, sobretudo, nas plantações familiares, em sua maioria propriedades de até médio porte. São descritos sintomas que caracterizam a "doença da folha verde do tabaco (DFTV)" ou "*Green tobacco sickness (GTS)*", resultante do contato com a nicotina liberada pelas folhas verdes do fumo, quando de sua colheita: "um quadro clínico de vômitos, náuseas, tonturas e cefaleia, dores abdominais, diarreia, alterações da pressão arterial e da frequência cardíaca durante ou após a exposição à *Nicotiana tabacum*", registram Riquinho e Hennington (2014).

Outro exemplo de cuidados habituais necessários quanto à fase de colheita e demais atividades que ensejam a manipulação do produto agrícola é o cultivo das pimentas vermelhas, como a malagueta (*Capsicum frutescens*) e similares, devido à presença da capsaicina, um alcaloide responsável por sua ação picante e que confere a essas pimentas uma série de qualidades benéficas à saúde humana, sejam alimentares ou farmacológicas, motivo pelo qual cresce o interesse da comunidade científica pelo produto. Todavia, em face de sua elevada capacidade de irritar pele e mucosas, recomenda-se a proteção de mãos, olhos e nariz com o uso de luvas, óculos de segurança, máscaras. Luvas e máscaras devem ser descartadas após manuseio, uma vez que ficam impregnadas de modo duradouro com a substância, assim como a rigorosa higienização de todos os utensílios utilizados durante as distintas fases do seu processamento.

Com linguagem bastante acessível, em artigo de revisão, isto é, que busca apresentar um panorama geral ou estado da arte a respeito de determinada temática, Reis (2010) discorre sobre fitodermatoses, ou seja, dermatoses provocadas por plantas, e fornece preciosas informações acerca de inúmeras possibilidades dessas ocorrências no âmbito ocupacional, razão pela qual recomendamos a leitura atenta do texto original,[3] que cita potencial danoso existente em determinados vegetais como a hortelã e o alho, em flores como as margaridas e em algumas frutas, com destaque para as cítricas, o caju e a manga, entre outras.

O ácido anacárdico, de consistência oleosa e presente na castanha-de-caju (*Anacardium occidentale*), quando em contato com a pele, provoca queimaduras químicas, as quais costumam provocar a corrosão das digitais dos dedos, comumente desnudos no arcaico processamento manual das castanhas, no qual estas são queimadas para a retirada da casca e aproveitamento da amêndoa. Somente com o afastamento da atividade pelo tempo necessário haverá a reconstituição da integridade da pele local e das digitais.

O bergapteno presente nas folhas da figueira (*Ficus carica*) e em seus frutos ainda verdes causam dermatite com erupções vesiculosas e pruriginosas (*Feigenbaun dermatites*), com forte reação à fotossensibilização, pelo que se preconiza a proteção integral das mãos e de outras partes do corpo expostas ao contato quando da colheita e o manejo dessa fruta, sendo recomendada, inclusive, a utilização de avental impermeável em algumas etapas de seu processamento.

Cuidados semelhantes devem ser tomados quando do processamento do agave (*Agave sisalana*), por causa de sua calda ácida, largamente utilizada como meio de controle de algumas pragas de outras plantas. Aqui cabe um alerta adicional: de situação bastante comum em algumas comunidades ou regiões do país, em razão da falta de acesso ao mercado de químicos de uso agrícola regular e da orientação de profissionais especializados ou, ainda, em razão de usos tradicionais ou de pretensa produção de produtos orgânicos, não raro se utiliza, sem a tomada dos devidos cuidados, de misturas ou preparados com potencial gravoso para humanos. Nesse sentido, convém também a verificação prévia dos requisitos para a prevenção de acidentes e a limitação dessas aplicações aos preparados já reconhecidos em suas finalidades, devidamente avaliados e registrados em

---

[3] Disponível em: <www.scielo.br/pdf/abd/v85n4/v85n4a09.pdf>. Acesso em: 15 set. 2016.

2 Contato com animais peçonhentos e com substâncias naturais

publicações de órgãos de reconhecida competência no segmento, como a Embrapa (*vide* box ao final do capítulo). Nesse sentido, por exemplo, temos a publicação de Barbosa et al. (2006).

Não poderíamos deixar de citar a borracha natural derivada do processamento do citosol, ou látex, recolhido junto às seringueiras (*Hevea brasiliensis*), que contém em sua composição vários alergênicos (cerca de 35% de hidrocarbonetos, em especial o isopreno,[4] o monômero básico dos polímeros). Em seu pré-preparo tradicional, o látex é coagulado na forma de bolas (denominadas pelas, com massa aproximada de 40 kg), sendo misturado ao ácido pirolenhoso, subproduto tóxico derivado da queima da madeira. De outro modo, para aplicações em que é necessário processá-lo em estado líquido, isto é, sem ocorrer a coagulação, produto igualmente perigoso, a amônia é adicionada ao "leite" extraído ainda nos seringais.

Ainda no cultivo dos seringais, os extratores do látex podem ser acometidos por grave mazela decorrente do contato com larvas de mariposas (*Premolis semirufa*), popularmente conhecidas como pararama. O quadro inicia-se logo após o contato com as cerdas existentes no dorso das larvas, originando coceiras, tumefação e edemas periarticulares nos dedos atingidos, vindo o processo a se tornar crônico e causar a imobilidade articular, constituindo o que Seixas (2000) traz registrado como "reumatismo ou doença dos seringais".

A lista de situações ou casos citados neste capítulo é meramente exemplificativa. Não serve ao intuito de estabelecer a conduta própria diante da ocorrência de acidente com animais peçonhentos ou com substâncias naturais, as quais exigem a avaliação prévia e recomendações quanto às intervenções devidas por intermédio de especialistas. Cabe ao profissional de SST atuante no segmento, com o apoio destes, estabelecer as rotinas de socorro e de atenção frente aos potenciais eventos indesejados, sobretudo com rigoroso planejamento prévio e com a antecipação dos riscos específicos em cada cultivo ou processo produtivo.

Como parte da resposta primária[5] requerida aos empreendimentos produtivos em atenção à integridade de todos os trabalhadores que

---

[4] [C_5H_8]: 2-metil-1,3-butadieno, número CAS 78-79-5.
[5] Orientações básicas sobre primeiros socorros de caráter geral estão disponíveis para *download* em aplicativo gratuito para telefones celulares, em versões IOS e Android, disponibilizado pela Cruz Vermelha Brasileira (buscar por Socorrista Cruz Vermelha Brasileira).

Contato com animais peçonhentos e com substâncias naturais

executem atividades em seu interesse, por força do estabelecido na NR 31, fica determinado que:

31.5.1.3.6 Todo estabelecimento rural deverá estar equipado com material necessário à prestação de primeiros socorros, considerando-se as características da atividade desenvolvida.

31.5.1.3.7 Sempre que no estabelecimento rural houver dez ou mais trabalhadores o material referido no subitem anterior ficará sob cuidado de pessoa treinada para esse fim.

31.5.1.3.8 O empregador deve garantir remoção do acidentado em caso de urgência, sem ônus para o trabalhador.

31.5.3.10 Em caso de acidentes com animais peçonhentos, após os procedimentos e primeiros socorros, o trabalhador deve ser encaminhado imediatamente à unidade de saúde mais próxima do local.

Por fim, cabe também lembrar que mesmo algumas plantas cultivadas com fins decorativos ou para a comercialização orientada a este fim podem ser tóxicas e, por isso, requerem atenção quando de sua manipulação e em face de eventual contato com partes do corpo e ingestão acidental. Os centros de referência toxicológica[6] de todo o país detêm ampla gama de informações a esse respeito. Nesse sentido, podemos elencar: o tinhorão, a coroa-de-cristo, a aroeira, a saia-branca, o copo-de-leite, o avelós, a espirradeira, o comigo-ninguém-pode e o chapéu-de-napoleão, dentre outras que podem receber distintas denominações populares nas diferentes regiões do nosso vasto território.

---

[6] Por intermédio do telefone 0800-722-6001, qualquer cidadão poderá acessar os serviços da Rede Nacional de Centros de Informação e Assistência Toxicológica (Renaciat), coordenada pela Agência Nacional de Vigilância Sanitária (Anvisa), e ter acesso à unidade mais próxima de sua localidade. No Recife, temos o Centro de Assistência Toxicológica de Pernambuco, localizado na Praça Oswaldo Cruz, s/n, Boa Vista. Telefones diretos: (81) 3181-6452/6453/6454/6455, fax: (81) 3181-6164 e *e-mail*: ceatox@saude.pe.gov.br.

2 — Contato com animais peçonhentos e com substâncias naturais

Sugestões de leitura

ALMEIDA, Waldemar Ferreira de. Trabalho agrícola e sua relação com a saúde/doença. In: MENDES, René. *Patologia do trabalho*. Rio de Janeiro: Atheneu, 1985.

AZEVEDO-MARQUES, Marisa M. et al. *Acidentes por animais peçonhentos:* serpentes peçonhentas. Medicina, Ribeirão Preto, 36: 480-489, abr./dez. 2003.

BARBOSA, Flávia Rabelo et al. *Uso de inseticidas alternativos no controle de pragas agrícolas*. Petrolina: Embrapa Semiárido, 2006. (Documentos, 191)

BRASIL – Ministério da Saúde. *Manual de diagnóstico e tratamento de acidentes por animais peçonhentos*. 2. ed. Brasília: Fundação Nacional de Saúde, 2001.

BRASIL – FUNDACENTRO. *Prevenção de acidentes com animais peçonhentos*. São Paulo, 2001.

BUENO DE SÁ, Adriano et al. Alergia ao látex. In: *Revista Brasileira de Alergia e Imunopatologia*. 2010; 33 (5): 173–183: látex, alergia, sensibilização.

CONSELHO REGIONAL DE MEDICINA VETERINÁRIA DO ESTADO DE SÃO PAULO (CRMV-SP). *Manual de Responsabilidade Técnica e Legislação*. 2. ed. São Paulo, s/d.

CUPO, Palmira et al. *Acidentes por animais peçonhentos*: escorpiões e aranhas. Medicina, Ribeirão Preto, 36: 490-497, abr./dez. 2003.

FONSECA, Aureliano. *Manual de dermatose ocupacional*. Rio de Janeiro: Colina, 1985.

ORMOND, José Geraldo Pacheco. *Glossário de termos usados em atividades agropecuárias, florestais e ciências ambientais*. 3. ed. Rio de Janeiro: BNDES, 2006.

REIS, Vitor Manoel Silva. Dermatoses provocadas por plantas (fitodermatoses). In: *Anais Brasileiros de Dermatologia*. 85 (4): 479-489, 2010.

RIQUINHO, Deise L.; HENNIGNTON, Élida A. Cultivo do tabaco no sul do Brasil: doença da folha verde e outros agravos à saúde. *Ciência & Saúde Coletiva*. 19 (12): 4797-4808, 2014.

SAMPAIO, Aloísio Costa; LEONEL, Sarita (Orgs.). *A figueira*. São Paulo: UNESP, 2011.

SEIXAS, Roberto Senna. *Universo das síndromes e doenças*. Salvador: EdUFBa, 2000.

O serviço Informação Tecnológica em Agricultura (Infoteca-e) reúne e permite acesso a informações sobre tecnologias produzidas pela Empresa Brasileira de Pesquisa Agropecuária (Embrapa), as quais se relacionam às áreas de atuação de seus demais centros de pesquisa, e está disponível em:<www.infoteca.cnptia.embrapa.br/infoteca/>.

O Repositório Acesso Livre à Informação Científica da Embrapa (Alice) destina-se a reunir, organizar, armazenar, preservar e disseminar, na íntegra, informações científicas produzidas por pesquisadores da Embrapa e editadas em capítulos de livros, artigos em periódicos indexados, artigos em anais de congressos, teses e dissertações, notas técnicas, entre outros, e está disponível em:<www.alice.cnptia.embrapa.br/>.

3

Acidentes com tratores e máquinas agrícolas

3 Acidentes com tratores e máquinas agrícolas

É inegável a contribuição dos tratores e das máquinas agrícolas para o crescimento da produção agrária, fornecendo força e realizando tarefas associadas, como a aragem, a semeadura, dentre outras, até a colheita, em substituição à ação humana, da tração animal e de ferramentas e equipamentos, desde a introdução dos primeiros exemplares no campo, em fins do século XIX.

Cabe destacar que a agricultura, tal como hoje conhecemos, em especial após os anos finais do século passado, é resultado direto da evolução dessa maquinaria, que, para fins didáticos, podemos dividir em quatro estágios, a saber:

I. As primeiras máquinas – que podemos considerar rudimentares em sua concepção, projetadas quase que exclusivamente como meio de força.

II. Uma segunda geração – que são aquelas fabricadas até meados dos anos 1970-1990, as quais impunham ou demandavam grande esforço físico de seus operadores (ou tratoristas). Essa condição está representada na figura de um tratorista com um par de olhos adicionais, voltados para trás, três pernas e um dorso super-reforçado, conforme Iida (1990), que afirma quanto a estes que "Ao substituir o arado pelo trator e colocar os implementos na parte de trás, criou-se um grande problema para o tratorista", tal como mostrado na Figura 3.1.

III. Uma terceira geração – que, além de atender requisitos de desempenho, foi e ainda é fabricada segundo requisitos de segurança e de conforto em sua operação.

IV. As de quarta geração – que são aquelas máquinas que convencionamos chamar de "máquinas ou tratores inteligentes" e cuja operação se dá a partir de programações predefinidas tomando-se como balizador o conjunto de coordenadas satelitais da lavoura. Seus operadores são profissionais altamente especializados, pelo que fazem jus a salários diferenciados. Pouco interferem na condução do conjunto e das tarefas pré-programadas, salvo para efetuar, quando requeridos, pequenos ajustes, uma vez que o papel destes é centrado no acompanhamento da operação no campo, realimentando o sistema de informações da máquina para a atividade em execução ou para aquelas a ter lugar no futuro.

Acidentes com tratores e máquinas agrícolas 3

Figura 3.1 Exemplo de trator de segunda geração.

Como todo veículo, a condução ou operação e a manutenção dos tratores e assemelhados podem oportunizar acidentes, muitos dos quais – infelizmente – fatais. São comumente relatadas quedas do tratorista e de terceiros (carona), atropelamentos, choques com outros veículos, capotamentos e tombamentos laterais e para trás (empinamentos), além de intercorrências durante o engate e o uso de implementos, em especial na tomada de potência (TDP), que é a parte do trator responsável por fornecer acionamento às partes ativas desses equipamentos.

> *31.12.10 As zonas de perigo das máquinas e implementos devem possuir sistemas de segurança, caracterizados por proteções fixas, móveis e dispositivos de segurança interligados ou não, que garantam a proteção à saúde e à integridade física dos trabalhadores.*
>
> *31.12.20 As transmissões de força e os componentes móveis a elas interligados, acessíveis ou expostos, devem ser protegidos por meio de proteções fixas ou móveis com dispositivos de intertravamento, que impeçam o acesso por todos os lados [...]*
>
> *31.12.22 O eixo cardã deve possuir proteção adequada, em perfeito estado de conservação em toda a sua extensão, fixada na tomada de força da máquina desde a cruzeta até o acoplamento do implemento ou equipamento.*

Dentre as causas mais comuns destes eventos indesejados, são citados o excesso de velocidade em determinadas atividades, a ingestão de bebidas alcoólicas, transitar em rodovias ou estradas cujas condições são incompatíveis com o veículo, utilizá-lo como meio regular de

27

transporte de passageiros, a inexperiência ou falta de treinamento de seu condutor (muitos dos quais são apenas práticos, não recebendo treinamento ou habilitação específica para tanto) e o uso indevido e/ou sem a observação de cuidados necessários para a operação do trator.

> *31.12.1 As máquinas e implementos devem ser utilizados segundo as especificações técnicas do fabricante e dentro dos limites operacionais e restrições por ele indicados, e operados por trabalhadores capacitados, qualificados ou habilitados para tais funções.*
>
> *31.12.2 As proteções, dispositivos e sistemas de segurança previstos nesta Norma devem integrar as máquinas desde a sua fabricação, não podendo ser considerados itens opcionais para quaisquer fins.*

Similarmente aos demais veículos, sejam os industriais, sejam os de passeio ou de carga, os tratores devem passar por exames periódicos quanto às condições de utilização, que devem incluir inspeções de pneus e rodas, nos sistemas de freios, luzes de segurança e de transmissão, ademais de um rigoroso controle da condição de operação dos fluidos empregados nestes sistemas, como requisitos de um programa regular de manutenção veicular, sendo realizados os devidos registros quanto às intervenções realizadas, sempre a cargo de profissional qualificado.

> *31.12.66 As atividades de manutenção e ajuste devem ser feitas por trabalhadores qualificados ou capacitados, com as máquinas paradas e observância das recomendações constantes dos manuais ou instruções de operação e manutenção seguras.*
>
> *31.12.67 É vedada a execução de serviços de limpeza, lubrificação, abastecimento e ajuste com as máquinas e implementos em funcionamento, salvo se o movimento for indispensável à realização dessas operações, em que devem ser tomadas medidas especiais de treinamento, proteção e sinalização contra acidentes de trabalho, e atendido o subitem 31.12.68, no que couber.*
>
> *31.12.68 Para situações especiais de manutenção em que houver necessidade de acesso às áreas de risco, os serviços deverão ser realizados com o uso de dispositivo de comando de ação continuada e baixa velocidade ou dispositivo de comando por movimento limitado – passo a passo, selecionados em dispositivo de validação.*

Acidentes com tratores e máquinas agrícolas

Nessa esteira, cautelas adicionais devem ter lugar quando do abastecimento do combustível (que deve ser processado somente sob motor desligado), assim como a verificação do sistema de arrefecimento (a abertura do radiador sob pressão) e o desligamento e religação da bateria, para atividades de manutenção e/ou troca ou substituição do acumulador (primeiro, desconecte o negativo e depois o positivo; para reconectar, proceda à ligação do positivo e, em seguida, conecte o cabo de aterramento ou negativo).

31.12.29 As baterias devem atender aos seguintes requisitos mínimos de segurança:

a) localização de modo que sua manutenção e troca possam ser realizadas facilmente a partir do solo ou de uma plataforma de apoio;

b) constituição e fixação de forma a não haver deslocamento acidental; e

c) proteção do terminal positivo, a fim de prevenir contato acidental e curto-circuito.

31.12.30 As máquinas autopropelidas fabricadas a partir de maio de 2008 [...] devem possuir faróis, lanternas traseiras de posição, buzina, espelho retrovisor e sinal sonoro automático de ré acoplado ao sistema de transmissão.

A cabine ou o posto de trabalho do tratorista compõe-se como assento, dispositivos de informação (horímetro, contador de giros, indicador do nível de combustível e da bateria, dentre outros existentes no painel e por todo o veículo) e de intervenção (volante, pedais, alavancas, botoeiras etc.), além de acessórios, como sensores e sistemas de segurança associados a esses dispositivos, os quais devem ser compreendidos como um conjunto integrado e como tal devem ser avaliados, quanto à percepção e reação dos operadores, esforços requeridos para a execução das tarefas e quanto a possíveis consequências danosas desse trabalho (ruídos, vibrações, inadequações posturais e outras), pelo que se requer uma cuidadosa análise das tarefas e suas implicações no tocante à SST do operador.

31.12.4 É vedado o transporte de pessoas em máquinas autopropelidas e nos seus implementos.

3 Acidentes com tratores e máquinas agrícolas

Como todo local de trabalho em posição elevada, o acesso do tratorista ao seu posto de atuação demanda alguns cuidados para evitar a queda de nível, seja na subida, seja na descida. Embora tais deslocamentos possam ser considerados de menor potencial quanto à gravidade dos efeitos, degraus e corrimãos em condições inadequadas (sujos, escorregadios, com falhas ou arestas cortantes originadas em recuperações malsucedidas) podem causar acidentes capazes de provocar o afastamento do trabalhador das tarefas a seu encargo, comprometendo as atividades em desenvolvimento e o cronograma de sua execução. Entorses, cortes, contusões de diversas ordens e até mesmo fraturas podem implicar a necessidade de substituição do operador por um outro igualmente especializado, o que pode ser bastante difícil em determinadas épocas do ano e/ou regiões do país, em face da ainda escassez de mão de obra qualificada no segmento. De outro lado, se este trabalhador atuar por contrato temporário ou como autônomo, por empreitada, uma ocorrência indesejada pode resultar significativa redução de sua renda familiar. Assim, o acesso ao trator deve se dar exclusivamente pelos meios próprios para essa finalidade, os quais precisam estar íntegros, além de limpos, desimpedidos, ademais de acionado o freio de parada do veículo, cuja partida somente deve se dar após o trabalhador estar devidamente instalado em seu assento, com o cinto de segurança devidamente afivelado e ajustado.

> *31.12.70 As proteções fixas que podem ser removidas só podem ser retiradas para execução de limpeza, lubrificação, reparo e ajuste, e ao fim dos quais devem ser obrigatoriamente recolocadas.*

Quanto ao condutor, compete observar que, conforme o modelo do trator, operações distintas implicam exigências diferenciadas de força a ser aplicada e de capacidade de percepção e de reação – notadamente a velocidade de resposta e a destreza – frente aos estímulos do ambiente e da própria máquina. Esses podem ser prejudicados pelo avançar da idade (com implicações, sobretudo, em relação à acuidade visual e à audição), pelo consumo de alcoólicos, assim como pela falta de qualificação para a função e, ainda, em razão da fadiga decorrente de uma duração excessiva da jornada de trabalho, ampliando os riscos na condução do veículo. A aptidão de cada condutor em particular, em especial aqueles com 60 anos ou mais de idade, deve ser

Acidentes com tratores e máquinas agrícolas

cuidadosamente avaliada por meio de exames médicos, conquanto as demais condições citadas devam ser rigorosamente evitadas, pois não resta dúvida de que geram ou agravam situações que podem resultar graves consequências.

O acesso ao trator deve se dar sempre pela esquerda, uma vez que os pedais de acelerador e freios, assim como as alavancas de controle, estão localizados no lado direito e, caso o acesso se dê por este lado, pode haver o seu acionamento acidental. Todos os controles (marcha e alavancas) devem estar posicionados em ponto neutro, sendo verificada esta condição antes da partida. Quando possível, o conjunto assento e demais elementos do posto de trabalho devem ser ajustados aos alcances do tratorista, visando proporcionar a este sua adequada e confortável acomodação, o que contribuirá para a redução dos esforços desprendidos e, consequentemente, para o rendimento produtivo e, ainda, para a realização segura da tarefa.

> *31.12.83 Os manuais das máquinas e implementos devem ser mantidos no estabelecimento, em originais ou cópias, e deve o empregador dar conhecimento aos operadores do seu conteúdo e disponibilizá-lo aos trabalhadores sempre que necessário.*
>
> *31.12.74 O empregador rural ou equiparado se responsabilizará pela capacitação dos trabalhadores visando ao manuseio e à operação segura de máquinas e implementos, de forma compatível com suas funções e atividades.*

De outro lado, a adequada condução dos tratores não pode prescindir de cuidados específicos em determinadas situações, dentre as quais convém destacar:

i. As curvas devem ser feitas em velocidade reduzida, compatível com o raio de giro.

ii. Ao efetuar curvas nos limites do campo, deve-se reduzir a aceleração ou rotação do motor. E estas não devem ser muito fechadas, em especial quando rebocando implemento, pois este poderá se chocar com as rodas traseiras e danificá-las.

iii. Evitar a troca de marchas em subidas e descidas, para que não haja perda de controle, sendo expressamente proibido o uso de ponto morto e devido ao uso de freio-motor.

iv. Ao transitar nas bordas de terrenos ou em regiões inclinadas (valas, taludes ou barrancos), deve-se guardar distância segura, sendo recomendada a sinalização ou delimitação prévia do local, visando evitar o tombamento lateral, evento bastante comum nessas condições.

v. Nas subidas acentuadas (com mais de 12% de inclinação), é recomendado fazer o percurso em marcha a ré.

vi. A derrapagem para trás resulta de grande esforço transmitido ao eixo traseiro ou em decorrência da aceleração brusca, pelo que se requer o uso de lastre dianteiro e o trafegar a baixa velocidade para ultrapassar obstáculos no terreno.

vii. Estacionar sempre o trator com os pedais de freio unidos e travados, para que possam atuar simultaneamente junto às rodas traseiras, condição que deve ser mantida no tráfego fora do cultivo (estradas, trilhas etc.).

viii. Calçar e frear o veículo quando parado em terrenos inclinados. E parar e frear por completo o trator antes de descer do mesmo.

ix. Quando da ocorrência do atolamento, o veículo deve operar em marcha a ré, sendo retirada a terra sob as rodas traseiras e com a estabilização do piso sob a face posterior destas.

O atendimento a regras básicas de segurança, no tocante à operação e/ou manutenção de máquinas, equipamentos e implementos estabelecidas nos manuais dos fabricantes e nas NR específicas (NR 12 e 31), fornece orientações suficientes para evitar ou minimizar as consequências de vários acidentes envolvendo estes.

> *31.12.31 As máquinas autopropelidas devem possuir Estrutura de Proteção na Capotagem – EPC e cinto de segurança, exceto [...]*

Veja-se que o contido em redação anterior desta NR 31, reproduzido em nota de rodapé a seguir,[1] era mais enfático ao expressar PROIBIÇÃO da utilização destas desprovidas de estruturas de proteção em caso de capotamento (EPC) e de cintos de segurança, cuja ausência, em conjunto,

---

[1] Redação em edição anterior da NR 31: [31.12.6] *Só devem ser utilizadas máquinas e equipamentos móveis motorizados que tenham estrutura de proteção do operador em caso de tombamento e dispor de cinto de segurança.*

é responsável por significativa parcela dos acidentes graves ou fatais envolvendo tratoristas, sem conceder exceções à regra.

As EPC que têm por finalidade proporcionar espaço seguro para o operador em caso de capotagem do trator, resistindo aos impactos da ocorrência, de modo que, ainda que eventuais deformações tenham lugar, a célula ou zona de segurança seja preservada e capaz de assegurar a integridade e seu condutor, quanto à sua construção, podem ser divididas em três categorias:

i. O arco de segurança, com dois pontos de fixação ou dois pilares, justapostos em dois pontos resistentes do chassi, na frente e atrás do operador, sendo geralmente empregados em tratores de pequeno porte.
ii. EPC com quatro pontos de fixação ou pilares, formando um conjunto de barras resistentes na frente e atrás do operador.
iii. Com cabine de segurança, estruturalmente semelhante à EPC de quatro pontos, sendo acrescidos outros elementos de proteção para sol, chuva, poeira, ruídos, calor e frio.

Convém destacar que, com exceção da cabine, usualmente original de fábrica em veículos mais recentes, as medidas para projeto e instalação das EPC de dois ou quatro pontos devem estar a cargo de profissionais habilitados que tenham amplo domínio técnico quanto às intervenções a serem processadas, uma vez que, se realizadas de forma indevida, podem, inclusive, prejudicar o resgate do vitimado, posto que, ao invés de assegurar um espaço livre para a sua permanência, podem resultar, em face de deformações diversas – seja do trator em si ou da estrutura agregada –, na retenção ou mesmo no aprisionamento do condutor entre as ferragens.

Operação	Velocidade (km/h)
Aração	3 a 6
Gradagem	4 a 8
Subsolagem	3 a 5
Escarificação	4 a 6

(continua)

Acidentes com tratores e máquinas agrícolas

Distribuição de calcário	4 a 9
Semeadura	4 a 7
Cultivo	4 a 7
Pulverização	3 a 7

Fonte: SENAR-AR/SP (2010).

De outro lado, se requer observar, também, fenômenos no deslocamento do conjunto quanto à interação Trator – Pneus – Terreno – Implemento, que podem causar instabilidades na condução e interferências no conjunto, contribuindo para o surgimento de oportunidades para a ocorrência de acidentes. Dentre estes, podemos citar, durante operações de arrasto, o "galope", que como a denominação sugere, provoca "saltos" do implemento sob tração, que são transmitidos ao trator, gerando vibração horizontal-vertical, condição de elevado desconforto para o condutor. Intervenções quando à velocidade e ao traçado do deslocamento, profundidade de entrada do implemento no solo, bem como a verificação de sua compatibilidade com o conjunto trator, além do ajuste da pressão de inflação dos pneus e o lastreamento adequado quando realizados por ou sob orientação de profissional especializado, podem minorar esta condição.

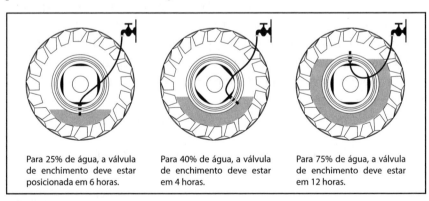

Figura 3.2 Lastreamento líquido – orientações de fabricante.

Fonte: Catálogo John Deere de Brasil (s/d).

Acidentes com tratores e máquinas agrícolas

O processo de lastreamento, por meio líquido (composto de água e aditivos) ou sólidos, quando bem empregado, é uma forma de ampliar ou suportar a maximização da capacidade de tração e, portanto, de desempenho do conjunto trator, com repercussões não apenas sobre a força transmitida, mas influenciando, sobretudo, a eficiência e o consumo de combustível na operação. Todavia, quando este é realizado de modo equivocado, em excesso ou em peso insuficiente, pode provocar outro fenômeno indesejado: a patinagem, que tem efeitos negativos sobre a transferência de energia para a tração, devendo esta ser devidamente controlada para a sua devida correção.

Por fim, um último e não menos importante problema ainda não devidamente equacionado em nosso país – quiçá tivesse a atenção a que faz jus – diz respeito à adequada destinação de tecnologias obsoletas, sobretudo em relação a aspectos de segurança, em razão da evolução das exigências normativas. A questão central reside não apenas na fiscalização dos novos equipamentos em face da norma mais recente ou daqueles anteriormente em uso. Mas, no alcance dessa fiscalização no tocante àqueles liberados por substituição (usados), uma vez que mantêm capacidade operativa e valor residual, o que dá origem a um comércio ulterior, mormente nas localidades afastadas dos centros urbanos. Tal realidade se aplica a tratores, implementos e demais máquinas largamente utilizadas na agroindústria. E, infelizmente, não raro, essa defasagem tecnológica e a continuidade de seu uso originam vários acidentes laborais comumente noticiados, envolvendo tratores sem EPC e (ou máquinas) sem proteções mecânicas em suas partes operativas.

Adicionalmente ao estabelecido na NR 31, encontramos requisitos aplicáveis no Anexo XI da NR 12, conforme constante em:

> *12.155 As máquinas autopropelidas agrícolas, florestais e de construção em aplicações agroflorestais e respectivos implementos devem atender ao disposto no Anexo XI desta Norma.*

Sugestões de leitura

ABNT. NBR ISO 4254-1. *Tratores e máquinas agrícolas e florestais*. Recursos técnicos para garantir a segurança. Parte 1: Geral. Rio de Janeiro: ABNT, 1999.

BRASIL/MTE. *Norma regulamentadora n. 31. Segurança e saúde no trabalho na agricultura, pecuária, silvicultura, exploração florestal e aquicultura*.

_____. *Norma regulamentadora n. 12. Segurança no trabalho em máquinas e equipamentos*. Anexo XI. Máquinas e implementos para uso agrícola e florestal.

BRIOSA, Fausto. *Trabajo agrícola:* tractores y máquinas agrícolas. Navarra (España): Gobierno de Navarra, Instituto Navarro de Salud Laboral, 1999.

GOODYEAR. *Boletim de orientação técnica. Galope*. s/l, s/d.

IIDA, Itiro. *Ergonomia* – projeto e produção. São Paulo: Edgard Blücher, 1990.

JOHN DEERE DO BRASIL S/A. *Guia para orientação de lastro e pressão de pneus*. s/l, s/d.

MONTEIRO, Leonardo de Almeida (Org.). *Prevenção de acidentes com tratores agrícolas e florestais*. Botucatu: Diagrama, 2010.

SENAR-AR/SP. *Operação de tratores agrícolas*. São Paulo, 2010.

Apêndice: Acidentes com pneus sob pressão

Na labuta diária, no campo e nas estradas, os pneus, em sua função de ponto de união entre o veículo e o terreno, sejam aqueles montados em caminhões, tratores ou outros meios, são constantemente submetidos a esforços que podem lhes causar danos, sendo necessário, com certa frequência, quando viável a continuidade de seu uso, mediante intervenção técnica qualificada, reparos em sua estrutura ou componentes. Em função da carga vertical a que serão submetidos e da velocidade de deslocamento para a operação a ser realizada, assim como em função da bitola e do número de camadas do pneu, este pode receber insuflação de pressões médias em torno de 6 a 30 psi (lb/pol^2), podendo alguns destes alcançar valores extremos de até 80 psi.

Erros de operação resultantes de procedimentos e ferramentas inadequados ou utilizados por profissionais não capacitados ao longo das etapas do processo de recuperação dos pneus podem provocar a ruptura de elementos desse conjunto, cujos efeitos dão origem a graves consequências.

A onda de expansão provocada pelo ar contido no interior do pneu (durante o seu enchimento ou retirada da roda do veículo, pois é aquecido no deslocamento pelo atrito com as vias de rolamento), assim como a projeção de partes da câmara (quando existente) ou do próprio pneu e até mesmo da roda, pode causar sérias injúrias ao executante da operação e àqueles que se encontrem em sua área de alcance, levando-os, inclusive, em alguns casos a óbito.

Em razão desse potencial, se recomenda que as operações de enchimento de montagem/desmontagem do pneu se dê com o auxílio de uma célula de contenção,

(continua)

Acidentes com tratores e máquinas agrícolas

comumente conhecida como grade ou gaiola de segurança, equipamento indispensável para o trato seguro com pneus nestas operações e de acordo com procedimentos que assegurem a integridade de seus executantes.

31.12.72 Nas atividades de montagem e desmontagem de pneumáticos das rodas, que ofereçam riscos de acidentes, devem ser observadas as recomendações do fabricante e as seguintes condições:

a) os pneumáticos devem ser completamente despressurizados, removendo o núcleo da válvula de calibragem antes da desmontagem e de qualquer intervenção que possa acarretar acidentes; e

b) o enchimento de pneumáticos só poderá ser executado dentro de dispositivo de clausura ou gaiola adequadamente dimensionada, até que seja alcançada uma pressão suficiente para forçar o talão sobre o aro e criar uma vedação pneumática.

Além do uso regular do aparato, são sugeridas como boas práticas as seguintes medidas:

- verificar cuidadosamente a existência de trincas, fissuras, empenos ou qualquer outro dano que possa comprometer a integridade das rodas;
- não ultrapassar as pressões especificadas para cada tipo de pneu; e
- controlar a distância, com apoio de uma grade de segurança, pressão e vazão de enchimento.

4

Segurança em silos e armazéns

4 Segurança em silos e armazéns

Atribui-se à tentativa de preservação de grãos ou sementes, para uso futuro, o surgimento da agricultura. Desde há muito, a humanidade se preocupa com a relação entre a produção e a oferta (ou escassez) de comida. Com o avanço do conhecimento e a consolidação de tecnologias, pouco a pouco, foi-se desbravando os mecanismos para a ampliação da produção. O desafio, então, voltou-se à guarda e conservação do produzido. Silos e armazéns surgiram e evoluíram em resposta a estas necessidades, assumindo fundamental papel neste contexto. De outro lado, introduziram oportunidades de danos à integridade dos trabalhadores envolvidos em sua operação, que, infeliz e costumeiramente, se concretizam de modo bastante grave.

Após a colheita dos produtos agrícolas, em especial dos grãos, antes que eles possam ser embalados para a comercialização em fardos (sacas), em unidades para consumo (sacos) ou, ainda, para a posterior industrialização, como no caso das oleaginosas, eles precisam ser pré-processados para o devido armazenamento, seja nos portos, em entrepostos ou nas próprias indústrias, como as cervejarias e moinhos de grãos, dentre outras.

Oriundos do campo, não raro, esses grãos trazem consigo uma série de impurezas – partículas de solo, restos de plantas, de insetos e animais (roedores e aves, por ex.), resíduos químicos, ademais de agentes biológicos (dentre estes fungos e bactérias diversos) – que, em razão das diversas etapas do processamento, terminam por formar uma massa de poeira que, além de poder causar diretamente danos à saúde, pode resultar em uma atmosfera explosiva, cuja concretização de ocorrência, em geral, culmina com graves perdas humanas e materiais.

O pré-processamento dos grãos pode ser resumido em cinco etapas, a saber:
1. Recepção e pré-limpeza.
2. Secagem.
3. Limpeza.
4. Armazenamento.
5. Expedição (com prévio ensacamento ou outra forma de unitização para o transporte).

Segurança em silos e armazéns

Para – ou quando do – seu recebimento, os grãos precisam ser classificados quanto à umidade presente nestes: se de 12 a 14%, são considerados "secos", acima deste percentual, são considerados "úmidos" e necessitam passar por uma etapa de secagem para assegurar a preservação de sua qualidade durante a armazenagem. Convém lembrar que os grãos são matéria viva e que a presença da umidade acelera o processo bioquímico de sua degradação, o que desencadeia, em reação exotérmica (causando o aumento da temperatura destes), a liberação de gases ($CO - CO_2$: monóxido e dióxido de carbono; CH_4: metano; NO_2: dióxido de nitrogênio; H_2S: sulfeto de hidrogênio; e outros), que podem ser nocivos ao ser humano em distintos graus, sendo necessária a prevenção de intoxicações,[1] com a devida proteção respiratória e medidas operacionais pertinentes.

Cumprida a etapa inicial de retirada de impurezas por meio mecânico (entre elas fragmentos de pedras, que podem gerar faíscas por atrito) e após a secagem, recomenda-se a utilização de óleo mineral branco, que, misturado aos grãos e atuando como aglomerante, fornecerá condições para a retirada da poeira ainda presente, posto que insuficiente para a sua completa eliminação a primeira etapa de limpeza mecânica, reduzindo a presença e a deposição do pó nas demais etapas do processo. Cabe destacar que o deslocamento e a distribuição dos grãos para as fases seguintes se dará por transportadores de correias, por *redlers* ou transportadores de correntes, por elevadores de canecas e por dutos, que se configuram como pontos de geração, concentração e, por fim, do confinamento de poeiras, que se constituem como condições de alerta adicionais para fins de segurança industrial, além dos habituais riscos inerentes à maquinaria, seus mecanismos de transmissão e movimentos.

Perigos estão presentes desde o descarregamento dos grãos (nas moegas ou tombadores), nas inspeções internas – configurando-se estes ambientes como espaços confinados, pela geração de particulados a partir do trigo, arroz, milho, aveia, soja ou de sementes de girassol, dentre outros produtos agrícolas que podem ocasionar incêndios ou

---

[1] A estes gases acrescente-se o PH_3 (fosfeto de hidrogênio ou fosfina) resultante da aplicação de inseticidas (fosfeto de alumínio – AlP e fosfeto de magnésio – Mg_3P_2) utilizados para a prevenção de pragas nos grãos estocados.

explosões em presença de uma fonte de ignição, bem como doenças ocupacionais. Há ainda o risco de desmoronamento (ponte de grãos) ou de desprendimento das camadas de grãos (parede de grãos) sobre trabalhadores que atuem em seu interior, causando-lhes soterramento e consequente sufocamento, razão pela qual requisitos de trabalho em altura e em ambientes confinados devem ter lugar de modo combinado, como o trabalho sob vigilância (isto é, proibição do acesso isolado), assim como cuidados para pronto resgate e içamento devem ser observados quando da realização de tarefas nestas condições.

31.12.12 As aberturas para alimentação de máquinas que estiverem situadas ao nível do solo ou abaixo deste devem ter proteção que impeça a queda de pessoas no interior das mesmas.

Sendo os silos locais de trabalho de risco (ou seja, cujos acidentes podem gerar graves sequelas e, inclusive, morte), regras de segurança específicas devem ter lugar nas atividades realizadas em seu interior, tal como preconizam os itens NR 31.14.5 a 31.14.9, com a devida e respectiva emissão de Permissões para Trabalho de Risco (PTR) para cada uma das situações relacionadas.

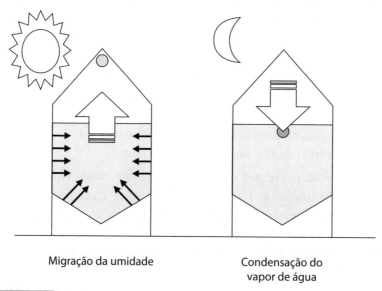

Figura 4.1 Representação esquemática do "Ciclo da umidade no interior de um silo".

Segurança em silos e armazéns

A presença da umidade, além de favorecer a proliferação de fungos (que, em seu desenvolvimento, por sua vez, retroalimentam o aumento da temperatura dos grãos), pode provocar a germinação ou deterioração das sementes, tornando-as impróprias para o consumo ou uso futuro, razão pela qual deve ser estritamente controlada, com a utilização de aeradores ou exaustores e secadores. A ausência destes dispositivos gera uma movimentação da água presente no ambiente: durante o dia, com aquecimento, provoca-se a evaporação e, em sentido contrário, com o resfriamento (durante a noite ou pela condensação do vapor d'água), provoca-se o respingo sobre a massa de grãos, que com alta umidade aumenta sua coesão a ponto de formar uma crosta aparentemente estável (ponte de grãos), posicionada sobre um vazio a partir do escoamento de grãos pela porção inferior do silo, a qual ruirá com qualquer sobrepeso (quando um trabalhador estiver sobre ela) ou pela ação dessa própria casca.

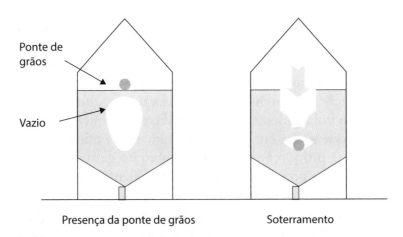

Figura 4.2 Representação esquemática da "Ponte de grãos e soterramento no interior de um silo".

Recomenda-se que trabalhadores somente tenham acesso ao interior das moegas e dos silos carregados, assim como aos demais equipamentos ou meios de transporte de grãos, quando estritamente necessário, sendo requerido para tanto desligar e bloqueá-los, para evitar a religação acidental dos mesmos, bem como lacrar os registros de descarga, para evitar a movimentação dos grãos contidos nestes.

O fenômeno da explosão da poeira em suspensão na atmosfera confinada de um silo (em seus componentes ou em áreas adjacentes) depende de dois conjuntos de fatores:

a. O primeiro está relacionado à explosividade do pó em si: resultado do tipo ou da natureza do grão (e de seus contaminantes), das dimensões da partícula (< 100 µm), do teor de umidade da atmosfera e de sua concentração (g/m^3), em especial a mínima concentração explosiva (MCE) ou limite inferior de explosividade (LIE), que, ao lado da energia de ignição requerida, determinam a facilidade da reação do material.

b. O segundo diz respeito às condições de ignição dessa massa combustível (as partículas de poeira), numa tríade que se constitui ao adicionarmos a concentração de oxigênio (8% ou mais) e da disponibilidade de uma fonte de ignição, com a quantidade de energia (suficiente) que esta pode prover à mistura.

O que traz agravantes quanto às consequências de uma deflagração primária é a capacidade de gerar ocorrências sucessivas – com a agitação de partículas até então depositadas em recantos (ou mesmo, paredes, pisos e nos demais elementos das instalações) – desencadeando reações de intensidade cada vez maior, que poderão, em conjunto ou isoladamente, resultar perdas catastróficas. Este evento primário pode se dar em pontos parcialmente contidos, ainda que de pequenas proporções, e terá como efeito gerar as condições necessárias para provocar explosões subsequentes em outras áreas ou edificações do complexo produtivo.

Então, do acima exposto, podemos concluir que as medidas para minimizar as chances da ocorrência da explosão dos pós nas instalações de armazenagem devem ser de duas ordens: construtivas e operacionais, tal como o estabelecido no item NR 31.14 e em outras normas aplicáveis, a exemplo daquelas estabelecidas pelos corpos de bombeiros militares. Ambas são voltadas à prevenção da geração de nuvens de poeira e da geração de fagulhas ou ignição, reduzindo-se a presença de pós e evitando-se – tanto quanto possível – as condições capazes de originar o evento indesejado.

Do ponto de vista construtivo, dentre outros requisitos (*vide*, por exemplo, o contido na NPT 027/CBMPR), podemos elencar que: a

Segurança em silos e armazéns

poeira deve ser coletada em todos os pontos de sua produção dentro da unidade armazenadora e suas instalações. Esta poeira deve ser filtrada, após o que será transportada por dutos dotados de sistema de detecção e extinção de faísca e armazenada em local fora da área de risco; todas as edificações e estruturas onde exista o risco de explosão e pó devem contar com dispositivos de alívio; todo o sistema elétrico – seus componentes e equipamentos, inclusive aqueles de emergência – deve ser à prova de explosão e de pó, dispondo de proteção contra descargas atmosféricas, sendo aterrados para esse fim e para fazer face à energia estática da própria edificação, instalações e maquinaria.

Ademais das medidas de engenharia (dimensionamento, seleção de materiais, bem como no tocante à construção propriamente dita, como a existência de pontos ou elementos de ruptura orientada visando minimizar danos à estrutura como resultado da expansão de gases provocada pelas explosões),[2] a segurança de silos exigirá igualmente medidas de gerenciamento quanto à sua operação e manutenção. Assim, cabe intenso programa de conscientização e treinamento dos operadores e demais trabalhadores quanto aos potenciais riscos de explosões e fatores contribuintes.

A inadequada condução da rotina do silo, associada a falhas em seu projeto e construção, pode dar causa a eventos indesejados de grande porte, com graves danos materiais e muitas perdas humanas, como os ocorridos no Porto de Paranaguá (em 1992 e 2001), na unidade Bunge Alimentos (no Porto de Rio Grande, RS, em 2003), no Terminal n. 5 do Porto de Bahia Blanca (23 mortos), no Porto de San Martin (3 mortos), no Porto de Rosário (10 mortos), todos em território argentino, e no terminal graneleiro de Semable, em Blaye, França (em 1997, com 11 vítimas fatais). Alguns desses acidentes são descritos e analisados em detalhes por Hajnal (2010),[3] cuja leitura atenta recomendamos.

Apesar de controlado em sua superfície, o incêndio nos grãos poderá prolongar-se por várias horas, uma vez que ocorre em camadas, sendo

---

[2] Dispositivos de alívio de pressão e de isolamento (janela de explosão ou painel *vent*, Q-box e Q Roth etc.) são citados na literatura técnica como apropriados para tal fim.
[3] Disponível em: <http://pub.jki.bund.de/index.php/JKA/article/viewFile/376/1208>. Acesso em: 10 mar. 2015.

necessária redobrada atenção para que o particulado depositado em estruturas, tubulações e em outros locais de difícil acesso, limpeza e visualização não seja colocado em suspensão, formando nova nuvem de poeira, por reunir as condições para originar uma nova explosão e todas as suas consequências cíclicas.

Dentre as ações relativas à operação e à manutenção dessa edificação, podemos elencar:

- providenciar a cuidadosa limpeza dos grãos quanto aos pós, em sua recepção e em todos os equipamentos, tubulações e vias de sua circulação nas instalações, sejam túneis, galerias e pontos de carga e descarga, elevadores, caçambas ou outros, removendo-os por sistemas de captação especialmente projetados para tal fim;
- proceder à limpeza periódica dessas instalações, bem como dos sistemas de captação de pó, renovando e substituindo os elementos filtrantes, evitando, dessa feita, o acúmulo de pós e sua posterior dispersão para outras áreas das instalações;
- se tal ocorrer, proceder à remoção por aspiração e não por varrição;
- verificar periodicamente o estado do aterramento de todos os potenciais geradores de cargas estáticas, assim como do sistema contra descargas atmosféricas, observando cabos e demais componentes;
- preferir (e mesmo substituir) todos os componentes metálicos por plásticos (caçambas dos elevadores, pás dos transportadores e correntes);
- executar rigoroso programa de manutenção de todos os dispositivos e equipamentos eletromecânicos, para a pronta disponibilidade destes em seu mais perfeito estado de operação;
- eliminar todas as possíveis fontes de ignição: aquecimento de mancais, canecas metálicas em contato com o corpo do elevador, desalinhamento de correias, escorregamento de correias sobre polias, presença de corpos metálicos nas tubulações, operações de trabalho a quente mal planejadas. Utilizar somente sistemas de iluminação específicos para ambientes com risco de explosão e proibir e evitar a presença de fumantes nas proximidades;
- instalar conjunto de sensores de subvelocidade em transportadores, de transbordo de produto, de desalinhamento de correias, de

monitoramento da atmosfera interior ao silo, de presença de fumaça, de alarme contra incêndio etc.; e

- por fim, convém ressaltar da sempre apropriada estreita cooperação com os bombeiros, que além de vistoriar com regularidade as instalações devem ser informados acerca dos produtos armazenados e das medidas preventivas em curso e protetivas disponíveis, assim como o livre acesso de veículos de resgate e de combate a incêndio cuja circulação e parada deve tomar parte no planejamento do ambiente construído.

Recomendamos, adicionalmente, a leitura e a adoção de medidas pertinentes às NR 33 – Segurança e Saúde nos trabalhos em ambientes confinados – e NR 35 – Segurança e Saúde no Trabalho em Altura.

Sugestões de leitura

ANDRADE, Ednilton Tavares; BORÉM, Flávio Meira. A safra pelos ares. Revista *Cultivar Máquinas*, v. 28, março 2004.

ARAGÃO, Ranvier Feitosa et al. *Incêndios e explosivos* – uma introdução à Engenharia Forense. Campinas: Millennium, 2010. (Tratado de perícias criminalísticas.)

GOVERNO DO ESTADO DO PARANÁ. *Norma de procedimento técnico n. 27 (NPT 027)* – armazenamento em silos. Curitiba: Corpo de Bombeiros Militar, 2012.

HAJNAL, R. D. *Dust explosions:* a report on recent major explosions in Argentina and Brazil. In: Proceedings 10th International Working Conference on Stored Product Protection, 2010.

MACINTYRE, A. J. *Ventilação industrial e controle da poluição.* 2. ed. Rio de Janeiro: LTC, 1990.

MESQUITA, A. L. S. et al. *Engenharia de ventilação industrial.* São Paulo: Cetesb, 1998.

NFPA®. *Manual de protección contra incendios.* 17. ed. España (s/l): Mapfre, 1993.

NFPA® 61 – *Standard for the Prevention of Fires and Dust Explosions in Agricultural and Food Processing Facilities.* Massachusetts, 2008.

31.14 Silos

31.14.1 Os silos devem ser adequadamente dimensionados e construídos em solo com resistência compatível às cargas de trabalho.

31.14.2 As escadas e as plataformas dos silos devem ser construídas de modo a garantir aos trabalhadores o desenvolvimento de suas atividades em condições seguras.

(continua)

31.14.3 O revestimento interno dos silos deve ter características que impeçam o acúmulo de grãos, poeiras e a formação de barreiras.

31.14.4 É obrigatória a prevenção dos riscos de explosões, incêndios, acidentes mecânicos, asfixia e dos decorrentes da exposição a agentes químicos, físicos e biológicos em todas as fases da operação do silo.

31.14.5 Não deve ser permitida a entrada de trabalhadores no silo durante a sua operação, se não houver meios seguros de saída ou resgate.

31.14.6 Nos silos hermeticamente fechados, só será permitida a entrada de trabalhadores após renovação do ar ou com proteção respiratória adequada.

31.14.7 Antes da entrada de trabalhadores na fase de abertura dos silos deve ser medida a concentração de oxigênio e o limite de explosividade relacionado ao tipo de material estocado.

31.14.8 Os trabalhos no interior dos silos devem obedecer aos seguintes critérios:

a) realizados com no mínimo dois trabalhadores, devendo um deles permanecer no exterior;

b) com a utilização de cinto de segurança e cabo vida.

31.14.9 Devem ser previstos e controlados os riscos de combustão espontânea e explosões no projeto construtivo, na operação e manutenção.

31.14.10 O empregador rural ou equiparado deve manter à disposição da fiscalização do trabalho a comprovação dos monitoramentos e controles relativos à operação dos silos.

31.14.11 Os elevadores e sistemas de alimentação dos silos devem ser projetados e operados de forma a evitar o acúmulo de poeiras, em especial nos pontos onde seja possível a geração de centelhas por eletricidade estática.

31.14.12 Todas as instalações elétricas e de iluminação no interior dos silos devem ser apropriados à área classificada.

31.14.13 Serviços de manutenção por processos de soldagem, operações de corte ou que gerem eletricidade estática devem ser precedidos de uma permissão especial onde serão analisados os riscos e os controles necessários.

31.14.14 Nos intervalos de operação dos silos o empregador rural ou equiparado deve providenciar a sua adequada limpeza para remoção de poeiras.

31.14.15 As pilhas de materiais armazenados deverão ser dispostas de forma que não ofereçam riscos de acidentes.

5

Normas Regulamentadoras aplicadas à agroindústria

5 Normas Regulamentadoras aplicadas à agroindústria

Costumeiramente descrevemos as ações relativas à Saúde e Segurança do Trabalho (SST) em uma organização como o resultado de uma tríade de exigências que devem ser satisfeitas de modo simultâneo e complementar, pois que interdependentes. São essas três dimensões – legal, técnica e gerencial – que, em conjunto, estabelecem quais e como as medidas necessárias para a preservação da integridade dos trabalhadores devem ter lugar por intermédio de um Sistema de Saúde e Segurança do Trabalho (SSST), que deverá ser organizado para cumprir as tarefas pertinentes e ser constituído por recursos humanos e materiais em face das particularidades do sistema e do volume de produção do empreendimento.

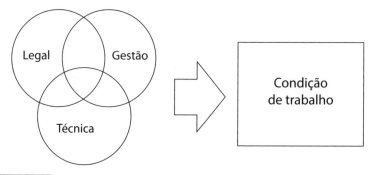

Figura 5.1 Tridimensionalidade das condições de trabalho.

A dimensão legal fundamenta-se na Constituição Federal e na legislação infraconstitucional, em especial na Consolidação das Leis do Trabalho (CLT) (Decreto-Lei n. 5.452, de 1º de maio de 1943), nas Normas Regulamentadoras expedidas pelo Ministério do Trabalho e Emprego (Portaria n. 3.214, de 8 de junho de 1978) e nas normas específicas aplicáveis ao segmento, nas três esferas de governo, e em suas alterações posteriores, dentre as quais podemos destacar:

- Lei n. 5.889, de 8 de junho de 1973, que regulamenta o trabalho rural;
- Lei n. 7.802, de 11 de junho de 1989, conhecida como Lei dos Agrotóxicos;[1]

---

[1] Dispõe sobre a pesquisa, a experimentação, a produção, a embalagem e rotulagem, o transporte, o armazenamento, a comercialização, a propaganda comercial, a utilização, a importação, a exportação, o destino final dos resíduos e embalagens, o registro, a classificação, o controle, a inspeção e a fiscalização de agrotóxicos, seus componentes e afins, e dá outras providências.

Normas Regulamentadoras aplicadas à agroindústria

- Lei n. 8.171, de 17 de janeiro de 1991, que dispõe sobre a política agrícola nacional;
- Lei n. 8.918, de 14 de julho de 1994, que versa sobre a indústria de bebidas (alcoólicas, não alcoólicas, polpas de frutas, vinagre, entre outras);
- Decreto n. 30.691, de 29 de março de 1952, Regulamento da Inspeção Industrial e Sanitária dos Produtos de Origem Animal (RIISPOA);
- Decreto n. 6.871, de 4 de junho de 2009, que regulamenta a Lei n. 8.918, que dispõe sobre a padronização, a classificação, o registro, a inspeção, a produção e a fiscalização de bebidas;
- Decreto n. 6.481, de 12 de junho de 2008, já citado no capítulo introdutório e que regulamenta os arts. 3º, alínea *d*, e 4º da Convenção 182 da OIT, que trata da proibição das piores formas de trabalho infantil e da ação imediata para sua eliminação;
- Decreto n. 5.741, de 30 de março de 2006, que regulamenta o Sistema Unificado de Atenção à Sanidade Agropecuária (SUASA);
- Portaria GM/MS n. 1.271, de 6 de junho de 2014, que define a Lista Nacional de Notificação Compulsória de doenças, agravos e eventos de saúde pública nos serviços de saúde públicos e privados em todo o território nacional;
- Resolução RDC/Anvisa n. 278, de 22 de setembro de 2005, que trata categorias de alimentos e embalagens dispensados e com obrigatoriedade de registro;
- Resolução RDC/Anvisa n. 275, de 21 de outubro de 2002,[2] que trata das boas práticas de fabricação (BPF) para a produção de alimentos;
- Instrução Normativa Mapa (IN) n. 50, de 24 de setembro de 2013, que institui a lista de doenças de notificação obrigatória ao serviço veterinário oficial; e

---
[2] Dispõe sobre o Regulamento Técnico de Procedimentos Operacionais Padronizados aplicados aos Estabelecimentos Produtores/Industrializadores de Alimentos e a Lista de Verificação das Boas Práticas de Fabricação em Estabelecimentos Produtores/Industrializadores de Alimentos.

- Lei Estadual n. 15.193, de 13 de dezembro de 2013, que trata da licença sanitária de estabelecimentos agroindustriais de pequeno porte no Estado de Pernambuco.

A diversidade de diplomas legais nos quais são estabelecidas exigências quanto às normas de SST e correlacionadas, sem dúvida, é fonte de inconsistências em alguns SSST, em especial para os estabelecimentos de pequeno porte nos quais as várias atribuições de operação e gerenciamento do negócio se concentram em poucas pessoas, muitas das quais sem formação específica. Não raro, lacunas de saber propriamente ditas se configuram como oportunidades de ameaça à integridade de trabalhadores, embora devamos sempre nos recordar da máxima "norma posta, isto é, publicada, norma exigível". Assim, o desconhecimento de alguma(s) dessa(s) norma(s) não isenta ninguém do seu cumprimento. Todavia, não podemos desconsiderar as dificuldades práticas que essa profusão de normas pode impor aos cidadãos envolvidos com a tarefa. Nossa legislação não dispõe como requisito mecanismos consolidadores das exigências aplicáveis aos respectivos segmentos produtivos. Inúmeros são os relatos de profissionais que professam ser este um de seus grandes desafios diários: a busca pela legislação mais atual, em face dessa profusão de normas e constantes inovações, que, por vezes, implica a dedicação ou demanda de significativa quantidade de horas de trabalho que termina por fazer-lhes falta na execução de tarefas rotineiras associadas ao SSST. Talvez com o advento de sistemas informatizados de alerta quanto às temáticas de interesse publicadas na internet esta dificuldade possa ser minimizada, quiçá resolvida em definitivo.

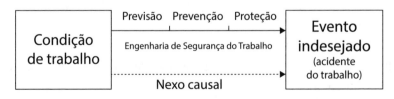

Figura 5.2 Os momentos de atuação da função Engenharia de Segurança do Trabalho para evitar a ocorrência de eventos indesejados.

Normas Regulamentadoras aplicadas à agroindústria

A dimensão técnica vale-se dos conhecimentos disponíveis na engenharia, na medicina, na química, na física, na psicologia etc. Enfim, dos diversos ramos de estudo e dos saberes derivados que podem ser aplicáveis à preservação da integridade dos trabalhadores, de modo isolado ou conjugado, segundo as distintas exigências estabelecidas pelas condições e ambientes de trabalho em que os obreiros desenvolvem as atividades a seu encargo.

A dimensão gerencial, por sua vez, tem dois objetivos básicos:

- a condução do cotidiano, das rotinas organizacionais, de modo que as ações do dia a dia possam prover ou assegurar condições de trabalho seguras e saudáveis, inclusive em atenção primária quando da ocorrência de eventos indesejados (incidentes ou acidentes), visando minimizar seus efeitos ou agravamento de consequências, por meio de um plano de emergências (contemplando, por exemplo, medidas de combate a incêndios, primeiros socorros, resgate, evacuação, contenção de derramamentos ou vazamentos etc.), previamente planejado e estabelecido para este fim; e

- quando da ocorrência de sinistros, estes devem ser devidamente registrados para a necessária investigação de suas causas, visando à correção ou ao saneamento das impropriedades detectadas, propiciando a incorporação de oportunidades de aprendizado organizacional nas rotinas estabelecidas e a consequente melhoria ou incremento do SSST existente.

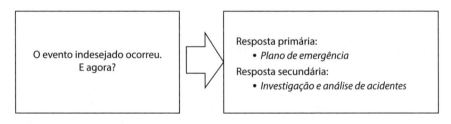

Figura 5.3 As atuações da função Engenharia de Segurança do Trabalho após a ocorrência do evento indesejado.

De acordo com a NR 4, com exceção da produção florestal em florestas nativas (grau de risco 4), todas as demais atividades relativas a agricultura, pecuária, produção florestal, pesca e aquicultura têm grau de risco 3,

53

assim como as indústrias de transformação associadas. Dentre estas, as de abate e fabricação de produtos de carne, de conservas, laticínios e afins. O agrupamento de classes, para fins de dimensionamento da CIPA, para as indústrias de alimentos citadas, resulta C-2, o que implica a existência dessa organização a partir de um total de 20 empregados, compatível com o estabelecido em 31.7.

Dentre o conjunto das 36 normas regulamentadoras atualmente existentes, podemos dizer que as NR 31 e NR 36 são de aplicação específica para as atividades desenvolvidas no campo e nas indústrias associadas a estas, sem prejuízo da observância do disposto nas demais NR, que devem ser aplicadas de forma complementar, segundo as particularidades das tarefas a serem desenvolvidas pelos trabalhadores nos respectivos ambientes de trabalho e em face das exigências que lhes são impostas por este conjunto, tarefa e ambiente, como, por exemplo, a distribuição do fumo para secagem e preparação das folhas verdes (que teria como aplicáveis os requisitos da NR 35 – trabalho em altura).

Destaca o item NR 31.1.1 que o contido nessa norma, cujo objetivo é estabelecer os preceitos a serem observados na organização e no ambiente de trabalho, de modo a tornar compatível o planejamento e a execução do labor ou das tarefas com as expectativas de segurança, saúde e meio ambiente de trabalho, é exigível nas atividades da agricultura, pecuária, silvicultura, exploração florestal e aquicultura. Por sua vez, o item NR 31.2.2 explicita que esta mesma norma também se aplica às atividades de exploração industrial em estabelecimentos agrários.

Já o item NR 36.1.1 é bem claro ao destacar que esta norma é aquela que trata dos requisitos para avaliação, controle e monitoramento dos riscos existentes nas atividades desenvolvidas na indústria de abate e processamento de carnes e derivados destinados ao consumo humano, sem prejuízo da observância do disposto nas demais NR.

Em sua construção, a NR 31 seguiu a perspectiva da autointegração. Ou seja, em uma tentativa de completude, aborda em seu conteúdo temas que são inerentes a outras NR, sem prejuízo à satisfação do contido nestas e em sua complementação, no que for próprio às atividades setoriais, a exemplo do estabelecido no item 31.5.1.3, inserido no contexto do tópico 31.5 (Gestão de Saúde, Segurança e Meio Ambiente do Trabalho Rural), que trata de elementos típicos

Normas Regulamentadoras aplicadas à agroindústria

da NR 7 (Programa de Controle Médico de Saúde Ocupacional – PCMSO) e da NR 9 (Programa de Prevenção de Riscos Ambientais – PPRA), ainda que a norma em comento tenha caráter específico, uma vez que é destinada exclusivamente a determinados segmentos de atividade produtiva.

Nesse mesmo sentido, podemos citar os itens 31.6 (Serviço Especializado em Segurança e Saúde no Trabalho Rural – SESTR) e 31.7 (Comissão Interna de Prevenção de Acidentes do Trabalho Rural – CIPATR), que poderiam estar inseridos nas NR 4 e NR 5, respectivamente, e o item 31.10 (ergonomia), que, em verdade, contempla elementos da NR 11 e NR 17, assim como o item 31.12 (máquinas, equipamentos e implementos), em conteúdo coberto pelo Anexo 11 da NR 12 (máquinas e implementos para uso agrícola e florestal, de vigência posterior à publicação da NR 31). Tem-se, também, o item 31.20 (medidas de proteção individual), que se sobrepõe à NR 6 (equipamento de proteção individual), e o item 31.21 (edificações rurais) e seguintes, que tratam de ambiência e instalações sanitárias, que contemplam elementos e os princípios da NR 24 (condições sanitárias e de conforto nos locais de trabalho).

Por sua vez, os itens 31.6.4.1 e 31.6.10 fazem referência explícita à possibilidade de as normas setoriais, isto é, do Acordo ou da Convenção Coletiva de Trabalho (ACT/CCT) estabelecer entre as partes regras relativas à SST.

Cabe ressaltar que tal disposição é aplicável não somente a esse segmento em particular, mas é igualmente exigível nos demais segmentos produtivos quando tais regras se fizerem presentes nesses normativos. Trocando em miúdos: ainda que normas específicas e relativas a determinadas atividades produtivas não façam referência a essa propriedade, quando tal conteúdo existir nesses documentos, essas regras têm de ser necessariamente satisfeitas por tomar parte nos compromissos recíprocos entre as categorias envolvidas.

Fica patente, portanto, a expectativa de força ou de poder normativo conferido aos ACT/CCT no tocante à agroindústria por aqueles que redigiram a NR 31: para que, por meio de tais instrumentos, possa ser alcançada a eficácia dos SSST requeridos para cada cultivo, cultura e região do país, segundo suas particularidades, sendo forma de valorizar ou de conferir importância aos saberes de cada um dos envolvidos para o estabelecimento de ações nesse sentido.

Com efeito, o item 31.6.10 estabelece que:

> *As empresas que mantiverem atividades agrícolas e industriais, interligadas no mesmo espaço físico e obrigadas a constituir SESTR e serviço equivalente previsto na Consolidação das Leis do Trabalho – CLT, poderão constituir apenas um desses Serviços, considerando o somatório do número de empregados, desde que estabelecido em convenção ou acordo coletivo.*

Ainda no âmbito da intervenção direta do empregador, cabe destacar o contido em 31.6.6:

> *O estabelecimento com mais de dez até cinquenta empregados fica dispensado de constituir SESTR, desde que o empregador rural ou preposto tenha formação sobre prevenção de acidentes e doenças relacionadas ao trabalho, necessária ao cumprimento dos objetivos desta Norma Regulamentadora.*

Nesse sentido, caberá como requisito dessa qualificação a capacidade para ministrar aos trabalhadores o conteúdo do treinamento previsto no item 31.7.20, que reproduzimos ao final deste capítulo.

Resta inconteste nesta assertiva que se reitera não apenas o papel, mas a inafastável necessidade de que aqueles que atuam no gerenciamento do cotidiano agroindustrial detenham um essencial e determinado domínio de conhecimentos relativos à SST, numa perspectiva preventiva, assim como igual capacidade de atuação frente a eventos indesejados que venham a ocorrer nas propriedades sob seu comando.

Esse entendimento está cristalizado no item contido no 31.7.2.1, em especial no sentido amplo que pode ser conferido à palavra "assistência" e nas interpretações decorrentes do poder/dever que se institui:

> *Nos estabelecimentos com número de onze a dezenove empregados, nos períodos de safra ou de elevada concentração de empregados por prazo determinado, a assistência em matéria de segurança e saúde no trabalho será garantida pelo empregador diretamente ou através de preposto ou de profissional por ele contratado.*

Normas Regulamentadoras aplicadas à agroindústria

Sugestões de leitura

ATLAS. Manuais de Legislação. *Segurança e Medicina do Trabalho*. 75. ed. São Paulo, 2015.

BARBOSA FILHO, Antonio Nunes. *Segurança do trabalho e gestão ambiental*. 4. ed. São Paulo: Atlas, 2011.

BRASIL/Ministério do Trabalho e Emprego. NR 31 – Segurança e saúde no trabalho, na Agricultura, Pecuária, Silvicultura, Exploração Florestal e Aquicultura.

_____. NR 36 – Segurança e saúde no trabalho em empresas de abate e processamento de carnes e derivados.

CERIGUELI, Moacir José. *NR 36 – Norma Regulamentadora de Segurança e Saúde no Trabalho em empresas de abate e processamento de carnes e derivados*. São Paulo: LTR, 2013.

31.7.20 Do Treinamento

31.7.20.1 O empregador rural ou equiparado deverá promover treinamento em segurança e saúde no trabalho para os membros da CIPATR antes da posse, de acordo com o conteúdo mínimo:

a) noções de organização, funcionamento, importância e atuação da CIPATR;

b) estudo das condições de trabalho com análise dos riscos originados do processo produtivo no campo, bem como medidas de controle (por exemplo, nos temas agrotóxicos, máquinas e equipamentos, riscos com eletricidade, animais peçonhentos, ferramentas, silos e armazéns, transporte de trabalhadores, fatores climáticos e topográficos, áreas de vivência, ergonomia e organização do trabalho);

c) caracterização e estudo de acidentes ou doenças do trabalho, metodologia de investigação e análise;

d) noções de primeiros socorros;

e) noções de prevenção de DST, AIDS e dependências químicas;

f) noções sobre legislação trabalhista e previdenciária relativa à Segurança e Saúde no Trabalho;

g) noções sobre prevenção e combate a incêndios;

h) princípios gerais de higiene no trabalho;

i) relações humanas no trabalho;

j) proteção de máquinas e equipamentos;

k) noções de ergonomia.

31.7.20.2 O empregador rural ou equiparado deve promover o treinamento previsto no subitem 31.7.20.1 desta Norma Regulamentadora para os empregados mais votados e não eleitos, limitado ao número de membros eleitos da CIPATR.

(continua)

31.7.20.3 O treinamento para os membros da CIPATR terá carga horária mínima de vinte horas, distribuídas em no máximo oito horas diárias e será realizado durante o expediente normal, abordando os principais riscos a que estão expostos os trabalhadores em cada atividade que desenvolver.

31.20 Medidas de Proteção Pessoal

31.20.1 É obrigatório o fornecimento aos trabalhadores, gratuitamente, de equipamentos de proteção individual (EPIs), nas seguintes circunstâncias:

a) sempre que as medidas de proteção coletiva forem tecnicamente comprovadas inviáveis ou quando não oferecerem completa proteção contra os riscos decorrentes do trabalho;

b) enquanto as medidas de proteção coletiva estiverem sendo implantadas;

c) para atender situações de emergência.

31.20.1.1 Os equipamentos de proteção individual devem ser adequados aos riscos e mantidos em perfeito estado de conservação e funcionamento.

31.20.1.2 O empregador deve exigir que os trabalhadores utilizem os EPIs.

31.20.1.3 Cabe ao empregador orientar o empregado sobre o uso do EPI.

31.20.2 O empregador rural ou equiparado, de acordo com as necessidades de cada atividade, deve fornecer aos trabalhadores os seguintes equipamentos de proteção individual:

a) proteção da cabeça, olhos e face:

   1. capacete contra impactos provenientes de queda ou projeção de objetos;

   2. chapéu ou outra proteção contra o sol, chuva e salpicos;

   3. protetores impermeáveis e resistentes para trabalhos com produtos químicos;

   4. protetores faciais contra lesões ocasionadas por partículas, respingos, vapores de produtos químicos e radiações luminosas intensas;

   5. óculos contra lesões provenientes do impacto de partículas, ou de objetos pontiagudos ou cortantes e de respingos.

b) óculos contra irritação e outras lesões:

   1. óculos de proteção contra radiações não ionizantes;

   2. óculos contra a ação da poeira e do pólen;

   3. óculos contra a ação de líquidos agressivos.

c) proteção auditiva:

   1. protetores auriculares para as atividades com níveis de ruído prejudiciais à saúde.

(continua)

d) proteção das vias respiratórias:

1. respiradores com filtros mecânicos para trabalhos com exposição a poeira orgânica;

2. respiradores com filtros químicos, para trabalhos com produtos químicos;

3. respiradores com filtros combinados, químicos e mecânicos, para atividades em que haja emanação de gases e poeiras tóxicas;

4. aparelhos de isolamento, autônomos ou de adução de ar para locais de trabalho onde haja redução do teor de oxigênio;

e) proteção dos membros superiores:

1. luvas e mangas de proteção contra lesões ou doenças provocadas por:

1.1. materiais ou objetos escoriantes ou vegetais, abrasivos, cortantes ou perfurantes;

1.2. produtos químicos tóxicos, irritantes, alergênicos, corrosivos, cáusticos ou solventes;

1.3. materiais ou objetos aquecidos;

1.4. operações com equipamentos elétricos;

1.5. tratos com animais, suas vísceras e de detritos e na possibilidade de transmissão de doenças decorrentes de produtos infecciosos ou parasitários;

1.6. picadas de animais peçonhentos;

f) proteção dos membros inferiores:

1. botas impermeáveis e antiderrapantes para trabalhos em terrenos úmidos, lamacentos, encharcados ou com dejetos de animais;

2. botas com biqueira reforçada para trabalhos em que haja perigo de queda de materiais, objetos pesados e pisões de animais;

3. botas com solado reforçado, onde haja risco de perfuração;

4. botas com cano longo ou botina com perneira, onde exista a presença de animais peçonhentos;

5. perneiras em atividades onde haja perigo de lesões provocadas por materiais ou objetos cortantes, escoriantes ou perfurantes;

6. calçados impermeáveis e resistentes em trabalhos com produtos químicos;

7. calçados fechados para as demais atividades.

g) proteção do corpo inteiro nos trabalhos que haja perigo de lesões provocadas por agentes de origem térmica, biológica, mecânica, meteorológica e química:

1. aventais;

2. jaquetas e capas;

3. macacões;

(continua)

4. coletes ou faixas de sinalização;

5. roupas especiais para atividades específicas (apicultura e outras).

h) proteção contra quedas com diferença de nível:

1. cintos de segurança para trabalhos acima de dois metros, quando houver risco de queda.

31.20.3 Cabe ao trabalhador usar os equipamentos de proteção individual indicados para as finalidades a que se destinarem e zelar pela sua conservação.

31.20.4 O Ministério do Trabalho e Emprego poderá determinar o uso de outros equipamentos de proteção individual, quando julgar necessário.

Zoonoses e segurança no trato com animais

6   Zoonoses e segurança no trato com animais

Há milhares de anos, a domesticação de animais tem propiciado à humanidade recursos os mais diversos para a satisfação de muitas de suas necessidades. De um lado, podemos nos referir aos produtos primários dessa criação: o leite, a carne, os ovos e o mel, por exemplo. De outro, podemos fazer menção ao emprego de derivados para a fabricação de utensílios com as mais distintas aplicações: a cera, a lã, o couro, os ossos... Devemos citar, também, a larga utilização da tração animal como força motriz, ainda muito usual em numerosas regiões do mundo. E, por fim, mas não menos importante, não podemos nos esquecer destes simplesmente como companhia: cães, gatos e outros.

Além do contato habitual com alguns destes animais, muitos em estreita interação cotidiana, ademais dos sinantrópicos (aqueles que convivem conosco sem que tenhamos decidido por tal condição: insetos, aves, roedores e outros mais, que se aproximam das instalações humanas para aproveitar oportunidades de obtenção de moradia, alimentação etc.), ampliou-se a proximidade com animais silvestres, em especial nas áreas rurais, o que culminou com a transmissão de doenças entre estes e as pessoas, de consequências de vasta amplitude, alcançando, inclusive, em determinados casos, desfecho fatal.

Todos os animais, incluindo-se aqueles que coabitam nossos lares (até mesmo o peixinho do aquário), devem ser considerados portadores naturais de micro-organismos patogênicos, os quais podem estar restritos a algumas espécies, sendo, portanto, específicas destes e outras, como no caso da raiva e da salmonela, contar com várias espécies disseminadoras, cuja transmissão poderá se dar:

- por contato direto com o animal infectado;
- por contato com fluidos e excreções dos animais infectados;
- por via aérea e pela água contaminada;
- por meio de hospedeiros, como insetos e roedores; e
- pelo consumo de alimentos derivados desses animais ou contaminados durante o seu processamento em condições inadequadas.

Assim, ademais das implicações ocupacionais, há de se cuidar dos potenciais comprometimentos de caráter mais amplo, no tocante à disseminação de doenças que podem ser veiculadas pelos alimentos produzidos ou manipulados nestes estabelecimentos. Severas restrições comerciais, bem como a necessária eliminação ou tratamento dos animais e dos trabalhadores fonte pode resultar prejuízos significativos para toda a cadeia econômica envolvida, quer pela perda ou redução da produção, danos à imagem, dentre outras.

Deve-se observar a possibilidade (e a viabilidade) de medidas profiláticas junto aos plantéis, bem como junto aos profissionais. Um ponto de partida, no que diz respeito aos trabalhadores que lidam com animais, é o calendário de vacinação ocupacional da Sociedade Brasileira de Imunizações[1] que deve receber, conforme o caso, sob orientação médica, as devidas sugestões complementares.

Em face dessa possibilidade se requer, portanto, que na ocorrência ou suspeita de doença adquirida ou de natureza animal, ou seja, apenas de sintomas destas, um médico infectologista e/ou veterinário deverão ser prontamente consultados, porquanto são requeridas medidas apropriadas previstas no item NR 31.18, que reproduzimos ao final deste capítulo. Caso inexistam estes profissionais à disposição da organização, os Serviços de Saúde animal e humanalocal, conforme o caso, deverão ser notificados, sobretudo em razão da necessidade do estabelecimento de medidas de defesa sanitária animal e para início dos tratamentos requeridos. Nesse sentido, impõe a notificação obrigatória de doenças animais a Instrução Normativa n. 50/2013, do Mapa, dentre outras atribuições do produtor relacionadas ao Sistema Único de Atenção à Sanidade Agropecuária (Suasa), instituído na Lei Agrícola (n. 8.171/1991).

Deve-se, sobretudo, orientar o comportamento do trabalhador manipulador de animais e de seus derivados, visando assegurar comportamentos de higiene pessoal e práticas de procedimentos laborais com o intuito de favorecer e controlar a sua própria saúde, reduzindo as oportunidades de adoecimento e de perigos que possam afetar a produção, tais como descontinuidades ou lesões de pele, da boca, bem como afecções nos tratos respiratório e digestivo.

Inseridas nas boas práticas de fabricação (BPF), medidas profiláticas como a vacinação e o acompanhamento parasitológico, assim como o controle microbiológico de superfícies, colaboram não apenas para

---

[1] Disponível em: <http://sbim.org.br/images/files/calend-sbim-ocupacional-2015-16-150902-spread.pdf/>. Acesso em: 20 set. 2016.

a prevenção da veiculação de doenças por intermédio da manipulação dos alimentos, mas, sobretudo, para o acompanhamento da saúde laboral e extralaboral. Nesse sentido, veja-se o instituído pela Portaria SVS/MS n. 326 e o contido na RDC/Anvisa n. 275, em complemento a esta.

Nos ambientes de produção agrícola e florestal, inúmeras são as possibilidades de zoonoses, oriundas dos mais diferentes agentes patogênicos (vírus, fungos, bactérias, protozoários, riquétsias etc.), quer provenientes do trato com animais de criação, quer pelo contato direto ou indireto com animais silvestres e sinantrópicos. Algumas dessas doenças são há muito conhecidas quanto aos seus agentes e mecanismos, assim como no tocante às medidas de prevenção e tratamentos. Outras, infelizmente, não.

Ao momento em que apresentamos breves comentários acerca de algumas destas, que selecionamos por considerarmos de interesse para os propósitos deste livro, destacando-se, em especial, dentre aquelas relacionadas no anexo da Lei n. 8.213/1991 e que reproduzimos ao final deste capítulo, cabe ressaltar da importância da consulta prévia e do preparo para lidar com estas, por intermédio do suporte apropriado a ser buscado junto aos profissionais e serviços especializados, quer de natureza pública ou privada.

De outro lado, não podemos deixar de registrar também a possibilidade de acidentes, os mais diversos, no trato com animais, dentre os quais coices, bicadas, mordeduras etc., quando do exame, marcação, tratamento – inclusive vacinação, preparação para o abate e outras atividades comuns dessa lide, pelo que a NR 31 estabelece:

> *31.18.2 Em todas as etapas dos processos de trabalhos com animais devem ser disponibilizadas aos trabalhadores informações sobre:*
>
> *a) formas corretas e locais adequados de aproximação, contato e imobilização;*
>
> *b) maneiras de higienização pessoal e do ambiente;*
>
> *c) reconhecimento e precauções relativas a doenças transmissíveis.*

Passemos, então, ao exame dessas doenças animais de caráter zoonótico.

A incidência de doenças bacterianas como a brucelose, a tuberculose e a leptospirose, além de causar perdas junto aos animais infectados, resulta riscos à saúde dos demais animais de produção ainda não afetados por seus causadores, bem como às pessoas diretamente envolvidas no seu trato e, de modo indireto, àquelas que convivem com estas.

A brucelose, que pode acometer indistintamente suínos, ovinos, caprinos e bovinos, possui distribuição mundial e afeta, em especial, o sistema reprodutivo destes últimos, causando abortamentos durante a gestação, o que pode implicar redução progressiva do rebanho em função da queda de natalidade, ademais de causar sérias restrições comerciais, em virtude da possibilidade de infecção humana.

A tuberculose, por sua vez, acomete o ser humano, mamíferos em geral e aves; é uma doença prevalentemente pulmonar, cuja transmissão se dá, em geral, por via aérea (no ar expirado pelos infectados). Nos bovinos, registra-se que o bacilo pode ser veiculado, também, nas excreções (nasais, fezes, urina, vaginais e uterinas), bem como pelo sêmen. Animais em manejo de confinamento, em razão de sua proximidade, estão mais sujeitos às transmissões, sendo sua ocorrência mais frequente em vacas leiteiras, de maior longevidade produtiva.

Os cuidados de saúde com o rebanho, além da pasteurização como pré-requisito essencial para o consumo de leite e derivados, são condições fundamentais para a redução das possibilidades das infecções, sobretudo na população infantil. Todavia, em algumas localidades, por questões culturais, ainda há a insistência no consumo e produção de derivados do leite *in natura*. A profilaxia ocupacional é obtida com a vacinação BCG (bacilo de Calmette-Guérin).

A leptospirose, cuja transmissão se dá por meio da água, do solo e de restos de animais contaminados, é uma das zoonoses que requerem maior atenção em todo o mundo. Todas as espécies animais, assim como os humanos, são sensíveis aos micro-organismos causadores da doença, que têm a capacidade de sobreviver em ambientes úmidos por períodos prolongados, o que amplia sobremaneira os riscos de exposição e de infecção daqueles que tenham contato com estes.

É importante destacar que os ratos, quando infectados, podem superar a condição crônica, tornando-se assintomáticos. Contudo, permanecem disseminadores de leptospiras, excretadas em sua urina. Desse modo, é fundamental o controle desses roedores nos arredores da área produtiva, ao que se deve somar a utilização de EPIs adequados (sobretudo calçados e luvas de proteção) para as tarefas a ser realizadas, a aplicação de desinfetantes (hipoclorito de sódio, p. ex.) nas superfícies potencialmente contaminadas, assim como a drenagem das águas pluviais e das áreas alagadiças, medidas estas com a finalidade de inviabilizar ou de impedir a eventual sobrevivência do agente.

Ainda no tocante às zoonoses de origem bacteriana, não podemos deixar de citar a salmonelose, que se acredita ser a de maior dispersão em todo o mundo. No ser humano, a contaminação pelo agente, após um período de incubação variável de 6 a 72 horas, resulta grave enfermidade, causando náuseas, febre, vômitos, cefaleia, diarreia e dores abdominais. Não há vacina humana. A principal forma de contaminação é oral. Nesse sentido, são fundamentais os cuidados requeridos para a manipulação e/ou processamento da produção, em especial de aves, suínos e bovinos.

Quanto às doenças virais, em meio a muitas, podemos citar a raiva, a febre aftosa, a doença de Newcastle (típica de aves) e a encefalite equina, que acometem distintos grupos animais.

Dentre as doenças que podem afetar as aves,[2] as respiratórias merecem destacada atenção, sobretudo por causa de seu potencial zoonótico e dentre estas a doença de Newcastle e a ornitose, também conhecida como psitacose (quando acomete psitacídeos) e clamidiose (quando seres humanos e outros mamíferos são afetados).

A doença de Newcastle é altamente contagiosa e causa elevada mortalidade em aves de qualquer idade. Além da forma respiratória, a mais comum, pode provocar, de modo combinado ou não, lesões nos sistemas nervoso e digestivo. As medidas de controle demandam a completa e imediata higienização do local, com o devido isolamento dos grupos de aves, para a realização da vacinação, que deve ser executada sob rigoroso controle e exercício das práticas de biossegurança, como o uso de luvas e de máscaras, seguido de seu pronto descarte e cuidadosa lavagem das mãos, uma vez que os vírus dessa doença, inclusive os presentes na vacina, podem causar conjuntivite nos seres humanos.

---

[2] Junto às quais, em relação exemplificativa, seja de origem viral, fúngica, bacteriana ou outra, podemos listar: ornitose, micoplasma, colibacilose, aspergilose, encefalomielite aviária, salmonelose, estafilocose, boreliose, tuberculose, coccidiose, pausterelose, bouba, coriza e bronquite infecciosa, entero-hepatite, doenças de Marek e de Newcastle.

A ornitose, de modo similar, causa dificuldades respiratórias, enterite e morte, sendo considerada doença grave, igualmente contagiosa e de difícil tratamento. O controle requer a eliminação de potenciais focos ou reservatórios, sendo sugerido o sacrifício das demais aves do plantel que possam ser portadoras do agente infeccioso e a posterior cremação das carcaças, sempre observando-se os cuidados necessários para o manuseio para esse fim, ademais de rigorosa higiene do local e dos aparatos do criadouro.

"Nos humanos, a *C. psittaci* produz um espectro de manifestações clínicas que variam desde pneumonia grave e sepse com elevada taxa de mortalidade até infecções leves e inaparentes", destacam Jawetz, Melnick e Adelberg (2000).

A febre aftosa é outra doença altamente contagiosa que acomete, em especial, animais biungulados (bovinos, bubalinos, suínos, caprinos, ovinos e alguns animais silvestres, como a capivara). As lesões nos cascos resultam em dificuldades na locomoção, o que provoca, entre outras restrições, limitações à alimentação, agravadas pela formação de pápulas e posteriormente aftas nas gengivas, língua e lábios dos animais. Entre as perdas podemos elencar acentuada redução na produção de carne e leite e mesmo na fertilidade do rebanho.

Não havendo tratamento, resta adotar como medida profilática a vacinação segundo as recomendações e calendário da defesa sanitária. A doença é transmissível pelo leite, carne e saliva do animal infectado, sendo também possível se dar a contaminação pelo ar e pela água, além de modo indireto pelo contato com objetos e utensílios do trato do rebanho doente.

A encefalomielite equina é doença viral transmitida por meio da picada de mosquitos contaminados, em ciclo no qual os cavalos são hospedeiros, razão pela qual sua vacinação anual é obrigatória, assim como no tocante à raiva, uma vez que pode ser transmitida pelo sangue, excreções e saliva do animal infectado.

A raiva, em animais de maior porte, como os bovinos, equinos, caprinos e ovinos, é geralmente resultante da transmissão por intermédio da mordedura de morcegos infectados. Há registros de que animais da fauna silvestre, como raposas e lobos, podem ser fontes de transmissão, que deve ser controlada pela prevenção da difusão entre indivíduos, associando-se a vacinação dos animais domésticos com a eliminação daqueles infectados, sobretudo a presença dos transmissores.

No tocante às riquetsioses, a febre Q, igualmente conhecida como febre dos matadouros, é o exemplo a destacar. A seu respeito, Cardoso (1998, p. 141) registra que:

> *Têm havido casos epidêmicos em matadouros, com maior concentração de casos nos setores de produção de farinha de ossos (moagem) e no recolhimento de placentas e vísceras. Têm sido associados a aerossóis, originados, provavelmente da manipulação [de] placentas e líquidos amnióticos. Outro grupo ocupacional exposto é constituído de trabalhadores do setor pecuário e habitantes de fazendas de criação de bovinos, caprinos e ovinos.*

A esporotricose – vulgarmente conhecida como doença dos jardineiros – é uma micose subcutânea provocada por fungos (*Sporothrix schenckii*) que vivem em vegetações, em geral gramíneas, roseiras e horticulturas. É considerado de natureza ocupacional para os trabalhadores que lidam com essas atividades. O *S. schenckii*, que se encontra disseminado por todo o mundo, após introdução traumática na pele, provoca infecção crônica que pode levar à formação de lesão necrótica ou ulcerativa.

O mormo, causado pela bactéria *Burkholderia mallei*, no passado denominada *Pseudomonas mallei*, é uma doença infectocontagiosa de natureza muito grave para os equídeos (cavalos, asnos e mulas) e para a qual não há vacina, sendo requerido o isolamento, sacrifício e posterior cremação dos animais afetados, assim como a rigorosa desinfecção de todo o material que teve contato com esses animais. É passível de transmissão aos humanos e a outros mamíferos. Recentemente, recebeu destaque na grande mídia nacional em decorrência de possível reemergência, sendo registrados alguns casos em distintas regiões do país. A enfermidade, que em sua forma mais violenta acomete os pulmões, tem como sintomas, entre outros, a febre e a secreção nasal, com a presença de sangue e pus. O contágio pode se dar a partir dessas secreções, assim como da urina, das fezes e de meios contaminados (água e alimentos, inclusive), ocorrendo por via digestiva, respiratória, genital ou cutânea, na existência de lesão.

Zoonoses e segurança no trato com animais

Medidas como o controle do trânsito, a vermifugação e a vacinação de criação, assim como o controle da umidade e a limpeza dos locais de permanência e trato, incluindo, também, o controle de vetores como roedores e insetos, podem contribuir sobremaneira para a redução de doenças nos animais, assim como sua potencial transmissão aos seres humanos, devendo, portanto, ter caráter regular e permanente nos ambientes de produção agrícola.

No ambiente rural são frequentes as interações de trabalhadores e até mesmo de seus familiares com animais domésticos e de criação. Estas podem oportunizar diversas doenças, inclusive parasitárias. Dentre estas, podemos citar, por exemplo, a toxoplasmose e a leishmaniose, muito comuns em animais de companhia.

Neste contexto, merecem destaque as zoonoses originadas em ectoparasitas. Ou seja, naqueles que vivem na superfície ou que se aprofundam na pele de seus hospedeiros, como os carrapatos e pulgas. Os parasitas externos que acometem os animais podem provocar graves enfermidades nos seres humanos, gerando agravos à saúde e, consequentemente, à capacidade laboral dos afetados, além das doenças próprias daqueles, razões pela qual têm importância não só veterinária mas também para a saúde pública.

Os carrapatos podem causar às pessoas a febre maculosa (carrapato-de-cavalo ou estrela) e a borreliose ou doença de Lyme (carrapato *Ixodes*),[3] ambas de origem bacteriana (*Rickettsia rickettsii* e *Borrelia burgdorferi*, respectivamente). A melhor maneira de prevenir sua ocorrência, em caráter ocupacional ou não, é, uma vez identificada a presença desses vetores junto aos animais, tomar medidas preventivas contra uma potencial infestação, com o uso de carrapaticidas aprovados pelos órgãos de saúde animal, assim como a higienização e limpeza dos locais de convívio e aglomeração, bem como dos ambientes em que circulam, uma vez que em seu ciclo natural o carrapato desprende-se dos animais e vai ao solo, onde coloca seus ovos e por meio da vegetação alcança-os novamente.

---

[3] Uma boa revisão sobre o tema pode ser encontrada em: SCHWARTZ, Brian S. Doença de Lyme Ocupacional. In: BOWLER, Rosemarie M.; CONE, James E. *Segredos em Medicina do Trabalho* – Respostas necessárias ao diaadia: em *rounds*, na clínica, em exames orais e escritos. Porto Alegre: Artmed, 2001. p. 148-155.

Nessa esteira, não podemos deixar de citar insetos que parasitam o homem: pulgas e piolhos, em particular. Convém destacar que, via de regra, tal não ocorre por contato com animais infestados, pois, em geral, apresentam especificidade de hospedeiro. Ou seja, cada variedade parasita apenas uma espécie animal.

Sendo desprovidos de asas, utilizam mecanismos diferentes de deslocamento ou de propagação: as pulgas têm as patas traseiras adaptadas para grandes saltos. Já os piolhos são transmitidos pelo contato direto, pelo uso compartilhado de objetos (como pentes, bonés, capacetes, travesseiros, toalhas e outros), sobretudo aqueles do couro cabeludo (*Pediculus capitis*), que, ao lado do piolho do corpo e das axilas (*Pediculus humanus*) e do púbis (*Pthirus pubis*), vulgarmente conhecido como chato, são as espécies que acometem os seres humanos. Nesta condição, recomenda-se o imediato afastamento do ambiente laboral dos trabalhadores acometidos pelos parasitas para evitar que estes se alastrem aos demais.

Quanto às pulgas, podemos classificá-las em três grupos de interesse:

- *Pulex irritans* – que têm como principal hospedeiro o ser humano.
- *Xenopsy cheopis* – presentes nos ratos domésticos, transmissoras da peste bubônica e do tifo.
- *Tunga penetrans* – que têm hospedeiros porcos, cães, gatos, bovinos e o ser humano.

As pulgas, sobretudo estas últimas, merecem atenção em dois níveis: como parasitas propriamente ditos, se instalando (penetrando na pele) na sola dos pés, espaços interdigitais e cantos ou sob as unhas, em particular, e como vetores, propiciando agravos à saúde provocados por bactérias e fungos, como o *Clostridium tetani* (causador do tétano), em infecção secundária após a expulsão ou retirada do parasita alojado (que recebe a denominação popular de bicho-de-pé ou bicho-de-porco).

As fêmeas dessa pulga, uma vez fecundadas, buscam hospedeiros para parasitar – são exclusivamente hematófagas – até o desenvolvimento e a expulsão dos ovos, dando início a um novo ciclo reprodutivo, razão pela qual se faz necessário, além de cuidar dos animais e trabalhadores afetados, realizar medidas de prevenção e controle, com o uso permanente de calçados, sobretudo em terrenos arenosos e secos, bem como

Zoonoses e segurança no trato com animais

a higienização dos habitáculos dos animais domésticos e de criação e suas periferias, assim como dos demais ambientes que possam ser propícios à permanência e proliferação das pulgas, inclusive com a aplicação de inseticidas apropriados em casos de infestação.

O tratamento do bicho-de-pé consiste na extirpação asséptica dos parasitas, aliado aos cuidados para evitar infecções secundárias (com a aplicação de antibióticos tópicos aplicados na área afetada, associados a outros de largo espectro, bem como à vacina antitetânica, conforme prescrição médica) e recidivas, uma vez que um mesmo trabalhador afetado pode hospedar diversos parasitas em distintos estágios de desenvolvimento.

Apesar de muitas vezes ser considerada de menor importância em razão da costumeira incidência ou "popularidade", a tungíase (infecção causada pela pulga da família *Tunga penetrans*), quando não tratada adequadamente, em caráter persistente, quando em associação com infecções causadas por outros micro-organismos patogênicos, pode possibilitar necrose do tecido circundante, ocorrência do tétano, deformação e perda das unhas e, até mesmo, em alguns casos, evoluir para gangrena, causando a perda de partes dos dedos e outras complicações. Não se pode, portanto, negligenciar os cuidados estritamente requeridos e, tampouco, providenciar apenas "soluções ou medicações caseiras" para o tratamento.

Ainda em relação às zoonoses originadas em animais domésticos e que podem acometer o trabalhador rural (ou urbano) causando-lhes prejuízos, temporários ou permanentes, à capacidade laboral, não podemos deixar de citar as verminoses causadas por nematódeos de cães e gatos, em especial a *larva migrans* em suas formas cutânea, visceral e ocular.

Na forma cutânea, a mais comum (vulgarmente conhecida como verme de cachorro), cuja contaminação ocorre com frequência em solos arenosos, úmidos e com temperaturas elevadas (condições propícias para o desenvolvimento do patógeno), as larvas penetram na pele desprotegida – em geral os pés – e migram para a epiderme, causando intensa coceira ao deslocamento do agente, formando lesões serpiginosas (razão pela qual recebe, também, o nome popular de verme geográfico). Não raro ocorrem infecções secundárias e a formação de eczemas (pequenas vesículas). O tratamento consiste na crioterapia (aplicação de gelo sobre os locais afetados) associada a medicações específicas prescritas por médico, conforme a evolução do caso.

A forma visceral, mais grave, ocorre por ingestão acidental de ovos, por contato com o solo contaminado e excreções (fômites) ao levar as mãos sujas ou objetos indiretamente contaminados à boca (canetas, por exemplo). Decorre, portanto, sobretudo, de hábitos higiênicos. As consequências podem resultar variadas, sendo atingidos órgãos como o fígado, os pulmões e, eventualmente, o coração e o cérebro, condições que podem ser fatais.

Já na forma ocular, comumente unilateral e relacionada a um histórico de ocorrência visceral, quando a larva se instala no globo ocular, a sua migração ou movimentação e a resposta inflamatória vinculada podem causar danos à visão. Exames oftalmológicos apropriados contribuem para o adequado diagnóstico e posterior tratamento.

Muitas são as possibilidades de exposições a distintos patógenos no meio rural, ainda que não relacionadas necessariamente ao ambiente laboral, mas que mesmo assim merecem nossa atenção. Poderemos citar, por exemplo, o contágio pelo *T. cruzi* (causador da doença de Chagas) e por outros helmintos, como o "amarelão" retratado em Rey (2001).

Por fim, cabe ressaltar que sendo inúmeras as oportunidades de doenças adquiridas no trato animal, seja diário ou eventual, nos espaços habitualmente frequentados por estes e cercanias, somente com a devida e necessária orientação de profissionais de área médica, o diagnóstico e o tratamento, com todas as suas implicações, devem se processar. Diante das dificuldades de acesso a esses profissionais, por motivos econômicos, entre outros, vale relembrar diariamente a máxima: "Prevenir é bem melhor que remediar!".

Zoonoses e segurança no trato com animais

Sugestões de leitura

ACHA, Pedro N.; SZYFRES, Boris. *Zoonosis y enfermedades transmisibles comunes al hombre y a los animales*. 3. ed. 3 v. Washington/DC: Organización Panamericana de la Salud (OPAS), 2003. (Publicación Científica y Técnica N. 580.)

ANDRADE, A. et al. (Orgs.). *Animais de Laboratório:* criação e experimentação. Rio de Janeiro: Fiocruz, 2002.

BRASIL. *Regulamento da inspeção industrial e sanitária de produtos de origem animal* (RIISPOA) – Lei n. 1.283, de 18 de dezembro de 1950, e Decreto n. 30.961, de 29 de março de 1952 e alterações posteriores.

BRASIL. Ministério da Agricultura, Pecuária e Abastecimento (Mapa). Instrução Normativa n. 50, de 24 de setembro de 2013. *Lista de doenças animais de notificação obrigatória.*

BRASIL. Mapa – Secretaria de Defesa Agropecuária. *Encefalopatia espongiforme bovina (EEB):* doença da vaca louca. Brasília: Mapa/SDA, 2008.

BRASIL. Agência Nacional de Vigilância Sanitária. *Encefalopatia espongiforme transmissível:* caderno técnico. Brasília: Anvisa, 2004.

_____. RDC/Anvisa n. 275, de 21 de outubro de 2002. *Dispõe sobre o Regulamento técnico de procedimentos operacionais padronizados aplicados aos estabelecimentos produtores/industrializadores de alimentos e à Lista de verificação das boas práticas de fabricação em estabelecimentos produtores/industrializadores de alimentos.*

BRASIL. Ministério da Saúde – Secretaria de Vigilância em Saúde. *Doenças infecciosas e parasitárias:* guia de bolso. 8. ed. rev. Brasília: MS/SVS, 2010. (Série B. Textos Básicos de Saúde.)

_____. Portaria n. 326, de 30 de julho de 1997. *"Regulamento técnico – Condições higiênico-sanitárias e de boas práticas de fabricação para estabelecimentos produtores/industrializadores de alimentos".*

CARDOSO, Telma Abdalla de Oliveira. Biossegurança no manejo de animais em experimentação. In: ODA, Leila, ÁVILA; Suzana Machado (Orgs.). *Biossegurança em laboratórios de saúde pública*. Brasília: Ministério da Saúde, 1998.

FERNANDES, Francisco Cortes; FURLANETO, Antônio. Riscos biológicos em aviários. *Rev. Bras. Med. Trab.*, Belo Horizonte, v. 2, n. 2, abr./jun. 2004.

JAWETZ; MELNICK; ADELBERG. *Microbiologia médica*. 21. ed. Rio de Janeiro: Guanabara Koogan, 2000.

MASSARD, C. L.; FONSECA, A. H. *Carrapatos e doenças transmitidas comuns ao homem e animais*. A Hora Veterinária 135 (1): 15-23, 2004.

MORAES, Márcia Vilma G. *Enfermagem do Trabalho:* programas, procedimentos e técnicas. 4. ed. São Paulo: Iátria, 2012.

NEVES, David Pereira et al. *Parasitologia humana*. 11. ed. Rio de Janeiro: Atheneu, 2005.

NÚNCIO, Maria Sofia; ALVES, Maria João (Ed.). *Doenças associadas a artrópodes, vetores e roedores*. Lisboa: Instituto Nacional de Saúde Doutor Ricardo Jorge, 2014.

(continua)

REY, Luis. *Um século de experiência no controle da ancilostomíase*. Revista da Sociedade Brasileira de Medicina Tropical. 34 (1): 61-67, jan./fev. 2001.

TRABULSI, Luiz Rachid et al. *Microbiologia*. São Paulo: Atheneu, 1999.

31.18 Trabalho com animais

31.18.1 O empregador rural ou equiparado deve garantir:

a) imunização, quando necessária, dos trabalhadores em contato com os animais;

b) medidas de segurança quanto à manipulação e eliminação de secreções, excreções e restos de animais, incluindo a limpeza e desinfecção das instalações contaminadas;

c) fornecimento de desinfetantes e de água suficientes para a adequada higienização dos locais de trabalho.

31.18.2 Em todas as etapas dos processos de trabalhos com animais devem ser disponibilizadas aos trabalhadores informações sobre:

a) formas corretas e locais adequados de aproximação, contato e imobilização;

b) maneiras de higienização pessoal e do ambiente;

c) reconhecimento e precauções relativas a doenças transmissíveis.

31.18.3 É proibida a reutilização de águas utilizadas no trato com animais, para uso humano.

31.18.4 No transporte com tração animal devem ser utilizados animais adestrados e treinados por trabalhador preparado para este fim.

Agentes patogênicos causadores de doenças profissionais ou do trabalho, conforme previsto no art. 20 da Lei n. 8.213, de 1991
DOENÇAS INFECCIOSAS E PARASITÁRIAS RELACIONADAS COM O TRABALHO
(Grupo I da CID-10)

Doenças	Agentes etiológicos ou fatores de risco de natureza ocupacional
I – Tuberculose (A15-A19.-)	Exposição ocupacional ao *Mycobacterium tuberculosis* (Bacilo de Koch) ou *Mycobacterium bovis*, em atividades em laboratórios de biologia, e atividades realizadas por pessoal de saúde, que propiciam contato direto com produtos contaminados ou com doentes cujos exames bacteriológicos são positivos (Z57.8).

(continua)

Zoonoses e segurança no trato com animais

II – Carbúnculo (A22.-)	Zoonose causada pela exposição ocupacional ao *Bacillus anthracis*, em atividades suscetíveis de colocar os trabalhadores em contato direto com animais infectados ou com cadáveres desses animais; trabalhos artesanais ou industriais com pelos, pele, couro ou lã. (Z57.8).
III – Brucelose (A23.-)	Zoonose causada pela exposição ocupacional a *brucellamelitensis*, *B. abortus*, *B. suis*, *B. canis*, etc., em atividades em abatedouros, frigoríficos, manipulação de produtos de carne; ordenha e fabricação de laticínios e atividades assemelhadas. (Z57.8).
IV – Leptospirose (A27.-)	Exposição ocupacional à *Leptospira icterohaemorrhagiae* (e outras espécies), em trabalhos expondo ao contato direto com águas sujas, ou efetuado em locais suscetíveis de ser sujos por dejetos de animais portadores de germes; trabalhos efetuados dentro de minas, túneis, galerias, esgotos em locais subterrâneos; trabalhos em cursos d'água; trabalhos de drenagem; contato com roedores; trabalhos com animais domésticos e com gado; preparação de alimentos de origem animal, de peixes, de laticínios etc. (Z57.8).
V – Tétano (A35.-)	Exposição ao *Clostridium tetani*, em circunstâncias de acidentes do trabalho na agricultura, na construção civil, na indústria ou em acidentes de trajeto (Z57.8).
VI – Psitacose, ornitose, doença dos tratadores de aves (A70.-)	Zoonoses causadas pela exposição ocupacional à *Chlamydia psittaci* ou *Chlamydia pneumoniae*, em trabalhos em criadouros de aves ou pássaros, atividades de veterinária, em zoológicos e em laboratórios biológicos, etc.(Z57.8).
VII – Dengue [Dengue clássico] (A90.-)	Exposição ocupacional ao mosquito (*Aedes aegypti*), transmissor do arbovírus da dengue, principalmente em atividades em zonas endêmicas, em trabalhos de saúde pública e em trabalhos de laboratórios de pesquisa, entre outros. (Z57.8).
VIII – Febre amarela (A95.-)	Exposição ocupacional ao mosquito (*Aedes aegypti*), transmissor do arbovírus da febre amarela, principalmente em atividades em zonas endêmicas, em trabalhos de saúde pública e em trabalhos de laboratórios de pesquisa, entre outros. (Z57.8) (Quadro XXV).
IX – Hepatites virais (B15-B19.-)	Exposição ocupacional ao vírus da hepatite A (HAV); vírus da hepatite B (HBV); vírus da hepatite C (HCV); vírus da hepatite D (HDV); vírus da hepatite E (HEV), em trabalhos envolvendo manipulação, acondicionamento ou emprego de sangue humano ou de seus derivados; trabalho com "águas usadas" e esgotos; trabalhos em contato com materiais provenientes de doentes ou objetos contaminados por eles. (Z57.8).

(continua)

X – Doença pelo vírus da imunodeficiência humana (HIV)(B20-B24.-)	Exposição ocupacional ao vírus da imunodeficiência humana (HIV), principalmente em trabalhadores da saúde, em decorrência de acidentes perfurocortantes com agulhas ou material cirúrgico contaminado, e na manipulação, acondicionamento ou emprego de sangue ou de seus derivados, e contato com materiais provenientes de pacientes infectados. (Z57.8).
XI – Dermatofitose (B35.-) e outras micoses superficiais (B36.-)	Exposição ocupacional a fungos do gênero *Epidermophyton*, *Microsporum* e *Trichophyton*, em trabalhos em condições de temperatura elevada e umidade (cozinhas, ginásios, piscinas) e outras situações específicas de exposição ocupacional. (Z57.8).
XII – Candidíase (B37.-)	Exposição ocupacional à *Candida albicans*, *Candida glabrata*, etc., em trabalhos que requerem longas imersões das mãos em água e irritação mecânica das mãos, tais como trabalhadores de limpeza, lavadeiras, cozinheiras, entre outros. (Z57.8).
XIII – Paracoccidioidomicose (blastomicose sul--americana, blastomicose brasileira, doença de Lutz) (B41.-)	Exposição ocupacional ao *Paracoccidioides brasiliensis*, principalmente em trabalhos agrícolas ou florestais e em zonas endêmicas. (Z57.8).
XIV – Malária (B50 – B54.)	Exposição ocupacional ao *Plasmodium malariae*, *Plasmodium vivax*, *Plasmodium falciparum* ou outros protozoários, principalmente em atividades de mineração, construção de barragens ou rodovias, em extração de petróleo e outras atividades que obrigam a entrada dos trabalhadores em zonas endêmicas (Z57.8).
XV – Leishmaniose cutânea (B55.1) ou leishmaniose cutâneo--mucosa (B55.2)	Exposição ocupacional à *Leishmania braziliensis*, principalmente em trabalhos agrícolas ou florestais e em zonas endêmicas, e outras situações específicas de exposição ocupacional. (Z57.8).

Nota:

1. As doenças e os respectivos agentes etiológicos ou fatores de risco de natureza ocupacional listados são exemplificativos e complementares.

7

Agrotóxicos: riscos e prevenção

Nas últimas décadas, graças ao desenvolvimento e à aplicação de novas tecnologias voltadas ao campo, assim como pela abertura de novos espaços agrícolas, ampliando a área cultivada e incrementando a produtividade dos plantios, o agronegócio brasileiro se tornou um dos mais importantes pilares da economia nacional. Tanto pelo número de trabalhadores empregado, quanto pelas cifras de volume de produção e de valor alcançadas nos mercados interno e externo, o nosso país, por repetidas vezes, recebeu a alcunha de "celeiro do mundo".

A criação e a introdução de novas variedades adaptadas aos solos e às condições climáticas de regiões específicas de nosso território, em um modelo assentado em grandes extensões monocultoras, com as fragilidades típicas desse modo de produção, demandaram larga mecanização, bem como a aplicação de agroquímicos, sobretudo por meio da aviação agrícola, cujas particularidades, assim como os riscos relacionados aos tratores e maquinaria, são tratados em capítulos específicos neste livro.

Discussões envolvendo variedades transgênicas, seja no tocante à segurança ambiental em relação a distintos cultivos, seja no tocante à implementação de linhas de investigação voltadas à redução do uso de agrotóxicos, pelo desenvolvimento de variedades modificadas que dispensem o uso destes por deterem propriedades para tal fim ou por reduzirem a acumulação estes, quando de sua aplicação, têm crescido e alcançado destaque em diversos segmentos de nossa sociedade.[1] Sem dúvida, a primeira das estratégias ou perspectiva é ambientalmente mais segura, pois contribuirá para reduzir a aplicação e a consequente produção, comercialização e transporte de agrotóxicos, eliminando uma série de oportunidades de acidentes (e efeitos indesejados decorrentes destes), em todas as fases de ciclo de consumo, o que trará, também, benefícios para os destinatários finais dos produtos agrícolas, além de agregar valor aos mesmos.

Dados da Organização Internacional do Trabalho estimam que anualmente, em todo o mundo, em razão das condições laborais, têm lugar cerca de 300 mil óbitos, dos quais 50% envolvendo trabalhadores da agricultura (algo em torno de 150 mil casos), em um universo

---

[1] Veja-se, por exemplo, os desdobramentos da chamada Lei de Biossegurança (Lei n. 11.015, de 24 de março de 2005).

superior a um milhão de trabalhadores vitimados por acidentes do trabalho, muitos destes relativos ao contato com produtos tóxicos, razão pela qual este tema recebe destaque no item NR 31.8, que reproduzimos no box do final deste capítulo, o qual, dentre aspectos gerais, em especial, institui uma série de proibições ou vedações muito específicas frente a estes.

Por um lado, são necessárias políticas públicas para o acesso às sementes com estas propriedades, visando propiciar mínima competitividade para os pequenos produtores, em um debate de caráter muito mais amplo do que a segurança ocupacional dos envolvidos e ao qual não podemos nos furtar, uma vez que, em muitos rincões de nosso país, agrotóxicos ou defensivos agrícolas ainda são comumente chamados de "remédio para plantas", contribuindo para cenários de incremento de seu consumo e do número de acidentes decorrentes deste uso indiscriminado.[2] De outro, é necessária uma rigorosa fiscalização e o efetivo cumprimento da legislação no tocante ao uso, guarda e comercialização de agrotóxicos.

Quanto à sua destinação ou finalidade, podemos estratificar os agrotóxicos em:

1. Inseticidas: destinados ao controle de ovos, larvas e insetos adultos, distribuídos, em especial, nas seguintes famílias químicas (com respectivos exemplos representativos):
   a. Organoclorados: compostos à base de carbono e radicais de cloro, derivados do ciclo-hexano, do clorobenzeno ou do ciclodieno. Exemplos: Aldrin, BHC, DDT, Endrin, Heptacloro, Mirex, Lindane etc.
   b. Organofosforados: compostos orgânicos derivados de ácidos contendo ligações de carbono e fósforo. Exemplos: Azodrin, Dissulfoton, Folidol, Malation, Tantaron e Rhodiatox.
   c. Carbamatos: derivados do ácido carbâmico. Exemplos: Aldicarb, Carbaril, Furadan e Zeclram.
   d. Piretroides: compostos sintéticos semelhantes à piretrina, substância presente nas flores do crisântemo (*Chysanthemum cinerariafolium*).

---

[2] Veja-se o disposto no *site* do Sistema Nacional de Informações Tóxico-Farmacológicas (Sinitox), disponível em: <www.fiocruz.br/sinitox/>. Acesso em: 18 set. 2016.

Exemplos: Aletrina, Cipermetrina, Deltametrina, Permetrina e Resmetrina.

2. Fungicidas: para o combate a fungos:
   a. Compostos inorgânicos de cobre: oxicloreto de cobre.
   b. Mercuriais Orgânicos: aretan e tilex.
   c. Dimetil-ditio carbamatos: ferban e ziran.
   d. Derivados da tioureia: tiofanato.
   e. Compostos fenólicos: dinitrofenóis (dinozeb – DNOC), clorofenóis (pentaclorofenol).
   f. Fumigantes (brometo de metila).
   g. Compostos orgânicos de estanho (trifenil estânico): brestan e duter.
   h. Etileno-bis-ditiocarbonatos: Dithane, Maneb, Mancozeb, Tiram e Zineb.
   i. Outros grupos químicos: captan, difolatan, óleo mineral.

3. Herbicidas: para combate a ervas daninhas:
   a. Arsenicais inorgânicos (arsenito de sódio).
   b. Carbamatos (cloroprofan).
   c. Compostos fenólicos (dinitrofenóis e clorofenóis).
   d. Derivados do ácido fenoxiacético: 2,4 diclorofenoxiacético (2,4-D) e 2,4,5 triclorofenoxiacético (2,4,5-T).[3]
   e. Glicinas (glifosato – nome comercial Roundup).
   f. Triazinas (ametrina, simazina).
   g. Triazólios (amino triazol).
   h. Derivados da anilina (trifluralina: nitralina).
   i. Dipiridílios (diquat, paraquat – nome comercial Gramoxone).
   j. Tiolcarbamatos (bentiocarbe, butilato).
   k. Derivados da ureia (carbutilato: diuron).
   l. Agentes desfolhantes (DEF, Merfós, Folex).

---

[3] A mistura do 2,4-D com o 2,4,5-T, cujo nome comercial é Tordon, é o principal componente do *agente laranja*, utilizado como desfolhante na Guerra do Vietnã.

4. Outros grupos relevantes:
   a. Raticidas:
      i. De uso restrito (fluoracéticos, fosfatos metálicos, cianeto de cálcio e brometo de metila).
      ii. Produtos de venda liberada ao público: norbormida – cila vermelha e anticoagulantes (cumarínicos e indandiona).
   b. Acaricidas: aqueles com ação sobre ácaros.
   c. Nematicidas: aqueles com ação sobre nematoides.
   d. Moluscicidas: aqueles com ação, em especial, contra o caramujo transmissor da esquistossomose (*Schistosoma mansoni*).

Em face da intrínseca necessidade da preservação da integridade dos trabalhadores que, de algum modo, têm contato com os agrotóxicos e/ou seus resíduos, em razão da inafastável toxicidade destes produtos, medidas de atenção são requeridas em todas as etapas do ciclo de sua presença nos empreendimentos agrícolas, desde a sua aquisição, transporte para e armazenamento na propriedade rural, bem como naqueles específicos à sua utilização, como a abertura de embalagens, a preparação das cargas ou das caldas (diluição das concentrações ou fracionamento dos conteúdos primários) e a posterior execução das aplicações, que somente deve se dar com o efetivo uso do conjunto dos equipamentos de proteção exigíveis para estas tarefas.

Dentre os trabalhadores que integram os grupos de maior risco quanto aos agrotóxicos, destacamos (veja-se, também, o contido no item 31.8.1):

- preparadores de calda e aplicadores;
- responsáveis por depósitos e estoques;
- trabalhadores diretos na lavoura;
- responsáveis pela lavagem, descontaminação e descarte de equipamentos, embalagens e vestimentas;
- pilotos aeroagrícolas e sinalizadores, dos quais falaremos em capítulo específico adiante; e
- moradores das cercanias das propriedades que aplicam agrotóxicos em larga escala.

Além de potenciais danos sobre a saúde humana, esses produtos podem exercer efeitos tóxicos sobre insetos benéficos, aves (das faunas locais e migratórias) e sobre os organismos aquáticos, inclusive peixes. Nessa esteira, o seu uso deve ser limitado ao mínimo requerido, sempre os produtos de menor potencial toxicológico e sob estrita orientação de profissional habilitado, mantendo-se distante, tanto quanto possível, dos cursos d'água e dos animais domésticos e de criação.

É taxativa a Constituição Federal ao instituir em seu art. 225, § 1º, V, que incumbe ao Poder Público:

> *controlar a produção, a comercialização e o emprego de técnicas, métodos e substâncias que comportem risco para a vida, a qualidade de vida e o meio ambiente.*

No tocante ao tema, a Lei n. 7.802, de 11 de julho de 1989, dispõe sobre a pesquisa, a experimentação, a produção, a embalagem e rotulagem, o transporte, o armazenamento, a comercialização, a propaganda comercial, a utilização, a importação, a exportação, o destino final dos resíduos e embalagens, o registro, a classificação, o controle, a inspeção e a fiscalização de agrotóxicos, seus componentes e afins, assim definidos no inciso I do art. 2º, como:

> *Os produtos e os componentes de processos físicos, químicos ou biológicos destinados ao uso nos setores de produção, armazenamento e beneficiamento de produtos agrícolas, nas pastagens, na proteção de florestas nativas ou implantadas e de outros ecossistemas e também em ambientes urbanos, hídricos e industriais, cuja finalidade seja alterar a composição da flora e da fauna, a fim de preservá-la da ação danosa de seres vivos considerados nocivos, bem como substâncias e produtos empregados como desfolhantes, dessecantes, estimuladores e inibidores do crescimento.*

De acordo com o exposto, são excluídos dessa definição os fertilizantes e químicos administrados aos animais com a finalidade de estimular o seu crescimento ou modificar o seu comportamento reprodutivo.

Ao estabelecido na Lei n. 7.802/1989 devemos acrescentar o contido no Decreto n. 4.074, de 4 de janeiro de 2002, que a regulamenta, além de determinar requisitos para o registro desses produtos e para a receita agronômica (arts. 64 a 67), atribuição específica de engenheiros agrônomos e florestais, que deverá individualizar os dados referentes à propriedade e cultura destinatária, conteúdo, dosagens e quantidade total, o intervalo de segurança entre aplicações, aspectos da gestão preventiva quanto ao manejo e armazenamento, dentre outras instruções requeridas.

Em razão da natureza e características desses produtos, além dos requisitos instituídos pela legislação federal, deve-se observar, ainda, o estabelecido no âmbito estadual, uma vez que são os órgãos estaduais os responsáveis pela execução das medidas relativas ao controle, inspeção e fiscalização das atividades envolvendo agrotóxicos no território de sua competência, inclusive quanto aos licenciamentos para transporte e comercialização. Em Pernambuco, por exemplo, deve-se cumprir a Lei Estadual n. 12.753, de 21 de janeiro de 2005, assim como o Decreto n. 31.246, de 28 de dezembro de 2007, que a regulamenta, que fixam exigências complementares às normas nacionais, como a Guia de Livre Trânsito (GLT).

O responsável pelo gerenciamento das medidas relativas à SST no empreendimento agrícola deve estabelecer, orientar e fiscalizar quanto às providências requeridas para que possíveis interações com os agrotóxicos se deem em observância aos princípios da preservação da integridade dos trabalhadores e do meio ambiente. Assim, todas as atividades relativas ao ciclo INTRODUÇÃO (desde o ato da compra e o transporte até as propriedades), o ARMAZENAMENTO,[4] PREPARAÇÃO PARA USO (preparação das caldas, dosagens ou fracionamento), APLICAÇÃO NO CAMPO, DESCONTAMINAÇÃO (de vestes e equipamentos), PLANO DE EMERGÊNCIA (inclui primeiros socorros) e DESTINAÇÃO DE RESÍDUOS devem ser rigorosamente orientadas por procedimentos previamente aprovados, incluindo rotinas, dentre as quais destacamos:

a. Quando da aquisição e do recebimento do produto alguns cuidados essenciais são requeridos:
   - deve-se verificar a procedência, observando-se a validade e o número do lote, a disponibilização da bula (e/ou FISPQ),

---

[4] Quanto ao armazenamento e depósitos, veja-se o "Manual de adequação à NR 31", disponível em: <www.abrapa.com.br/biblioteca/Paginas/biblioteca-sustentabilidade.aspx>. Acesso em: 19 set. 2016.

dados do registro junto aos órgãos regulatórios e a integridade da embalagem e do rótulo;
- devem ser rejeitadas embalagens violadas, isto é, não lacradas, contendo vazamentos aparentes e aquelas cujo rótulo não esteja em toda a sua extensão, com campos de conteúdo perfeitamente legível;
- a quantidade e a natureza do produto a ser adquirido devem ser estritamente aquelas estabelecidas no receituário, evitando-se a compra em excesso, a qual deve sempre ser fornecido com a respectiva nota fiscal, necessária para efeitos de fiscalização durante o transporte até a unidade consumidora;

b. O transporte dos defensivos agrícolas até a propriedade rural, a encargo do fornecedor ou do próprio consumidor, deverá seguir estritamente o estabelecido na legislação pertinente,[5] da qual destacamos:
- cadastramento e autorização prévia para a atividade de transporte de agrotóxicos por agência ambiental;
- é proibido o transporte de defensivos em cabines ou no interior de veículos fechados;
- os veículos para tal fim devem ser do tipo caminhonete, e o volume transportado não deve exceder em altura as laterais da carroceria, sendo recoberto por lona impermeável e preso a esta;
- embalagens susceptíveis a ruptura, vazamento ou tombamento devem estar protegidas com sobrecapas, encaixadas e presas;
- o veículo, conduzido por motorista habilitado para tal fim, deverá contar com ficha de emergência[6] contendo as orientações e os materiais (EPI e outros) requeridos para ação frente a eventuais ocorrências indesejadas;
- o veículo não pode ser utilizado para transporte simultâneo de passageiros, alimentos, medicamentos ou ração para animais;
- o uso desse mesmo veículo para outros fins somente poderá se dar após higienização e descontaminação;

---

[5] Sobretudo a legislação estadual, que regulamenta o deslocamento desta carga, considerada perigosa, em face de potencial acidente de transporte e suas repercussões ambientais, em sentido amplo.
[6] Segundo o modelo do Regulamento Federal para o Transporte de Produtos Perigosos.

Agrotóxicos: riscos e prevenção

c. O armazenamento dos agrotóxicos nas propriedades usuárias deverá assegurar a integridade humana, animal, do meio ambiente e do próprio produto, em local especificamente destinado para tal fim, seguindo as seguintes orientações:
- dispor de acesso controlado, evitando a entrada de pessoas não autorizadas;
- estar isolado e distante no mínimo 30 metros de habitações, hospitais, escolas, instalações pecuárias, dos locais onde se conservem, armazenem ou consumam alimentos, bebidas e medicamentos, das fontes e cursos d'água e de locais sujeitos a inundações;[7]
- devem ser construídos em alvenaria ou em material não facilmente combustível, com instalações elétricas adequadas, visando evitar incêndios;
- ser cobertos contra intempéries, ventilados e com piso impermeável, dispondo de outros meios para impedir a umidade nas embalagens e sua deterioração;
- observar regras de estocagem segura:
  - manter os produtos em suas embalagens originais;
  - produtos inflamáveis devem ser mantidos afastados de fontes de ignição;
  - o local deverá dispor de meios para contenção de eventual derramamento de produtos líquidos;
  - manter à pronta disposição EPI para manuseio, assim como *kits* para contenção de vazamentos e combate a princípios de incêndio; e
  - manter estrito controle sobre as quantidades e validade do estoque, seguindo a ordem de entrada e de saída ou de consumo dos materiais.
d. A preparação para a aplicação é uma das etapas em que são requeridos cuidados redobrados, uma vez que a preparação da calda se dá em altas concentrações por intermédio de fracionamentos e de transferências de determinadas quantidades para os reservatórios ou contenedores de aplicação, após a abertura de embalagens, o

---

[7] Pernambuco. Decreto Estadual n. 31.246, de 28 de dezembro de 2007, art. 28, III.

que pode resultar respingos ou a formação de particulados. Antes de se proceder qualquer manipulação de conteúdo, deve-se observar a perfeita correspondência entre as informações contidas nestas e a prescrição do profissional responsável técnico pela aplicação, assim como a tomada das medidas de segurança requeridas para tanto, somente adentrando o espaço de armazenamento estando devidamente protegido pelos EPIs apropriados, em especial se neste ambiente existirem embalagens anteriormente abertas. Como "regra de ouro" cabe ressaltar a importância da presença de vigias devidamente treinados para a função, inclusive quanto a eventual resgate, quando da preparação das caldas, momento em que se deve proceder a tripla lavagem das embalagens vazias. Previamente ao seu enchimento, os contenedores ou aplicadores devem ser verificados quanto à existência de vazamentos, com a utilização apenas de água, sendo requerida a imediata substituição dos danificados, sendo proibidos quaisquer reparos ou tentativas de contenção destes últimos.

e. Durante as aplicações, três objetivos centrais devem ser buscados:
- evitar a exposição indesejada ou indevida dos aplicadores ao material;
- evitar a superexposição das áreas tratadas; ou seja, a aplicação de quantidades além das planejadas sobre determinada cultura; e
- evitar a aplicação sobre outras pessoas e animais de criação e/ou de companhia.

Para tanto, algumas medidas são recomendadas:
- não realizar operações com agrotóxicos sob chuva, ventos fortes ou nas horas mais quentes do dia;
- não pulverizar em sentido contrário ao vento ou sob as árvores que recebem o tratamento;
- não permitir a presença de pessoas estranhas ao serviço nas imediações, as quais devem ser mantidas afastadas, assim como animais;
- planejar cuidadosamente o espaçamento entre os aplicadores, se esta não for realizada por aviação agrícola;

- evitar realizar aplicações próximas a coleções, fontes ou cursos d'água;
- não beber, comer, fumar ou levar qualquer objeto à boca durante as aplicações;

f. Após as aplicações:
  - lavar as luvas antes de retirá-las para então lavar as mãos e manusear quaisquer objetos;
  - as sobras de produtos concentrados devem ser mantidas e armazenadas em suas embalagens originais;
  - proceder a rigorosa lavagem das mãos e do rosto antes de beber algo;
  - tão breve quanto possível, realizar higiene completa do corpo, banhando o couro cabeludo, unhas e todas as regiões de dobras cutâneas;
  - recolher as embalagens vazias para posterior destinação adequada; e
  - proceder a higienização de roupas e equipamentos utilizados após cada jornada de trabalho, os quais não devem ser guardados sem tal medida;

g. Por fim, ainda que todos os cuidados anteriormente elencados sejam levados a termo, o SSST sempre deverá se antecipar à possível ocorrência de eventos indesejados, planejando e treinando o seu pessoal para o comportamento e as atuações requeridas no caso de sua concretização, visando à minimização de seus efeitos e consequências. Nesse sentido, deverão estar previamente definidas, de acordo com as características dos produtos em manipulação, as condutas de emergência e de primeiros socorros:
  - no caso de contato com a pele: de imediato, despir das roupas contaminadas, lavando com água e sabão as partes afetadas, ou banhar-se por completo, conforme a extensão da área atingida, secando-as e vestindo roupas limpas;
  - no caso de contato com os olhos:
    - proceder à imediata lavagem dos olhos com água limpa e corrente, por um período mínimo de 10 minutos;

- não utilizar colírios ou quaisquer outras substâncias que possam reagir com o produto e agravar a ocorrência;
- caso não disponha de outro meio, deite a vítima, inclinando-lhe a cabeça para trás e, mantendo as pálpebras abertas, lave os olhos com filetes de água limpa;
  - cobrir a área afetada com um pano limpo e encaminhar a vítima, com a brevidade possível, a um oftalmologista, levando consigo documentos técnicos do produto (bula, rótulo ou FISPQ);
- ocorrendo a inalação, o socorrista somente deverá adentrar o ambiente com a devida proteção das vias respiratórias e com a aeração deste, o que promoverá a diluição da concentração. A vítima deve ser removida para local fresco e ventilado, sendo retiradas suas vestes, sobretudo quando contaminadas, para favorecer a respiração;
- ocorrendo a ingestão acidental do produto, a principal medida recai sobre provocar ou não a regurgitação, uma vez que tal medida pode causar novas queimaduras nas vias aéreas. Nestes casos, convém, sobretudo, diluir o conteúdo estomacal, com a ingestão de água. Ao provocar o vômito, posicione a vítima com o tronco ereto inclinado à frente, para evitar a entrada de líquido nos pulmões. Cada caso em particular deve ser previamente analisado quanto às medidas sugeridas.

Convém destacar que, após as medidas emergenciais, todas as ocorrências devem ser comunicadas e avaliadas pelo serviço de saúde ocupacional da empresa para a definição da terapêutica a ser seguida em cada caso, assim como para o acompanhamento de sua evolução.

- Em razão de seu potencial danoso, todas as atividades humanas digam respeito ao trato com agrotóxicos, desde a sua produção, passando por sua distribuição, até a utilização e destinação final de resíduos, devem se dar estritamente orientadas pelos princípios da precaução, da prevenção e da informação. Neste sentido, a legislação pertinente, em especial a Lei n. 9.974, de 6 de junho de 2000, que disciplina a destinação final de embalagens vazias de agrotóxicos, estabelece deveres para toda a cadeia produtiva e de comercialização e de consumo. Isto é, se impõe responsabilidades para os fabricantes, os canais de distribuição e agricultores, além de próprias para o Poder Público. Além destas, obrigações específicas (Lei n. 7.802, art. 14, *f*) são adicionalmente impostas para o contratante de trabalhador que realizar as aplicações ou o uso efetivo de agrotóxico em seu interesse.

Um bom ponto de partida para conhecer sobre o adequado trato com embalagens de agrotóxicos vazias é o Instituto Nacional de Processamento de Embalagens Vazias (INPEV), que disponibiliza gratuitamente em seu *site* excelente curso interativo acerca de sua devida destinação.[8] O principal motivo para a adequada destinação final para tais embalagens é diminuir o risco para a saúde das pessoas e de contaminação do meio ambiente, posto que o tempo de desativação de muitos desses químicos é da ordem de anos e até mesmo décadas. Entre as atribuições de cada ator social envolvido nesse intuito, podemos citar:

a. Ao agricultor cabe:
- realizar a tríplice lavagem ou sob pressão, de acordo com o produto utilizado e a forma de aplicação;
- inutilizar a embalagem evitando o seu reaproveitamento (uso indevido);
- armazenar temporariamente a embalagem em sua propriedade até o momento de sua condução ao ponto de entrega;
- entregar na unidade de recebimento indicada na nota fiscal até um ano após o ato da compra; e
- manter o comprovante de entrega das embalagens por um ano.

b. Ao canal de comercialização (distribuidores e cooperativas) compete:
- ao vender o produto, indicar na nota fiscal o local de retorno das embalagens utilizadas;
- disponibilizar e gerenciar o local de recebimento;
- emitir o comprovante de entrega; e
- orientar e conscientizar o agricultor.

Cabe ao fabricante ou indústria:

---

[8] Disponível em: <http://inpev.avga.isat.com.br>. Acesso em: 19 set. 2016.

- recolher as embalagens vazias devolvidas às unidades de recebimento;
- dar a adequada destinação final, seja a reciclagem ou a incineração; e
- orientar e conscientizar o agricultor.

c. Por fim, cabe ao Poder Público:
- fiscalizar o funcionamento do sistema de destinação final;
- emitir as licenças de funcionamento para as unidades de recebimento de acordo com os órgãos competentes de cada estado; e
- apoiar os esforços de educação e conscientização do agricultor quanto às suas responsabilidades dentro do processo.

Outra importante base de dados acerca da temática é o *site* do Agrofit – Sistema de Agrotóxicos Fitossanitário, que permite a consulta pública de ingredientes ativos, por grupo químico, de acordo com o cultivo no qual é utilizado e classe de aplicação do agrotóxico, segundo o registrado no Ministério da Agricultura, Pecuária e Abastecimento (Mapa).[9] Por definição constante nesta mesma página, trata-se de *"Banco de informações de agrotóxicos e indicação de uso para combate a pragas, plantas daninhas e doenças, com o objetivo de oferecer alternativas eficazes na solução dos problemas fitossanitários"*.

Em outra direção, mas igualmente de grande utilidade à sociedade em geral, temos o Programa de Análise de Resíduos de Agrotóxicos em Alimentos (PARA), iniciado em 2001 pela Agência Nacional de Vigilância Sanitária (Anvisa),[10] que tem por objetivo avaliar continuamente os níveis de resíduos de agrotóxicos nos alimentos *in natura* que chegam à mesa dos consumidores, fortalecendo a capacidade do governo em atender à segurança alimentar, evitando assim possíveis agravos à saúde da população.

Em se tratando de estudo que se destina à apreciação de potencial insalubridade frente ao trato com produtos químicos, é necessário o estabelecimento do risco que pode ser definido como *"a probabilidade*

---

[9] Disponível em: <http://extranet.agricultura.gov.br/agrofit_cons/principal_agrofit_cons>.
[10] Para maiores informações, ver o disponível em: <www.anvisa.gov.br>.

Agrotóxicos: riscos e prevenção

de uma substância produzir efeitos indesejáveis à saúde ou ao meio ambiente sob condições específicas", cuja intensidade depende de dois fatores, a saber: as características tóxicas do produto, inerentes às suas propriedades químicas, e as condições de uso ou exposição, que representa fator decisivo na expressão do risco, conforme a seguir.

Risco =	Toxicidade *versus*	Exposição
alto	alta	alta
baixo	alta	baixa
alto	baixa	alta
baixo	baixa	baixa

O que se avalia, portanto, é o **risco** no exercício de cada tarefa, composta por um conjunto de atividades, que determina a exposição, de acordo com as condições em que esta se processa, sobretudo em função da individualização do químico a cujo potencial toxicológico o trabalhador foi submetido.

Segundo Oga (1996) e Patnaik (2002), a *"**Composição química** é o conjunto de moléculas dos elementos químicos constituintes de uma certa substância"* e qualquer variação nesta estrutura, por mínima que seja, ensejará a formação de uma nova substância ou composto, em suas propriedades e, por conseguinte, em seus efeitos, no que diz respeito aos seres vivos.

No intuito de estabelecer os cuidados requeridos no tocante a um determinado agrotóxico, bem como quanto aos sintomas decorrentes de eventual intoxicação, devemos observar a classe toxicológica a que este pertence, informação obtida verificando-se a dose letal média (DL50), ou seja, aquela capaz de provocar como efeito a morte de 50% dos organismos expostos a esta dose de referência, assim como a cor indicativa na rotulagem do produto, conforme a seguir, e os demais dados técnicos do produto constantes em sua FISPQ e na literatura especializada.

Classe toxicológica	Toxicidade	DL 50 oral (mg/kg)	Cor da faixa
Classe I	Extremamente tóxico	≤ 5,0	Vermelha
Classe II	Altamente tóxico	5,0-50,0	Amarela
Classe III	Medianamente tóxico	50-500	Azul
Classe IV	Pouco tóxico	500-5.000	Verde

Apenas os produtos com dose letal média (DL 50) superior a 5.000 mg/kg são considerados muito pouco tóxicos.

Conhecendo-se as vias de absorção (oral, respiratória ou dérmica), o mecanismo de ação e os respectivos efeitos de determinado químico sobre o organismo, assim como as consequentes manifestações clínicas, com o suporte do diagnóstico diferencial e laboratorial, tem-se as bases para o controle médico da saúde dos trabalhadores expostos, com a adequada monitorização biológica por intermédio da determinação quantitativa de substâncias e/ou seus metabólitos no sangue ou no soro sanguíneo, na urina e outros parâmetros bioquímicos (exames da função hepática, por exemplo), de acordo com o instituído na NR 7 e, notadamente, em seus quadros I e II, de onde, por último, pode-se estabelecer as premissas para os tratamentos adequados e outras medidas de organização do trabalho, quando necessárias.

Nesse sentido, a OPAS/OMS (1997, p. 7) define como **caso suspeito** *"Todo indivíduo que, tendo sido exposto a produtos agrotóxicos, apresente sinais e/ou sintomas clínicos de intoxicação. Também será considerado como suspeito o indivíduo que, mesmo sem apresentar sinais e/ou sintomas clínicos de intoxicação, tenha sido exposto a produtos agrotóxicos e apresente alterações laboratoriais compatíveis".*

A exposição é caracterizada pela frequência e duração da utilização do material químico, confrontada com a presença (ou ausência) de meios protetivos, tecnicamente reconhecidos como tal (veja, por exemplo, os Certificados de Aprovação que determinam a avaliação compulsória de um Equipamento de Proteção Individual – EPI) e efetivamente em uso pelo trabalhador na fração de jornada a que esteve exposto àquele produto.

Quanto a seus efeitos, os agrotóxicos podem resultar em três tipos ou níveis de intoxicação: aguda, subaguda e crônica.

a. na condição aguda, algumas horas após a exposição a produtos extrema ou altamente tóxicos, os sintomas surgem, de forma leve, moderada ou grave, em decorrência das condições gerais da absorção pelo organismo, de modo bem definido e objetivo, pelo que é igualmente possível administrar o respectivo tratamento específico;

b. na forma subaguda, os sintomas se manifestam de modo mais lento, posto que resulta de pequena ou moderada exposição a produtos alta ou medianamente tóxicos, de tal modo que estes são genéricos, um tanto subjetivos, como dores de cabeça e de estômago, sensação de fraqueza e mal-estar, entre outros;

c. a intoxicação crônica caracteriza-se pela manifestação tardia de sintomas, de quadro clínico indefinido, em geral resultando danos irreversíveis (como neoplasias e disfunções severas), fruto da exposição reiterada, de pequena ou moderada ordem, a um ou mais produtos tóxicos. Em face disso, o diagnóstico é de complexa definição, assim como o tratamento a ser ministrado.

> Os efeitos resultantes decorrem não apenas das interações entre os indivíduos e os produtos aos quais foram expostos, mas da combinação de um conjunto múltiplo de fatores: as características químicas e toxicológicas do agroquímico, sua estabilidade e solubilidade etc.; a idade, o sexo, a compleição física, o estado nutricional do trabalhador; e as condições gerais do trabalho ou da exposição, a frequência, as doses e as formas de exposição, entre outras.

Zambrone e Mello (1996) apontam os organofosforados, carbamatos, organoclorados, piretroides, cumarínicos, bipiridilos e o pentaclorofenol (fungicida de ampla aplicação na preservação de madeiras e popularmente conhecido como "pó da china") como os principais produtos que exigem maior atenção em sua utilização. Uma boa referência quanto às intoxicações agudas provocadas por alguns desses produtos é Caldas (2000), que pode ser obtido integral e gratuitamente no *site* da Organização Pan-Americana da Saúde,[11] com a possibilidade de

---

[11] Disponível em: <http://new.paho.org/bra/>. Acesso em: 19 set. 2016.

acesso a uma vasta gama de outras publicações de interesse, ou ainda em *link* direto.[12]

Exemplificando o potencial danoso desses produtos, destacamos a seguir algumas informações relativas aos organoclorados:

- são os inseticidas com o maior número de acidentes fatais associados;
- foram largamente utilizados na agricultura e em campanhas de saúde pública, como meio de combate a endemias como a malária e a doença de Chagas (em tentativa de erradicação de vetores);[13]
- são lipossolúveis, isto é, interagem com o tecido adiposo, permanecendo, assim, por toda a vida no organismo humano; e
- por essas razões, o seu uso tem sido progressivamente restringido ou mesmo proibido.

Sob a designação de "produtos sujos", diversos países, desde os anos 1980, têm sistematicamente proibido a fabricação, a comercialização e o uso dos agrotóxicos mais nocivos, entre estes o BHC, o DDT, o Aldrin e similares, os fungicidas à base de mercúrio e o Paraquat.

Cabe esclarecer que a pessoa (o agricultor ou qualquer outro cidadão) que estiver transportando, produzindo, embalando, comercializando, armazenando, aplicando e/ou utilizando agrotóxicos ilegais poderá estar cometendo distintos crimes e, por essa razão, estará sujeito às respectivas penalidades, a saber:

- **Crime ambiental:** conforme previsto no art. 56 da Lei n. 9.605/1998, de 12 de fevereiro de 1998 (Lei dos Crimes Ambientais), com pena de reclusão e multa.
- **Crime de contrabando ou descaminho:** consoante o disposto no art. 334 do Código Penal, ensejando pena de reclusão (de 1 a 4 anos). Entretanto, não somente o agricultor ou o destinatário final estará sujeito à penalidade prevista, mas também o transportador e todos que, de qualquer maneira, contribuíram para a prática do crime enquadram-se no mesmo dispositivo penal.

---

[12] Disponível em: <www.cepis.org.pe/tutorial2/fulltex/intoxicacoes.pdf>. Acesso em: 19 set. 2016.
[13] Nesse sentido, veja as notícias acerca do uso do BHC e do DDT no Brasil.

- **Crime de sonegação fiscal:** aquele que vender ou transportar mercadorias sem a emissão de notas fiscais poderá ser autuado pela Receita Federal por sonegação fiscal.
- **Crime específico previsto na Lei n. 7.802/1989 (Lei dos Agrotóxicos):** assevera o art. 15 da referida lei que aquele que comercializa, transporta ou usa agrotóxicos não registrados e em desacordo com a citada lei pratica crime sujeito à pena de reclusão de 2 a 4 anos e multa. O item IX do art. 17 da Lei n. 7.802/1989 determina que, a critério do órgão competente, sejam destruídos os vegetais (soja, feijão, trigo, algodão etc.) e alimentos processados com os referidos vegetais nos quais tenha havido a aplicação de agrotóxicos de uso não autorizado no Brasil (contrabandeados). Mais ainda, o mesmo artigo, em seu parágrafo único, manda que a autoridade fiscalizadora faça a divulgação das sanções impostas aos infratores desta lei.

Assim sendo, o produtor rural que comprar e fizer uso de agrotóxico ilegal, além de poder ser processado criminalmente por receptação de contrabando e crime ambiental, poderá ter sua lavoura interditada (de imediato não poderá vender sua safra), e posteriormente destruída, através de incineração.

Além dessas penalidades, caso ocorra danos à saúde ou mesmo a morte pelo uso indevido de agrotóxicos, sejam ilegais ou por inadequação de sua prescrição, explicita Machado (2007) que, em razão do ilícito que deram origem, os responsáveis por tanto estarão sujeitos às previsões do Código Penal brasileiro no que diz respeito a essas ocorrências indesejadas.

Seguindo essa orientação, em nota técnica divulgada em 15 de janeiro de 2010,[14] a Agência Nacional de Vigilância Sanitária (Anvisa), preocupada com a difusão da prática não autorizada de uso de agrotóxicos (herbicidas) para o controle de plantas daninhas em áreas urbanas, especialmente em praças, jardins públicos, canteiros, ruas e calçadas, em condições não controladas pelos órgãos públicos competentes e suas implicações de diversas ordens para a saúde humana e ambiental, bem como todo o conjunto de exigências técnicas para a sua utilização, determinou, por meio de sua Diretoria Colegiada, que a prática da

---

[14] Disponível em: <http://portal.anvisa.gov.br>.

capina química em área urbana não deve ser permitida, posto que tal prática não esteja autorizada pela agência ou por qualquer outro órgão, até mesmo por não haver em nosso país o registro de nenhum produto específico para tal finalidade.

Quanto aos equipamentos de proteção recomendados para o trato com esses produtos, podemos elencar:

- vestimentas: macacão impermeável com capuz (preferentemente) ou calças e camisas compridas, de tecido hidrorrepelente (para evitar a passagem dos produtos ao seu interior e ao contato com o corpo dos trabalhadores);
- avental: também impermeável, com uso frontal durante as manipulações (como na preparação da calda) e costal quando das aplicações com reservatórios costais;
- calçados: botas de cano longo e impermeáveis. Devem ser utilizadas dentro das calças, para evitar o escorrimento de produtos ao seu interior;
- luvas: preferentemente nitrílicas ou de neoprene, ou, ainda, de látex ou de PVC, segundo as indicações de compatibilidade e exigências constantes nas bulas ou nas FISPQ dos produtos manuseados. Devem ser usadas interna ou externamente às mangas, conforme a posição da aplicação em relação ao trabalhador, no sentido de evitar o escorrimento ao seu interior. Por regra: alvos altos, luvas por fora; alvos baixos, luvas por dentro;
- proteção respiratória: é importante evitar a inalação de partículas e/ou vapores tóxicos. Estes podem ser descartáveis ou duráveis (com filtros de reposição), cuja vida útil e a efetividade devem ser rigorosamente controladas, pois podem tornar-se meio de contaminação direta e cruzada quando saturadas;
- proteção facial e ocular: por meio de viseiras, preferentemente, para a proteção dos olhos e da face contra respingos; e
- proteção para a cabeça, pescoço e couro cabeludo: touca ou boné árabe, em tecido impermeável, que deve ser cuidadosamente ajustado à proteção facial.

Agrotóxicos: riscos e prevenção

Sugestões de leitura

ALMEIDA, Pedro José. *Intoxicação por agrotóxicos*. São Paulo: Andrei, 2002.

ASSOCIAÇÃO BRASILEIRA DE NORMAS TÉCNICAS (ABNT). NBR 9843:1. *Agrotóxico e afins. Parte 1: Armazenamento em armazéns industriais, armazéns-gerais ou centros de distribuição*. Rio de Janeiro, 2013.

_____. NBR ISO 14725:1. *Informações sobre segurança, saúde e meio ambiente*. Parte 1: Terminologia. Rio de Janeiro, 2010.

_____. NBR ISO 14725:2. *Informações sobre segurança, saúde e meio ambiente*. Parte 2: Sistema de classificação de perigo. Rio de Janeiro, 2010.

_____ NBR ISO 14725:3. *Informações sobre segurança, saúde e meio ambiente*. Parte 3: Rotulagem. Rio de Janeiro, 2012.

_____. NBR ISO 14725:4. *Informações sobre segurança, saúde e meio ambiente*. Parte 4: Ficha de Informação de Segurança sobre Produtos Químicos (FISPQ). Rio de Janeiro, 2012.

BRASIL. Lei n. 7.802, de 11 de julho de 1989. (Lei de Agrotóxicos).

_____. Decreto n. 4.074, de 4 de janeiro de 2002. Regulamenta a Lei n. 7.802/1989 e dá outras providências.

_____. Resolução Conama n. 334, de 3 de abril de 2003.

BUSCHINELLI, José Tarcísio. *Manual de orientação sobre controle médico ocupacional da exposição a substâncias químicas*. São Paulo: Fundacentro, 2014.

_____; KATO, Mina. *Manual para interpretação de informações sobre substâncias químicas*. São Paulo: Fundacentro, 2011.

CALDAS, Luiz Querino de Araújo (Org.). *Intoxicações exógenas agudas por carbamatos, organofosforados, compostos bipiridílicos e piretroides*. Niterói: UFF – Centro de Controle de Intoxicações – Hospital Universitário Antonio Pedro, 2000.

GARCIA, Jaime E. Intoxicaciones agudas con plaguicidas: costos humanos y económicos. *Rev. Panam Salud Publica*. v. 4, n. 6, 1998.

MACHADO, Paulo Affonso Leme. *Direito ambiental brasileiro*. 15. ed. São Paulo: Malheiros, 2007.

OGA, Seizi. *Fundamentos de toxicologia*. São Paulo: Atheneu, 1996.

OPS/OMS. *Manual de vigilância da saúde de populações expostas a agrotóxicos*. Brasília, 1997.

PATNAIK, Pradyot. *Propriedades nocivas das substâncias químicas*. 2 v. Belo Horizonte: Ergo, 2002.

PERNAMBUCO. *Lei Estadual n. 12.753, de 21 de janeiro de 2005*. Lei de Agrotóxicos.

_____. *Decreto Estadual n. 31.246, de 28 de dezembro de 2007*. Regulamenta a lei estadual de agrotóxicos.

THRUSFIELD, Michael. *Epidemiologia veterinária*. 2. ed. São Paulo: Roca, 2004.

TRAPÉ, Angelo Zanaga. O caso dos agrotóxicos. In: ROCHA et al. *Isto é trabalho de gente?*: vida, doença e trabalho no Brasil. Petrópolis: Vozes, 1993.

(continua)

> ZAMBRONE, Flávio Ailton Duque; MELLO, José Carlos Martins de. *Tratamento geral das intoxicações* – principais substâncias químicas utilizadas na agricultura. Rio de Janeiro: Collart, Murtinho e Velloso: Cyanamid, 1996. (Série informações toxicológicas, v. 1.)

31.8 Agrotóxicos, Adjuvantes e Produtos Afins

31.8.1 Para fins desta norma são considerados:

a) trabalhadores em exposição direta, os que manipulam os agrotóxicos e produtos afins, em qualquer uma das etapas de armazenamento, transporte, preparo, aplicação, descarte, e descontaminação de equipamentos e vestimentas;

b) trabalhadores em exposição indireta, os que não manipulam diretamente os agrotóxicos, adjuvantes e produtos afins, mas circulam e desempenham suas atividades de trabalho em áreas vizinhas aos locais onde se faz a manipulação dos agrotóxicos em qualquer uma das etapas de armazenamento, transporte, preparo, aplicação e descarte, e descontaminação de equipamentos e vestimentas, e/ou ainda os que desempenham atividades de trabalho em áreas recém-tratadas.

31.8.2 É vedada a manipulação de quaisquer agrotóxicos, adjuvantes e produtos afins que não estejam registrados e autorizados pelos órgãos governamentais competentes.

31.8.3 É vedada a manipulação de quaisquer agrotóxicos, adjuvantes e produtos afins por menores de dezoito anos, maiores de sessenta anos e por gestantes.

31.8.3.1 O empregador rural ou equiparado afastará a gestante das atividades com exposição direta ou indireta a agrotóxicos imediatamente após ser informado da gestação.

31.8.4 É vedada a manipulação de quaisquer agrotóxico, adjuvantes e produtos afins, nos ambientes de trabalho, em desacordo com a receita e as indicações do rótulo e bula, previstos em legislação vigente.

31.8.5 É vedado o trabalho em áreas recém-tratadas, antes do término do intervalo de reentrada estabelecido nos rótulos dos produtos, salvo com o uso de equipamento de proteção recomendado.

31.8.6 É vedada a entrada e permanência de qualquer pessoa na área a ser tratada durante a pulverização aérea.

31.8.7 O empregador rural ou equiparado deve fornecer instruções suficientes aos que manipulam agrotóxicos, adjuvantes e afins, e aos que desenvolvam qualquer atividade em áreas onde possa haver exposição direta ou indireta a esses produtos, garantindo os requisitos de segurança previstos nesta norma.

31.8.8 O empregador rural ou equiparado deve proporcionar capacitação sobre prevenção de acidentes com agrotóxicos a todos os trabalhadores expostos diretamente.

(continua)

Agrotóxicos: riscos e prevenção

31.8.8.1 A capacitação prevista nesta norma deve ser proporcionada aos trabalhadores em exposição direta mediante programa, com carga horária mínima de vinte horas, distribuídas em no máximo oito horas diárias, durante o expediente normal de trabalho, com o seguinte conteúdo mínimo:

a) conhecimento das formas de exposição direta e indireta aos agrotóxicos;

b) conhecimento de sinais e sintomas de intoxicação e medidas de primeiros socorros;

c) rotulagem e sinalização de segurança;

d) medidas higiênicas durante e após o trabalho;

e) uso de vestimentas e equipamentos de proteção pessoal;

f) limpeza e manutenção das roupas, vestimentas e equipamentos de proteção pessoal.

31.8.8.2 O programa de capacitação deve ser desenvolvido a partir de materiais escritos ou audiovisuais e apresentado em linguagem adequada aos trabalhadores e assegurada a atualização de conhecimentos para os trabalhadores já capacitados.

31.8.8.3 São considerados válidos os programas de capacitação desenvolvidos por órgãos e serviços oficiais de extensão rural, instituições de ensino de nível médio e superior em ciências agrárias e Serviço Nacional de Aprendizagem Rural – SENAR, entidades sindicais, associações de produtores rurais, cooperativas de produção agropecuária ou florestal e associações de profissionais, desde que obedecidos os critérios estabelecidos por esta norma, garantindo-se a livre escolha de quaisquer destes pelo empregador.

31.8.8.4 O empregador rural ou equiparado deve complementar ou realizar novo programa quando comprovada a insuficiência da capacitação proporcionada ao trabalhador.

31.8.9 O empregador rural ou equiparado deve adotar, no mínimo, as seguintes medidas:

a) fornecer equipamentos de proteção individual e vestimentas adequadas aos riscos, que não propiciem desconforto térmico prejudicial ao trabalhador;

b) fornecer os equipamentos de proteção individual e vestimentas de trabalho em perfeitas condições de uso e devidamente higienizados, responsabilizando-se pela descontaminação dos mesmos ao final de cada jornada de trabalho, e substituindo-os sempre que necessário;

c) orientar quanto ao uso correto dos dispositivos de proteção;

d) disponibilizar um local adequado para a guarda da roupa de uso pessoal;

e) fornecer água, sabão e toalhas para higiene pessoal;

f) garantir que nenhum dispositivo de proteção ou vestimenta contaminada seja levado para fora do ambiente de trabalho;

g) garantir que nenhum dispositivo ou vestimenta de proteção seja reutilizado antes da devida descontaminação;

h) vedar o uso de roupas pessoais quando da aplicação de agrotóxicos.

(continua)

31.8.10 O empregador rural ou equiparado deve disponibilizar a todos os trabalhadores informações sobre o uso de agrotóxicos no estabelecimento, abordando os seguintes aspectos:

a) área tratada: descrição das características gerais da área da localização, e do tipo de aplicação a ser feita, incluindo o equipamento a ser utilizado;

b) nome comercial do produto utilizado;

c) classificação toxicológica;

d) data e hora da aplicação;

e) intervalo de reentrada;

f) intervalo de segurança/período de carência;

g) medidas de proteção necessárias aos trabalhadores em exposição direta e indireta;

h) medidas a serem adotadas em caso de intoxicação.

31.8.10.1 O empregador rural ou equiparado deve sinalizar as áreas tratadas, informando o período de reentrada.

31.8.11 O trabalhador que apresentar sintomas de intoxicação deve ser imediatamente afastado das atividades e transportado para atendimento médico, juntamente com as informações contidas nos rótulos e bulas dos agrotóxicos aos quais tenha sido exposto.

31.8.12 Os equipamentos de aplicação dos agrotóxicos, adjuvantes e produtos afins, devem ser:

a) mantidos em perfeito estado de conservação e funcionamento;

b) inspecionados antes de cada aplicação;

c) utilizados para a finalidade indicada;

d) operados dentro dos limites, especificações e orientações técnicas.

31.8.13 A conservação, manutenção, limpeza e utilização dos equipamentos só poderão ser realizadas por pessoas previamente treinadas e protegidas.

31.8.13.1 A limpeza dos equipamentos será executada de forma a não contaminar poços, rios, córregos e quaisquer outras coleções de água.

31.8.14 Os produtos devem ser mantidos em suas embalagens originais, com seus rótulos e bulas.

31.8.15 É vedada a reutilização, para qualquer fim, das embalagens vazias de agrotóxicos, adjuvantes e produtos afins, cuja destinação final deve atender à legislação vigente.

31.8.16 É vedada a armazenagem de agrotóxicos, adjuvantes e produtos afins a céu aberto.

(continua)

31.8.17 As edificações destinadas ao armazenamento de agrotóxicos, adjuvantes e produtos afins devem:

a) ter paredes e cobertura resistentes;

b) ter acesso restrito aos trabalhadores devidamente capacitados a manusear os referidos produtos;

c) possuir ventilação, comunicando-se exclusivamente com o exterior e dotada de proteção que não permita o acesso de animais;

d) ter afixadas placas ou cartazes com símbolos de perigo;

e) estar situadas a mais de trinta metros das habitações e locais onde são conservados ou consumidos alimentos, medicamentos ou outros materiais, e de fontes de água;

f) possibilitar limpeza e descontaminação.

31.8.18 O armazenamento deve obedecer as normas da legislação vigente, as especificações do fabricante constantes dos rótulos e bulas, e as seguintes recomendações básicas:

a) as embalagens devem ser colocadas sobre estrados, evitando contato com o piso, com as pilhas estáveis e afastadas das paredes e do teto;

b) os produtos inflamáveis serão mantidos em local ventilado, protegido contra centelhas e outras fontes de combustão.

31.8.19 Os agrotóxicos, adjuvantes e produtos afins devem ser transportados em recipientes rotulados, resistentes e hermeticamente fechados.

31.8.19.1 É vedado transportar agrotóxicos, adjuvantes e produtos afins, em um mesmo compartimento que contenha alimentos, rações, forragens, utensílios de uso pessoal e doméstico.

31.8.19.2 Os veículos utilizados para transporte de agrotóxicos, adjuvantes e produtos afins devem ser higienizados e descontaminados sempre que forem destinados para outros fins.

31.8.19.3 É vedada a lavagem de veículos transportadores de agrotóxicos em coleções de água.

31.8.19.4 É vedado transportar simultaneamente trabalhadores e agrotóxicos, em veículos que não possuam compartimentos estanques projetados para tal fim.

8

Ergonomia aplicada
à agroindústria

Costumamos dizer que desde os primórdios da humanidade, quando nossos ancestrais utilizaram a mão em cunha para recolher e beber a água, verificando que assim conseguiam lograr melhor êxito do que quando tentavam sorvê-la diretamente abaixados sobre os cursos d'água, com a língua, como os animais, e que quando fizeram uso de um porrete ou tacape para se protegerem dos rivais e para caçarem, evoluindo, passo a passo, obteve-se novas utilidades e facilidades que foram incorporadas ao cotidiano em nossa necessidade de realizar tarefas, isto é, trabalho, intervenções que resultaram maior proveito ou produtividade, menor esforço e maior segurança na execução destas, oriundas de "soluções" resultantes de uma ergonomia de natureza rudimentar, intuitiva. E muitas dessas incorporadas, aos processos de produção habituais dos povos, vêm sendo reproduzidas, transmitidas de geração em geração, sendo incorporadas às tradições e assumindo o *status* de verdadeiros dogmas. Estes, por regra, são incontestáveis. Desse modo, resultam paradigmas, difíceis de serem rompidos e, por conseguinte, de se prover mudanças, de aperfeiçoar o até então estabelecido.

Como todas as questões relacionadas à SST, a demonstração dos ganhos que podem advir quando as orientações ergonômicas sugeridas são seguidas tem um impacto mais positivo do que qualquer imposição ou prescrição que possa ser estabelecida. É próprio da natureza humana oferecer resistência a toda mudança da qual não esteja plenamente convencido. Por isso, é importante envolver os destinatários na construção da proposição, obter bem mais que o seu simples convencimento, mas obter a sua participação efetiva no entendimento das razões para a mudança.

Nesse sentido, os profissionais de SST deverão conquistar a confiança daqueles que estiverem sob seus cuidados, desenvolver empatia, capacidade de diálogo, alcançar o respeito e a admiração, para que possam ser bem-sucedidos em sua tarefa propositiva, recebendo dos trabalhadores contribuições e respostas proativas. O que se busca é que os trabalhadores possam assumir as práticas e comportamentos propostos, incorporando-os às suas rotinas, sem retrocesso às condições anteriormente vigentes.

Assim, esses profissionais deverão realizar, para si e para os demais trabalhadores envolvidos na execução de determinada tarefa, um

Ergonomia aplicada à agroindústria

necessário e fundamental questionamento: Por que isso é realizado dessa maneira? Quais as implicações da atual condição de trabalho sobre o bem-estar e sobre a produtividade das tarefas a cargo desses trabalhadores?

Para que a segunda parte dessa pergunta original possa ser devidamente respondida, poderemos ampliá-la: Que queixas, resultantes dos esforços demandados para a realização dessa tarefa, os trabalhadores têm a relatar? Estabelecer a compreensão dos efeitos danosos de uma condição de trabalho é alicerce seguro para modificá-lo em boa direção, afastando do indesejado e buscando eliminar, de modo consistente, as oportunidades de danos à integridade dos trabalhadores.

Nesse intuito, por fim, cabe levá-los à reflexão quanto às medidas necessárias para a melhoria da condição de trabalho: De que modo, sem prejuízos à sua segurança, essa tarefa poderia ser executada com menor esforço e maior produtividade? Será necessário, portanto, um retorno aos primórdios da ergonomia intuitiva, dessa feita com o suporte ou a mediação de um profissional que detenha conhecimentos acerca dos conteúdos relacionados.

Ao mesmo tempo em que na produção em larga escala, naquele que convencionamos chamar de agronegócio, incrementos de produção são regularmente alcançados pelo aporte de novas tecnologias, em diversas regiões de todo o mundo, na agropecuária familiar ou de subsistência, ferramentas e métodos de produção são originados em práticas ancestrais. Por isso, ainda que na agropecuária familiar alguma evolução possa ter processado melhorias no tocante ao conforto, à segurança e, em especial, no que digam respeito à produtividade, suas aplicações decorrem de saberes tradicionais, arraigados, de difícil substituição, uma vez que culturalmente predominantes. E, salvo raras exceções, não incorporam preocupações relacionadas a aspectos ergonômicos, sobretudo em virtude de limitações de saber ou mesmo em razão da ausência do acesso a informações atinentes à temática e às variáveis tratadas por esta.

Assim, atividades como o plantio e a colheita de cereais (arroz, p. ex.), de flores, frutas, algumas ervas e hortaliças, a ordenha e a capina, bem como todo o deslocamento manual de cargas diversas, são realizadas em posturas e/ou com o auxílio de utensílios que, via de regra, não foram desenvolvidos observando-se cuidados ou princípios da ergonomia. Destas condições, lombalgias e outros eventos indesejados de consequências variadas terminam por ter lugar na atividade florestal, na agricultura, na pecuária e nas atividades industriais imediatamente a estas associadas.

Na pequena produção agropecuária, os processos produtivos são executados por imitação, reproduzidos sem uma análise crítica das repercussões destes quanto aos esforços ou exigências a que os executantes são ou serão submetidos, resultando, quase sempre, desconforto, fadiga prematura e desempenho produtivo inferior àquele que poderá ser obtido com modificações no processo e/ou no ambiente de trabalho, a maioria de caráter bastante simples.

A introdução de novas tecnologias incorporando preocupações relacionadas a aspectos ergonômicos, representadas por aparatos e toda uma gama de dispositivos de apoio à produção, como gabaritos, bancadas, postos de trabalho planejados e ferramentas especialmente projetadas levando em consideração as exigências das tarefas, assim como as características individuais dos seus destinatários, poderá contribuir decisivamente para que as tarefas sejam executadas com segurança, conforto, reduzindo o esforço a ser desprendido e, certamente, majorando a produtividade.

Entre os vários tópicos relacionados ao trabalho que podem ser objeto de estudo da ergonomia no trabalho rural, florestal e na agroindústria, destaca-se a biomecânica associada aos esforços realizados pelo corpo do trabalhador em determinada postura, o que implica solicitações sobre determinados segmentos desse corpo ao longo da duração da jornada para a realização das tarefas a seu encargo, muitas das quais se processando em ciclos repetitivos.

A postura para a pega de cargas ao nível do solo, quando esta for requerida, é de suma importância para a execução segura da tarefa: afastar as pernas, segurar a carga com os braços estendidos e executar a suspensão por intermédio da musculatura das pernas, mantendo a coluna reta e o centro de massa alinhado, favorecendo o equilíbrio quando para a elevação e ao longo do deslocamento. Veja a Figura 8.1.

Ergonomia aplicada à agroindústria

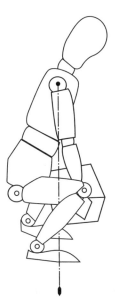

Figura 8.1 Postura recomendada para a pega de cargas ao nível do solo.

Fonte: Barbosa Filho (2011).

Não poderiam deixar de merecer destaque o trato manual de cargas, bem como o trabalho na posição de pé ou semissentada, uma vez que poucas atividades nestes segmentos produtivos são realizadas na posição sentada, sobretudo porque muitas destas atividades demandam a aplicação de força ou sob rigoroso controle ou destreza, o que exige a aproximação do campo visual do executante, como as de seleção de frutas e hortaliças, de corte e processamento de carnes. Resta claro que são dois momentos e espaços bem distintos a produção na serem analisados: a condição agrária e pecuária, de um lado e, de outro, a industrialização de seus produtos.

Além da NR 17, aplicável a todos os segmentos produtivos e às atividades neles realizadas, as NR 31 e 36 – especialmente voltadas à agroindústria – chamam a atenção para a necessidade da aplicação de medidas e de princípios ergonômicos de modo a proporcionar melhorias nas condições de conforto e segurança no trabalho, além de favorecer incremento produtivo na execução das tarefas. A primeira destas normas, de modo genérico, isto é, sem rigor prescritivo, sobretudo nos itens 31.10 e 31.11, recomenda:

31.10.1 O empregador rural ou equiparado deve adotar princípios ergonômicos que visem à adaptação das condições de trabalho às características psicofisiológicas dos trabalhadores, de modo a proporcionar melhorias nas condições de conforto e segurança no trabalho.

De outro lado, em sua destinação específica, a NR 36 traz preocupações centradas nas condições de trabalho próprias da realização de tarefas relacionadas ao abate e processamento de carnes e derivados, o que oportuniza uma série de verificações sugeridas e de possíveis intervenções ergonômicas a ter lugar nesta indústria. Dentre estas, podemos citar:

- a alternância de posturas, o trabalho semissentado, no tocante ao mobiliário e aos postos de trabalho (36.2);
- o manuseio de produtos (36.4) e, em específico, o uso de contenedores para efeito de melhor pega (36.4.1.2);
- o levantamento e o transporte de produtos e cargas (36.5);
- a polivalência como estratégia da organização do trabalho para a redução da exposição e possíveis efeitos de determinada tarefa, rodízio na função ou atividade (36.14.7);
- aspectos psicossociais do trabalho (36.14.8); e
- até a Análise Ergonômica do Trabalho – AET (em 36.15).

Medidas simples, que não exigem amplo domínio técnico ou recursos materiais complexos e, tampouco, investimentos de ordem elevada, isto é, tecnologias compatíveis com as condições locais nas quais devem ser inseridas, como as sugeridas pela OIT (2001)[1] e por Baron (2002),[2] entre outras, como facilitar a coleta de uma carga a ser transportada manualmente, colocando-a em um plano elevado em relação ao piso, bem como em contenedores que favoreçam a pega e o trato unitizado dos produtos, podem contribuir significativamente para a redução dos esforços biomecânicos despendidos nas tarefas, assim como a fadiga resultante, melhorando o rendimento produtivo na execução das tarefas.

---

[1] Disponíveis em: <http://www.oit.org.br/sites/default/files/topic/safework/pub/pontosdeverificacao ergonomica_366.pdf>. Acesso em: 25 nov. 2016.
[2] Disponível em: <www.cdc.gov/spanish/niosh/docs/2001-111_sp/pdfs/2001-111sp.pdf>. Acesso em: 19 set. 2016.

Ergonomia aplicada à agroindústria

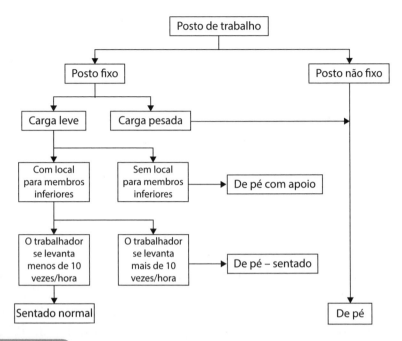

Figura 8.2 Postura básica do posto de trabalho.

Fonte: Adaptada de Velázquez et al. (1997).

Numa perspectiva ergonômica deve-se ter como ponto de partida a necessidade de transformar condições laborais rudimentares em postos de trabalho planejados. Para tanto, deve-se definir a postura básica para a realização da tarefa, se sentada, de pé-sentado (ou semissentado) ou de pé, conforme o esquema de decisão constante da Figura 8.2.

O próximo passo será a elaboração de aparatos auxiliares à produção. Para a melhor aplicação dos saberes ergonômicos disponíveis, deve-se seguir uma metodologia de projeto de produtos, a fim de evitar um processo de tentativa e erro, que poderá sujeitar os usuários desses produtos em elaboração a indesejadas oportunidades de danos à sua integridade quando na ausência de método projetual se recorre aos repetidos ciclos de desenvolvimento-fabricação-uso e testes.

Para tanto, um dos pontos de partida será estabelecer o conceito desses produtos; ou seja, o conjunto de características que o definem previamente, servindo como um filtro para a proposição de alternativas de solução, ainda em uma fase imaterial (ou de planejamento, no campo das ideias). Sejam aqueles atributos que deveremos buscar, ou melhor, que teremos que assegurar (uma vez que são atributos positivos ou desejáveis), ou aqueles, em sentido contrário, dos quais teremos que necessariamente nos afastar, não reproduzir, uma vez que são considerados atributos negativos ou indesejáveis, de acordo com as experiências anteriores, em sentido amplo.

Para um primeiro contato com a temática, recomendo a leitura do nosso *Projeto e desenvolvimento de produtos* (BARBOSA FILHO, 2009), que foi escrito nessa perspectiva, em linguagem acessível, com o fito de servir de material didático a um curso de iniciação à disciplina.

Compreendendo a tecnologia como o conhecimento acumulado ao longo da história da humanidade aplicado para a resolução de seus problemas, alcançaremos a compreensão de que não existe melhor ou pior tecnologia, seja recente ou ancestral, mais simples ou mais complexa, mas tão somente aquela capaz de fornecer a utilidade e a adequação da solução provida para cada caso concreto. E cabe a nós, profissionais com formação específica nesse mister, ofertar as respostas devidas aos problemas levantados, sobretudo no tocante às condições nas quais outrem realizam trabalho tão importante como o de "produzir alimentos".

Sugestões de leitura

BARBOSA FILHO, Antonio Nunes. *Projeto e desenvolvimento de produtos.* São Paulo: Atlas, 2009.

BARON, Sherry et al. *Soluciones simples:* ergonomía para trabajadores agrícolas. Cincinnati: NIOSH, 2002.

CHAFFIN, Don B. et al. *Biomecânica ocupacional.* Belo Horizonte: Ergo, 2001.

EUROPEAN COMMISSION. *Protecting health and safety of workers in agriculture, livestock farming, horticulture and farming.* Luxembourg: Publications Office of the European Union, 2012.

FERREIRA, Marcos David (Editor). *Colheita e beneficiamento de frutas e hortaliças.* São Carlos: Embrapa Instrumentação Agropecuária, 2008.

HALL, Susan. *Biomecânica básica.* Rio de Janeiro: Guanabara Koogan, 1993.

IGUTI, Aparecida Mari; HOEHNE, Eduardo Luiz. Lombalgias e trabalho. *Rev. Bras. Saúde Ocup.* São Paulo, v. 28, n. 107-108, 2003.

INTERNATIONAL LABOUR OFFICE (ILO). *Safety and health in agriculture.* ILO Code of practice. Geneva: ILO, 2011.

(continua)

IIDA, Itiro. *Ergonomia* – projeto e produção. São Paulo: Edgard Blücher, 1990.

ORGANIZAÇÃO INTERNACIONAL DO TRABALHO (OIT). *Pontos de verificação ergonômica:* soluções práticas e de fácil aplicação para melhorar a segurança, a saúde e as condições de trabalho. São Paulo: Fundacentro, 2001.

RIVAS, Roque Ricardo. *Ergonomía en el diseño y la producción industrial.* Buenos Aires: Nobuko, 2007.

VELÁZQUEZ, Francisco Farrer et al. *Manual de ergonomía.* 2. ed. Madrid: Fundación MAPFRE, 1997.

9

Riscos na maquinaria e sua proteção

9 Riscos na maquinaria e sua proteção

Por um longo período de sua história, a humanidade dispôs apenas de sua força muscular e de algum ferramental para a realização das tarefas de seu cotidiano. Grandes eram os esforços e reduzidos os resultados produtivos. Depois, se valeu da força animal para serviços de tração, o que ampliou sua capacidade de realizar trabalho. Por fim, com a introdução da mecanização e de sua evolução alcançou patamares de volume e de velocidade de produção que permitiram níveis de produtividade jamais vistos.

Entretanto, à medida que, com o uso crescente da maquinaria, os esforços físicos foram sendo liberados, inúmeros eventos indesejados causaram acidentes das mais diversas gravidades, alguns, inclusive, fatais, pelo que se fez necessário reprojetar, adequar ou substituir algumas destas máquinas e equipamentos, com o intuito de evitar condições de risco grave e iminente, das quais podem resultar possíveis graves sequelas e, inclusive, morte. Em decorrência, tendo como consequência queimaduras, intoxicações agudas, esmagamentos, fraturas diversas, quedas de altura e perda de membros ou de olhos e choques elétricos intensos.

> *NR 3.1.1 Considera-se grave e iminente risco toda condição ambiental de trabalho que possa causar acidente do trabalho ou doença profissional com lesão à integridade física do trabalhador.*

Faz-se, então, imperativo inafastável assegurar a proteção do trabalhador frente às máquinas, sendo este operador destas ou não, estacionárias ou móveis, independentemente de sua atuação sobre estas. Ainda que o faça de maneira indevida, a sua integridade não poderá estar sujeita a potencial dano ou lesão. Para tanto, sistemas de segurança (*vide* 12.38)[1] devem ser aplicados a esta maquinaria, de modo a serem capazes de impedir ocorrências indesejadas, mesmo que ocorra o seu acionamento indevido, tentativas de burla por parte dos operadores (*vide* 12.24.e), a sua religação acidental ou, mesmo, que seus componentes – em especial os eletrônicos porventura utilizados como parte desse sistema protetivo – venham a falhar.

Neste sentido, impõe a Consolidação das Leis do Trabalho:

---

[1] As notas de referência entre parênteses dizem respeito aos itens da NR que tratam do aspecto abordado, pelo que devem ser cuidadosamente lidas e interpretadas.

Riscos na maquinaria e sua proteção

Art. 184 As máquinas e os equipamentos deverão ser dotados de dispositivos de partida e parada e outros que se fizerem necessários para a prevenção de acidentes do trabalho, especialmente quanto ao risco de acionamento acidental.

Parágrafo único. É proibida a fabricação, a importação, a venda, a locação e o uso de máquinas e equipamentos que não atendam ao disposto neste artigo.

Art. 185 Os reparos, limpeza e ajustes somente poderão ser executados com as máquinas paradas, salvo se o movimento for indispensável à realização do ajuste.

Art. 186 O Ministério do Trabalho estabelecerá normas adicionais sobre proteção e medidas de segurança na operação de máquinas e equipamentos, especialmente quanto à proteção das partes móveis, distância entre estas, vias de acesso às máquinas e equipamentos de grandes dimensões, emprego de ferramentas, sua adequação e medidas de proteção exigidas quando motorizadas ou elétricas.

Em face da possibilidade da falha de componentes por motivos os mais diversos, deve-se, como compromisso inafastável, buscar o máximo grau de segurança que o estado da arte possa providenciar. Se requer, portanto, a contínua avaliação da tecnologia disponível para a devida atualização e ampliação da *performance* do sistema de segurança em operação.

Devemos compreender como máquina, segundo o estabelecido na norma **NBR NM 213-1** e por suas sucessoras, o "conjunto de peças ou de órgãos ligados entre eles, em que pelo menos um é móvel, e, se for o caso, acionadores, circuitos de comando e de potência etc., reunidos de maneira solidária em vista de uma aplicação definida, notadamente para a transformação, o tratamento, o deslocamento e o acondicionamento de um material".

Ainda segundo essa norma, é igualmente considerado como máquina "um conjunto de máquinas que, a fim de concorrer a um único e mesmo resultado, são dispostos e comandados de maneira a serem solidários em seu funcionamento".

A NR 12 (Segurança no Trabalho com Máquinas e Equipamentos) traz uma vasta série de requisitos e de orientações para que as empresas possam implementar medidas que assegurem essa proteção requerida.

Nesse sentido, impõe exigências tanto de caráter executivo quanto de caráter programático. Ou seja, prescreve a aplicação de proteções mecânicas e de dispositivos eletroeletrônicos interligados, bem como medidas gerenciais de caráter duradouro e continuado visando assegurar a proteção integral do trabalhador e de todos aqueles que possam vir a ter sua integridade ameaçada em razão de ocorrências indesejadas resultantes do uso da maquinaria.

Podemos resumir dizendo que a NR 12 estabelece duas ordens de ações visando à proteção no trato com máquinas e equipamentos: uma no plano físico (primária) e outra no plano gerencial (secundária – contínua e sistemática). Ou seja, para a adequada satisfação dessa norma, medidas de duas ordens devem ser satisfeitas: a instalação da proteção física propriamente dita, à qual se agrega os requisitos do sistema de acionamento e/ou comando, e o atendimento contínuo do estabelecido no plano de gerenciamento.

Esse programa de gerenciamento da segurança da maquinaria visa assegurar que a operação ou o simples acesso às máquinas seja seguro e exercido com máximo grau de confiabilidade possível ao longo de todas as etapas de seu ciclo de vida.

Impõe-se, assim, que um sistema de segurança seja projetado, instalado e mantido ao longo do ciclo de vida da maquinaria, em todas as situações em que com ela houver interação humana: desde a sua instalação, nas fases de ajustes ou preparação para a produção, em regime de operação regular, durante intervenções de manutenção ou de atualização tecnológica, em situações especiais e, mesmo, durante seu desmonte, seja para fins de atualização tecnológica, para descarte e reciclagem de partes ou componentes ou, ainda, para uma destinação final.

Dessa feita, novas máquinas somente devem ser adquiridas se em perfeita consonância com os requisitos da NR 12. Por sua vez, máquinas projetadas, produzidas e instaladas anteriormente a essa norma devem ser adequadas às suas exigências ou ser substituídas quando tal adequação não for possível ou economicamente viável.

A NR 12 é uma norma abrangente que traz orientações sobre diversos aspectos quanto à utilização de maquinarias em unidades produtivas. Entre elas, podemos destacar requisitos no tocante a:

Riscos na maquinaria e sua proteção

- Arranjo físico e instalações (*vide* 12.6 a 12.13).
- Instalações e dispositivos elétricos (*vide* 12.14 a 12.23).
- Dispositivos de partida, acionamento e parada (*vide* 12.24 a 12.37).
- Sistemas de segurança (*vide* 12.38 a 12.55).
- Dispositivos de parada de emergência (*vide* 12.56 a 12.63).
- Meios de acesso permanentes (*vide* 12.64 a 12.76).
- Componentes pressurizados (*vide* 12.77 a 12.84).
- Aspectos ergonômicos (*vide* 12.94 a 12.105).
- Riscos adicionais (*vide* 12.106 a 12.110).
- Sinalização (*vide* 12.116 a 12.124).

O primeiro passo, entre uma sequência de ações a ser realizada para o atendimento do estabelecido na NR 12,[2] é realizar os levantamentos básicos para a confecção do inventário da maquinaria, cuja finalidade é servir de memória técnica dessa maquinaria e providenciar a rastreabilidade de todas as intervenções nela executadas, de modo a preservar o nível de segurança do sistema de segurança ao longo das fases de utilização das máquinas ou equipamentos (*vide* 12.1.1 ou 12.133).

> *12.153 O empregador deve manter inventário atualizado das máquinas e equipamentos com identificação por tipo, capacidade, sistemas de segurança e localização em planta baixa, elaborado por profissional qualificado ou legalmente habilitado.*
>
> *12.153.1 As informações do inventário devem subsidiar as ações de gestão para aplicação desta Norma.*
>
> *12.153.2 O item 12.153 não se aplica:*
>
> *a) às microempresas e às empresas de pequeno porte, que ficam dispensadas da elaboração do inventário de máquinas e equipamentos;*
>
> *b) a máquinas autopropelidas, automotrizes e máquinas e equipamentos estacionários utilizados em frentes de trabalho.*

Podemos dizer que, em linhas gerais, o inventário consiste, entre outros aspectos, no cadastramento e registro de todas as intervenções

---

[2] *Vide* o fluxograma para implementação da NR 12 constante do Anexo I deste capítulo.

sofridas pela maquinaria, visando assegurar a continuidade da capacidade protetiva da maquinaria, devendo trazer informações quanto a sua descrição, localização na empresa, as intervenções realizadas (quando, o que, quem etc.), o documento que originou a intervenção (se uma prestação externa – nota fiscal; se uma prestação interna – ordem de serviço), estado ou condição dos dispositivos do sistema de segurança, data da próxima verificação ou intervenção etc.

Na busca da definição dos elementos protetivos necessários para prover o nível de segurança requerido para cada máquina, deve-se levantar todas as oportunidades de perigo nos distintos cenários de interação humana:

- o ajuste da maquinaria para início de produção;
- em regime de pleno trabalho;
- nas atividades de manutenção e limpeza; e
- em situações extraordinárias ou especiais.

Ou seja, tal olhar deve estender-se ao longo de todo o ciclo de sua vida útil, para cada zona ou ponto de perigo identificado, levando-se em conta as áreas de eventual projeção de partes ou componentes. Nesse sentido, *vide* itens 12.111 a 12.115.

As principais tarefas desse processo interativo são a identificação dos perigos, a estimativa e a análise do risco, que, em conjunto, levam à apreciação da segurança da máquina. Para tanto, podem ser utilizados, sem ordem de preferência, alguns dos métodos para análise de perigos e estimativa de riscos, dentre os quais a análise preliminar de perigos (APP), o estudo do perigo e operabilidade (Hazop), a árvore de análise de falhas (FTA), o modo de falhas e análise de efeitos (FMEA) e o Delphi.

Embora não listado entre os acima citados, o método HRN (descrito no Anexo I), por fornecer uma gradação quanto às possíveis ocorrências indesejadas junto às zonas ou pontos de perigo, termina por indicar prioridades ou uma hierarquia para a intervenção, sendo, por isso, largamente utilizado. Ademais, propicia a comparação das condições anteriores e posteriores à introdução de medidas protetivas, servindo ao intuito da apreciação da eficácia de sua adoção.

Riscos na maquinaria e sua proteção

Somente após o levantamento integral dos potenciais perigos e dos riscos associados às máquinas em todas as possíveis interações humanas, bem como de uma ordem prioritária de intervenções entre as distintas máquinas do parque produtivo de uma empresa, será possível transformar adequadamente os conhecimentos disponíveis acerca de cada máquina e de medidas protetivas aplicáveis em um projeto de segurança para estas.

Cabe destacar o conceito de "riscos adicionais", conforme o item 12.106:

> *12.106 Para fins de aplicação desta Norma, devem ser considerados os seguintes riscos adicionais:*
>
> *a) substâncias perigosas quaisquer, sejam agentes biológicos ou agentes químicos em estado sólido, líquido ou gasoso, que apresentem riscos a saúde ou integridade física dos trabalhadores por meio de inalação, ingestão ou contato com a pele, olhos ou mucosas;*
>
> *b) radiações ionizantes geradas pelas máquinas e equipamentos ou provenientes de substâncias radiativas por eles utilizadas, processadas ou produzidas;*
>
> *c) radiações não ionizantes com potencial de causar danos a saúde ou integridade física dos trabalhadores;*
>
> *d) vibrações;*
>
> *e) ruído;*
>
> *f) calor;*
>
> *g) combustíveis, inflamáveis, explosivos e substâncias que reagem perigosamente; e*
>
> *h) superfícies aquecidas acessíveis que apresentem risco de queimaduras causadas pelo contato com a pele.*

Resta claro o item 12.4 ao determinar prioridades quanto às medidas de proteção no tocante à maquinaria:

1. Em primeiro lugar, as medidas de engenharia ou proteções coletivas, que atuam independente de qualquer ação ou comportamento deste ou daquele trabalhador.
2. Em seguida, devem ter lugar as medidas de caráter administrativo ou organizacional, em especial os procedimentos e respectivos

treinamentos (para o efetivo reconhecimento dos perigos e riscos no ambiente de trabalho, para que se possa processar a prevenção cognitiva) e, por fim, o último e mais precário recurso protetivo.

> *12.130. Devem ser elaborados procedimentos de trabalho e segurança específicos, padronizados, com descrição detalhada de cada tarefa, passo a passo, a partir da análise de risco.*
>
> *12.130.1. Os procedimentos de trabalho e segurança não podem ser as únicas medidas de proteção adotadas para se prevenir acidentes, sendo considerados complementos e não substitutos das medidas de proteção coletivas necessárias para a garantia da segurança e saúde dos trabalhadores.*
>
> *12.132. Os serviços em máquinas e equipamentos que envolvam risco de acidentes de trabalho devem ser planejados e realizados em conformidade com os procedimentos de trabalho e segurança, sob supervisão e anuência expressa de profissional habilitado ou qualificado, desde que autorizados.*

Os equipamentos de proteção individual também não podem ser a única medida para tal finalidade, uma vez que, não raro, são insuficientes para assegurar a efetiva preservação da integridade dos trabalhadores.

Explicita a NR 12 que a verificação deve ser atividade inserida na rotina da operação da maquinaria, quando estabelece:

> *12.131 Ao início de cada turno de trabalho ou após nova preparação da máquina ou equipamento, o operador deve efetuar inspeção rotineira das condições de operacionalidade e segurança e, se constatadas anormalidades que afetem a segurança, as atividades devem ser interrompidas, com a comunicação ao superior hierárquico.*

E, para tanto, a operação, manutenção, inspeção e demais intervenções em máquinas e equipamentos devem ser realizadas por trabalhadores habilitados, qualificados, capacitados ou autorizados para este fim.

Riscos na maquinaria e sua proteção

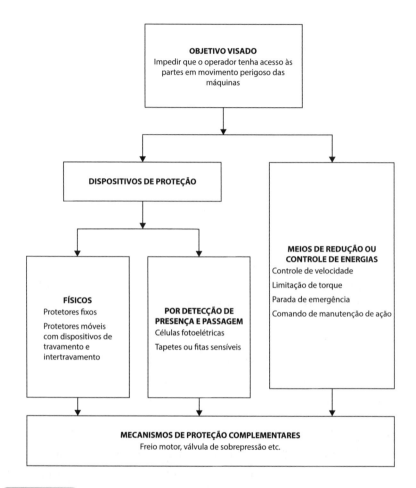

Figura 9.1 Resumo do processo de redução de risco mecânico de máquinas e equipamentos.

Fonte: Adaptada de SESI/RJ, SRTE/RJ (2012).

Entendendo-se uma máquina como constituída por um segmento operativo, sob a coordenação de um sistema de comando, cuja força de atuação fornecida ou por esta gerada enseja as principais oportunidades de dano aos trabalhadores, a partir destes poderemos delinear os elementos básicos para o projeto de proteção. Por essa razão, ao conteúdo da NR 12 integra-se, em especial, o contido na NR 10 e demais normas aplicáveis às redes, instalações e dispositivos elétricos, assim como em face das demais formas de força ou energia existentes na máquina. Isto é, para o adequado atendimento da NR 12, os requisitos da NR 10 e demais normas aplicáveis, de modo integrado, devem ser necessariamente satisfeitos, sobretudo porque impossível, *a priori*, afastar dos trabalhadores que lidem com a maquinaria ou em seu entorno os riscos oriundos dessas energias.

Assim sendo, as redes e as instalações atinentes devem ser projetadas e mantidas de modo a prevenir, por meios seguros, os perigos de choque elétrico, incêndio, explosão e outros tipos de acidentes. As instalações elétricas das máquinas e equipamentos devem possuir dispositivo protetor contra sobrecorrente e sobretensão, devendo ser aterradas, conforme as normas vigentes, além das instalações, carcaças, invólucros, blindagens ou partes condutoras que possam ficar sob tensão. Importante destacar que quadros e redes de alimentação devem igualmente ser constituídos para tal intuito, razão pela qual são proibidas nas máquinas e equipamentos:

- a utilização de chave geral como dispositivo de partida e de parada;
- a utilização de chaves tipo faca nos circuitos elétricos; e
- a existência de partes energizadas expostas de circuitos que utilizam energia elétrica.

A proteção dos trabalhadores frente aos elementos de uma máquina se dará, idealmente, pelo enclausuramento desta. Ou seja, com a completa eliminação de um possível contato, de acesso às áreas de risco. Todavia, tal condição pode não ser possível por algumas razões, dentre as quais destacamos:

- a necessidade de acesso regular às máquinas para a troca de ferramentas, ajustes, introdução de matérias a serem processadas etc.;
- o custo mais elevado das chapas em relação às telas, assim como o peso a ser adicionado às estruturas; e
- a possibilidade da interferência sobre o desempenho da própria maquinaria, como o sobreaquecimento e outras implicações sobre o rendimento produtivo.

Para atender aos requisitos de segurança e de operação da máquina ou equipamento, a neutralização das fontes de risco pode ser dada pela

Riscos na maquinaria e sua proteção

adoção da distância como forma de manter as pessoas afastadas das fontes de risco, impedindo a exposição do corpo ou partes do corpo ao fenômeno perigoso. Normalmente esses elementos são conhecidos como "barreiras de proteção".

A determinação da distância de segurança *versus* a altura da "barreira de proteção" é feita em função da avaliação do risco e a posição da fonte de perigo.

> *12.41 Para fins de aplicação desta Norma, considera-se proteção o elemento especificamente utilizado para prover segurança por meio de barreira física, podendo ser:*
>
> *a) proteção fixa, que deve ser mantida em sua posição de maneira permanente ou por meio de elementos de fixação que só permitam sua remoção ou abertura com o uso de ferramentas específicas; e*
>
> *b) proteção móvel, que pode ser aberta sem o uso de ferramentas, geralmente ligada por elementos mecânicos à estrutura da máquina ou a um elemento fixo próximo, e deve se associar a dispositivos de intertravamento.*

Cabe especial destaque o expresso no item 12.44 da NR, a seguir transcrito:

> *12.44 A proteção deve ser móvel quando o acesso a uma zona de perigo for requerido uma ou mais vezes por turno de trabalho, observando-se que:*
>
> *a) a proteção deve ser associada a um dispositivo de intertravamento quando sua abertura não possibilitar acesso à zona de perigo antes da eliminação do risco; e*
>
> *b) a proteção deve ser associada a um dispositivo de bloqueio quando sua abertura possibilitar o acesso à zona de perigo antes da eliminação do risco.*

Também merece destaque o contido em 12.47 e 12.50:

> *12.47 As transmissões de força e os componentes móveis a ela interligados, acessíveis ou expostos, devem possuir proteções fixas ou móveis com dispositivos de intertravamento que impeçam o acesso por todos os lados.*

9

Riscos na maquinaria e sua proteção

12.50 Quando a proteção for confeccionada com material descontínuo, devem ser observadas as distâncias de segurança para impedir o acesso às zonas de perigo, conforme previsto no Anexo I, item A.[3]

As interfaces homem-máquina devem receber atenção especial, sobretudo no tocante ao acionamento e paradas de emergência. Comandos de partida ou acionamento devem possuir dispositivos que impeçam seu funcionamento automático ao serem energizados em todas as formas de energia existentes na máquina (elétrica, pneumática etc.). Sua ativação deverá se dar em dois estágios – força e movimento –, ficando este último condicionado à atuação direta do operador, após a interrupção dessa energia, inclusive quando acionada a parada de emergência.

Convém destacar, também, no tocante ao aspecto energização e aos perigos presentes no cotidiano dos trabalhadores que lidam com máquinas, de onde resulta um elevado número de ocorrências indesejadas, tanto com trabalhadores do quadro funcional das empresas como com terceirizados – *vide*, por exemplo, os relatos dos acidentes de n. 2, 12 e 37 do capítulo específico mais adiante –, a importância do bloqueio e liberação de energias quando do encerramento das operações, do afastamento do operador de seu posto de trabalho ou, ainda, nas atividades de limpeza e manutenção. Sobretudo nesta última, cabe a utilização das técnicas de bloqueio, como o uso de cadeados múltiplos, além da ativação sempre em dois estágios anteriormente citada. E estas medidas devem tomar parte habitual nos procedimentos de segurança da organização.

De outro lado, a seleção, montagem e verificação da capacidade de operação dos componentes da parada de emergência devem levar em consideração não só as condições de operação previstas (frequência de ativação, por exemplo), assim como as possíveis agressões do meio em que deverá atuar (considerando-se, entre outros fatores, a presença de poeira, umidade, temperaturas elevadas, vibrações, corpos estranhos, como grãos, penas, gravetos etc.). Estes componentes devem ser posicionados de modo a permitir fácil acesso e atuação pelo operador ou outrem que necessitem operá-los sem risco.

---

[3] Reproduzido no Anexo IV deste capítulo.

Nesse sentido, quando a máquina for dividida em distintas seções ou zonas de operação (e de emergência), o sistema de parada de emergência deve ser projetado visando a uma fácil identificação da correspondência entre o acionamento e as respostas pretendidas nas respectivas áreas correspondentes. Podem ser utilizados: botoeiras tipo cogumelo, alavancas, pedais, barras e cabos. Quando do uso destes dois últimos, deve-se levar em conta:

- a máxima deformação possível dos componentes e a deformação requerida para a ativação do sistema;
- quando do acionamento, a distância livre entre o acionador e a parte mais próxima da máquina (para não ocorrer interferências e/ou acidentes);
- a força demandada para o acionamento (e o perfil do trabalhador atuante no posto); e
- a geração obrigatória da parada na eventualidade da quebra ou desconexão dos elementos do sistema de parada (atuação positiva).

Regra geral, os dispositivos de partida, acionamento e parada das máquinas devem ser projetados, selecionados e instalados de modo que:

- não se localizem em zonas perigosas;
- possam ser acionados ou desligados em caso de emergência por outra pessoa que não seja o operador;
- impeçam acionamento ou desligamento involuntário pelo operador ou por qualquer outra forma acidental;
- não acarretem riscos adicionais; e
- não possam ser burlados.

Uma importante etapa do processo do projeto protetivo diz respeito à definição das partes de sistemas de comando (*vide* os itens 12.42 e 12.43), uma vez que estes têm, intrinsecamente, funções de segurança. São os comandos que devem fornecer a estrutura de controle do funcionamento, acionamento e parada, bem como do acompanhamento dos componentes aplicados quanto a possíveis falhas; ou seja, preparação para a atuação (energização e desenergização dos circuitos) e para a intervenção corretiva quando falhas forem detectadas.

De acordo com os requisitos de atuação com mínima falha que se almeja para determinado sistema de comando de uma máquina, estabelecido conforme a expectativa de evitação, frequência de exposição ao risco e severidade do dano resultante em caso do não atendimento dos níveis de *performance* (PL) esperados, categorizados pela NBR 14.153/1998, se estabelecerá a arquitetura desse sistema, bem como serão selecionados cada um de seus componentes e respectivos graus de confiabilidade.[4]

Uma vez realizadas todas as intervenções requeridas para prover a segurança devida no trato com a maquinaria, ou seja, com a adequação desta em relação ao estabelecido na nova NR 12, as ações de caráter programático devem ter lugar para assegurar a continuidade da efetividade dessas proteções em caráter permanente. Nesse sentido, devem ser atualizados os procedimentos operativos (*vide* os itens 12.130 a 12.134) para cada um dos cenários e situações descritos na apreciação dos riscos, bem como provido o devido treinamento (*vide* os itens 12.135 e seguintes) dos operadores segundo o estabelecido nesses procedimentos. Adicionalmente, devem ser observadas as exigências de documentação na forma de manuais (*vide* os itens 12.125 a 12.129).

Por fim, cabe destacar que o processo de apreciação do risco para alcançar segurança requerida é um processo interativo, no qual distintas medidas para a redução dos riscos devem ser conduzidas até se atingir a satisfação desejada para as diversas interações ao longo da vida da máquina, devendo ser emitidas as pertinentes Anotações de Responsabilidade Técnica (ART) quanto ao projeto desenvolvido e implementado, uma vez que essas atividades podem resultar de atuações solidárias de distintos profissionais.

---

[4] Veja o fluxograma contido no Anexo II deste capítulo. Quanto às arquiteturas sugeridas, veja o contido em SESI/RJ, SRTE/MTE, 2012.

Riscos na maquinaria e sua proteção

Sugestões de leitura

ABNT. NBR 5410. *Instalações elétricas de baixa tensão*. Rio de Janeiro, 2004.

_____. NBR 5419. *Proteção contra descargas atmosféricas* – partes 1 a 4. Rio de Janeiro: ABNT, 2015.

_____. NBR 12.100. Segurança de máquinas – *Princípios gerais de projeto:* apreciação e redução de riscos. Rio de Janeiro: ABNT, 2013.

_____. NBR 14.153. Segurança de máquinas – *Partes de sistemas de comando relacionados à segurança:* princípios gerais para projeto. Rio de Janeiro: ABNT, 2013.

_____. NBR 13.759. Segurança de máquinas – *Equipamentos de parada de emergência – aspectos funcionais:* princípios para projeto. Rio de Janeiro: ABNT, 1996.

BRASIL. Decreto-Lei n. 5.452, de 1º de maio de 1943. Consolidação das Leis do Trabalho.

BRASIL/MTE. Norma Regulamentadora n. 12 – Segurança no trabalho em máquinas e equipamentos.

_____. Norma Regulamentadora n. 10 – Segurança em instalações e serviços em eletricidade.

Manuais e cartilhas

ABRAMEQ, SEBRAE/RS. *Cartilha de segurança em máquinas e equipamentos para calçados* – requisitos mínimos de segurança. Novo Hamburgo, 2010.

FIBRA. *NR – 12: segurança no trabalho em máquinas e equipamentos*: manual de orientação sindical e trabalhista. Brasília, 2015.

SESI/RJ, SRTE/RJ. *Segurança de máquinas e equipamentos de trabalho* – meios de proteção contra os riscos mecânicos. Rio de Janeiro, 2012.

SINDUSFARMA. *Cartilha NR 12*. São Paulo, 2015.

● Anexo I

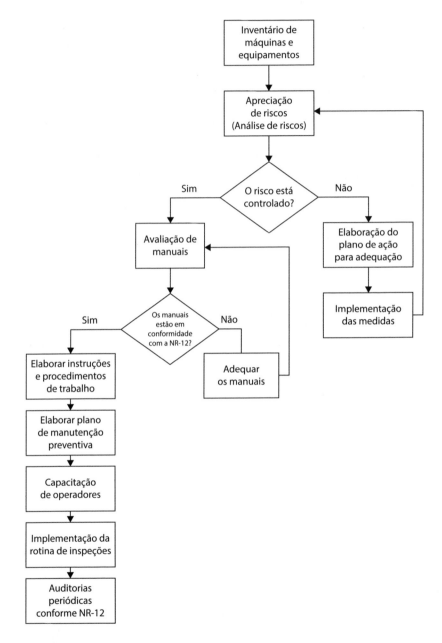

Fluxograma para implementação da NR 12.

Fonte: Adaptado de Sindusfarma (2015).

Riscos na maquinaria e sua proteção

• Anexo II

Fluxograma para a definição da categoria do sistema de comando de uma máquina, em conformidade com a NBR 14.153/1998 – Segurança de máquinas – Partes de sistemas de comando relacionados à segurança – Princípios gerais para projeto.

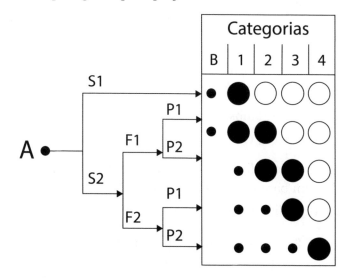

A – ponto de partida para a estimativa do risco para partes relacionadas à segurança de sistemas de comando

S – severidade do ferimento

S1 – ferimento leve (normalmente reversível)

S2 – ferimento sério (normalmente irreversível) incluindo morte

F – frequência e/ou tempo de exposição ao perigo

F1 – raro a relativamente frequente e/ou baixo tempo de exposição

F2 – frequente a contínuo e/ou tempo de exposição longo

P – possibilidade de evitar o perigo

P1 – possível sob condições específicas

P2 – quase nunca possível

B, 1 a 4 – Categorias para partes relacionadas à segurança de sistemas de comando

● Categorias preferenciais para pontos de referência.

• Categorias possíveis que requerem medidas adicionais.

○ Medidas que podem ser superdimensionadas para o risco relevante.

Anexo III

Apreciação dos riscos da maquinaria – Metodologia HRN

A Metodologia HRN (Hazard Rating Number), estabelecida pela norma ISO 14121-1:2007, é um método qualitativo baseado na opinião de especialistas que, por consenso, se valem da combinação de quatro parâmetros quantificáveis para a avaliação do risco quanto à exposição de trabalhadores no tocante à maquinaria. A saber:

- probabilidade de ocorrência de estar em contato com o risco (PO);
- frequência de exposição (FE);
- grau de possíveis danos ou de severidade (GS); e
- número de pessoas expostas ao risco (NP).

A avaliação da condição concreta para cada um destes parâmetros é estimada com base nas seguintes referências:

Para a probabilidade de ocorrência (PO):

Para a probabilidade de ocorrência (PO)	
0,033	Quase impossível
1	Altamente improvável
1,5	Improvável
2	Possível
5	Alguma chance
8	Provável
10	Muito provável
15	Certo

Para a frequência de exposição (FE):

Para a frequência de exposição (FE)	
0,5	Anualmente
1	Mensalmente
1,5	Semanalmente
2	Diariamente
4	Em termos de hora
5	Constantemente

Riscos na maquinaria e sua proteção

Quanto ao grau de possíveis danos (GDP):

Grau de possíveis danos ou de severidade (GS)	
0,1	Arranhão/Contusão leve
0,5	Dilaceração/doenças moderadas
2	Fratura/enfermidade leve
4	Fratura/enfermidade grave
6	Perda de um membro/olho
10	Perda de dois membros/olhos
15	Fatalidade

Quanto ao número de pessoas expostas ao risco (NP):

Número de pessoas expostas ao risco (NP)	
1	1 – 2 pessoas
2	3 – 7 pessoas
4	8 – 15 pessoas
8	16 – 50 pessoas
12	Mais que 50 pessoas

Por fim, o índice de avaliação é resultante do produto de cada um destes parâmetros. Assim, o HRN = PO × FE × GS × NP. O resultado obtido, então, determina uma categorização para cada risco dos equipamentos e orienta quanto ao horizonte e tempo para as intervenções, caso sejam requeridas, conforme a tabela de pontuação HRN.

Deste levantamento inicial, obtém-se uma ordem de priorização para intervenções, às quais, logo após a implantação das medidas protetivas sugeridas em cada área, zona ou ponto da máquina, deve-se aplicar nova avaliação com os mesmos parâmetros, de modo a avaliar a consistência e a necessidade ou não de nova intervenção.

É importante frisar que é admissível a tomada de providências em caráter provisório, temporário, como forma preliminar de reduzir o índice HRN e as chances de ocorrência de um evento indesejado, e, afastadas ou vencidas as restrições anteriormente existentes (disponibilidade de mão de obra, componentes para pronta entrega, recursos financeiros ou outro), as soluções definitivas podem e devem ser implantadas de forma duradoura.

HRN	Risco	Categoria	Interpretação	Intervenção
0-5	Insignificante	1	Oferece um risco muito baixo para a saúde e segurança.	Desnecessária
5-50	Baixo, porém significativo	2	Contém riscos necessários para a implementação de medidas de controle de segurança.	Em médio prazo
50-500	Alto	3	Oferece possíveis riscos; necessitam que sejam utilizados medidas de controle urgentemente.	Em curto prazo
Acima de 500	Inaceitável	4	É inaceitável manter a operação do equipamento na situação em que se encontra.	Imediata

Riscos na maquinaria e sua proteção

● Anexo IV

Quadro 1 Extratos da NR 12 referentes à proteção mecânica

Parte do corpo	Ilustração	Abertura	Distância de segurança **sr** fenda	quadrado	circular
Ponta do dedo		$e \leq 4$	≥ 2	≥ 2	≥ 2
		$4 < e \leq 6$	≥ 10	≥ 5	≥ 5
Dedo até articulação com a mão		$6 < e \leq 8$	≥ 20	≥ 15	≥ 5
		$8 < e \leq 10$	≥ 80	≥ 25	≥ 20
		$10 < e \leq 12$	≥ 100	≥ 80	≥ 80
		$12 < e \leq 20$	≥ 120	≥ 120	≥ 120
		$20 < e \leq 30$	≥ 850 [1]	≥ 120	≥ 120
Braço até junção com o ombro		$30 < e \leq 40$	≥ 850	≥ 200	≥ 120
		$40 < e \leq 120$	≥ 850	≥ 850	≥ 850

1) Se o comprimento da abertura em forma de fenda é ≤ 65 mm, o polegar atuará como um limitador e a distância de segurança poderá ser reduzida para 200 mm.

9 Riscos na maquinaria e sua proteção

Limitação do movimento	Distância de segurança *sr*	Ilustração
Limitação do movimento apenas no ombro e axila	≥ 850	
Braço apoiado até o cotovelo	≥ 550	
Braço apoiado até o punho	≥ 230	
Braço e mão apoiados até a articulação dos dedos	≥ 130	

A: faixa de movimento do braço
[1] diâmetro de uma abertura circular, lado de uma abertura quadrada ou largura de uma abertura em forma de fenda.

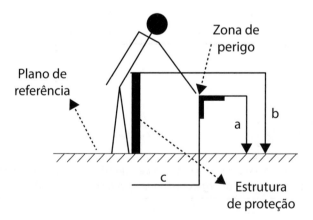

134

Riscos na maquinaria e sua proteção

Quadro 2 Alcance sobre estruturas de proteção – Alto risco (dimensões em mm)

Altura da zona de perigo a	Altura da estrutura de proteção b[1]									
	1000	1200	1400[2]	1600	1800	2000	2200	2400	2500	2700
	Distância horizontal à zona de perigo "c"									
2700[3]	-	-	-	-	-	-	-	-	-	-
2600	900	800	700	600	600	500	400	300	100	-
2400	1100	1100	900	800	700	600	400	300	100	-
2200	1300	1200	1000	900	800	600	400	300	-	-
2000	1400	1300	1100	900	800	600	400	-	-	-
1800	1500	1400	1100	900	800	600	-	-	-	-
1600	1500	1400	1100	900	800	500	-	-	-	-
1400	1500	1400	1100	900	800	-	-	-	-	-
1200	1500	1400	1100	900	700	-	-	-	-	-
1000	1500	1400	1100	800	-	-	-	-	-	-
800	1500	1400	1100	800	-	-	-	-	-	-
600	1400	1300	800	-	-	-	-	-	-	-
400	1400	1200	400	-	-	-	-	-	-	-
200	1200	9000	-	-	-	-	-	-	-	-
0	1100	500	-	-	-	-	-	-	-	-

[1] Estruturas de proteção com altura inferior a 1000 mm (mil milímetros) não estão incluídas por não restringirem suficientemente o acesso do corpo.

[2] Estruturas de proteção com altura menor que 1400 mm (mil e quatrocentos milímetros) não devem ser usadas sem medidas adicionais de segurança.

[3] Para zonas de perigo com altura superior a 2700 mm (dois mil e setecentos milímetros), ver figura 2. Não devem ser feitas interpolações dos valores desse quadro; consequentemente, quando os valores conhecidos de "a", "b" ou "c" estiverem entre dois valores do quadro, os valores a serem utilizados serão os que propiciarem maior segurança.

Fonte: ABNT NBR NM-ISO 13852:2003 – Segurança de máquinas – Distâncias de segurança para impedir o acesso a zonas de perigo pelos membros superiores.

10

Os desafios da aviação agrícola

10

Os desafios da aviação agrícola

Notícias acerca do crescimento da produção agrícola brasileira se sucedem há vários anos. Para o período 2014/2015, a Companhia Nacional do Abastecimento (CONAB)[1] estima safra de grãos superior a 200 milhões de toneladas e de cana-de-açúcar acima de 650 milhões de toneladas. Sem dúvida são números bastante expressivos que colocam o nosso país em destaque no cenário mundial da produção de alimentos e de energias alternativas.

Nesse sentido, além do aprimoramento genético e do incremento de novas variedades, aliados a outras tecnologias desenvolvidas em institutos privados, universitários, estaduais ou federais, e, em especial, nas diversas unidades da Embrapa,[2] que em conjunto com seus parceiros forma o Sistema Nacional de Pesquisa Agropecuária (SNPA),[3] não podemos deixar de citar a evolução da maquinaria à disposição dessa produção, como plantadeiras, colheitadeiras e mesmo as aeronaves, cuja utilização vem ganhando cada vez mais espaço no segmento, em razão de suas vantagens relativas.

A aviação agrícola, usualmente empregada para a aplicação de defensivos (inseticidas, herbicidas e/ou fungicidas) e fertilizantes (líquidos e sólidos), também encontra bom proveito para a disseminação de sementes (leguminosas, pastagens e reflorestamento), assim como para o povoamento de rios com alevinos, combate a incêndios em campos e florestas e, ainda, no auxílio à saúde pública frente a doenças endêmicas e para a nucleação de nuvens, dentre outras oportunidades para seu uso.

No tocante às lavouras, além da inquestionável redução no tempo para a execução das atividades relativas à aplicação propriamente dita, o que permite cobrir uma área muitas vezes maior em uma mesma jornada de trabalho, podemos ressaltar vantagens adicionais em comparação aos meios convencionais, como o uso de tratores ou por aplicação direta pelos trabalhadores, dentre as quais citamos:

---

[1] Empresa pública vinculada ao Ministério da Agricultura Pecuária e Abastecimento (Mapa) que tem como missão gerir as políticas nacionais de agricultura e de abastecimento, criada por decreto presidencial e autorizada pela Lei n. 8.029, de 12 de abril de 1990. Para maiores informações, *vide* <www.conab.gov.br>.
[2] A Empresa Brasileira de Pesquisa Agropecuária, criada em 26 de abril de 1973, também vinculada ao Mapa, tem cerca de 10 mil empregados, dos quais 40% são técnicos e pesquisadores (25% desse total). Para maiores informações, *vide* <www.embrapa.br>.
[3] Nos termos da Lei Agrícola (Lei n. 8.171, de 19 de janeiro de1991) e da Portaria n. 193, de 7 de agosto de 1992, do Ministério da Agricultura.

Os desafios da aviação agrícola

- ausência do contato reduzindo a compactação do solo e o amassamento das plantas, ademais de reduzir possíveis transferências de micro-organismos entre plantações, presos a suportes materiais, como calçados, pneus e outras partes do trator, o que poderá disseminar doenças e provocar novas (re)infestações e perdas relacionadas à produção;
- maior precisão, em decorrência do modo de sua execução, atingindo maior número de plantas – se não sua totalidade – e redução da quantidade aplicada sobre a plantação, graças aos modernos bicos (ou pontas) que aumentam a capacidade da dispersão, resultando alta eficiência na cobertura com o consumo (ou aplicação) de reduzidos volumes de produtos químicos;
- relativa independência das condições (quando encharcado após chuvas) e da geografia do solo;
- uniformidade da distribuição e penetração na massa folhar, assim como na aplicação do material empregado em razão da velocidade constante da aeronave e do rigoroso controle do volume aspergido pelo sistema de dispersão;
- e, por fim, em decorrência da ausência de trabalhadores expostos diretamente à aplicação, o que ocorre em larga escala nas pequenas produções, sobretudo nas familiares, com o uso do pulverizador costal, além da eliminação da presença daqueles que realizavam a marcação, indicação das linhas ou espaços da plantação a serem pulverizados pelas aeronaves a cada voo, conhecidos como sinalizadores ou bandeirinhas, substituídos há alguns anos pela tecnologia GPS (*Global Positioning System* ou georreferenciamento por satélite) incorporada às aeronaves.

No Brasil, a primeira aplicação aérea de defensivos agrícolas se deu em 19 de agosto de 1947, na região de Pelotas (RS), quando o piloto Clóvis Candiota (considerado por este fato o Patrono e esta data instituída como o Dia Nacional da Aviação Agrícola), com apoio técnico e sob a supervisão do engenheiro agrônomo Leôncio Fontelles, lançou uma carga de BHC sobre uma lavoura infestada por gafanhotos.[4]

---

[4] Hexaclorobenzeno ou, ainda, Hexacloro ciclo-hexano (HCH), inseticida organoclorado proibido em nosso país desde 1985.

Em sua natureza de serviço especializado, as operações aeroagrícolas encontram regulamentação no Decreto n. 87.765/1981, tendo suas atividades subordinadas à Coordenação de Infraestrutura Rural e Logística de Produção do Mapa, que as coordena, supervisiona e fiscaliza. De outro lado, subordinam-se aos requisitos próprios da aviação civil, pelo que exigíveis as normas atinentes à Agência Nacional de Aviação Civil (Anac), que, entre outras orientações, disponibiliza aos interessados o Manual de Operador Aeroagrícola (MOA).[5]

Países com extensas áreas agriculturáveis, ou seja, com potencial para a produção de alimentos em grande escala, são promissores mercados para essa aviação, que demanda aeronaves pequenas, versáteis, com boa capacidade de carga em relação à própria massa (incluindo-se o sistema de dispersão), o que traz como efeito um melhor aproveitamento da potência do motor e manobrabilidade, sobretudo em razão das reiteradas subidas/descidas, entradas/saídas e reposicionamentos quanto às linhas da plantação. Nesse sentido, a frota brasileira, estimada em cerca de 2 mil aeronaves, a segunda do mundo em número de unidades (atrás apenas da americana), ainda tem muito a crescer. É composta em sua grande maioria por aeronaves do tipo Ipanema, produzidas pela Embraer,[6] a única fabricante a oferecer motorização a etanol, o que lhe confere grande vantagem econômica de operação frente àquelas cujo combustível é a gasolina para aviação, além do fato de toda a manutenção porventura requerida se dar em instalações e por profissionais brasileiros.

O piloto agrícola, além de enfrentar longas rotinas diárias de trabalho, do nascer ao pôr do sol, visando ampliar a cobertura das áreas alcançadas por sua atuação, tem que fazê-lo em contínuas ações de "tiro", subidas ("balões") e reposicionamento – repetidas as dezenas em uma única jornada – para voos rasantes por sobre as plantações, o que contribui para o incremento da fadiga e para a redução de seu estado geral de alerta na condução da aeronave, razões pelas quais, infelizmente, são comuns acidentes, parte dos quais fatais, originados em colisões com a própria plantação e contra fiação aérea. Além

---

[5] Disponível em: <www2.anac.gov.br/publicacoes/arquivos/Manual_do_Operador_Aeroagricola%28MOA%29.pdf>. Acesso em: 20 set. 2016.
[6] *Vide* <www.embraeragricola.com.br>.

desses perigos, os pilotos ainda estão sujeitos aos riscos relativos aos químicos que pulverizam, ao ruído e à vibração dentro das cabinas, ao que se somam as variáveis meteorológicas (ventos, chuvas etc.). Tais condições fazem com que este seja o segmento da aviação com maior número de acidentes, inclusive fatais, em relação ao número total de aeronaves em operação em todo o mundo.

Em 2015 foram celebrados os 50 anos da instituição do Curso de Aviação Agrícola (Cavag), por meio do Decreto n. 56.584, de 20 de julho de 1965, formação especializada que contempla conhecimentos relativos a:

- aerodinâmica aplicada a voo a baixa altura e de aviação agrícola;
- planejamento de operações em aviação agrícola;
- aplicação de produtos agrícolas por via aérea (defensivos, fertilizantes, sementes etc.) em consonância com os padrões e requisitos estabelecidos pelo Ministério da Agricultura;
- cuidados, riscos e providências relativas à manipulação de produtos químicos tóxicos;
- meteorologia aplicada ao voo agrícola;
- equipamentos de aviação agrícola;
- peso e balanceamento de aeronaves agrícolas;
- legislação específica de aviação agrícola;
- normas de segurança de voo e prevenção de acidentes; e
- regulamentos de tráfego aéreo.

A concessão da habilitação, nos moldes do RBAC 61 (Subparte N), que reproduzimos ao final deste capítulo, somente ocorre após a avaliação e aprovação do piloto no tocante às seguintes dimensões:

- conhecimentos da formação específica, obtidos em curso devidamente autorizado;
- experiência no trato com a aeronave a que se habilita, com número mínimo de horas de voo (400 horas);
- domínio da técnica de aviação agrícola (instrução ou execução de voo) e respectivas manobras e procedimentos;

- perícia: demonstração prática da capacidade de operar as manobras e procedimentos requeridos, com suavidade e precisão, com pleno controle da aeronave e sem que ocorram dúvidas quanto aos comandos pertinentes ao seu êxito e segurança; e
- aptidão psicofísica: comprovada por meio do Certificado Médico Aeronáutico (CMA) apropriado.

Apesar de todo o rigor na formação e avaliação dos pilotos, para a concessão inicial e para a renovação das habilitações, o número de acidentes no setor cresce proporcionalmente à entrada de novas aeronaves e pilotos em operação. As três principais causas de acidentes na aviação agrícola são responsáveis por 75% das ocorrências: colisão em voo com obstáculo, perda de controle de voo e falha do motor em voo. E o fator humano[7] está presente em cerca de 70% a 80% dos casos (SIMÃO, 2010).

Simão (2010)[8], citando Moreira (1973), explicita que *"devido ao efeito do solo, voos agrícolas muito baixos produzem pior distribuição de produtos do que em voos um pouco mais altos. Os voos de teste determinaram que, de modo geral, a melhor altura para aplicações é de, aproximadamente, metade da envergadura da aeronave"*, correspondente à letra B na Figura 10.1.

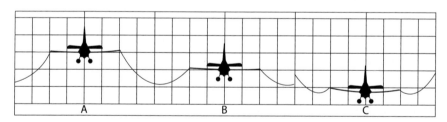

Figura 10.1 Variação dos vórtices de ponta de asa.

Fonte: MOREIRA (1973) apud SIMÃO (2010).

Para que a tarefa aeroagrícola seja plenamente exitosa, o piloto e a equipe envolvida devem observar atentamente os cuidados requeridos

---
[7] Segundo a NSCA 3-13/2014: "A investigação desse fator constitui uma análise dos aspectos médico e psicológico, considerando as características fisiológicas, ergonômicas, psicológicas, organizacionais e sociais".
[8] Disponível em: <http://inseer.ibict.br/sipaer/index.php/sipaer/article/download/46/81>. Acesso em: 15 set. 2016.

Os desafios da aviação agrícola

para o voo, entre eles a rigorosa manutenção da aeronave, sua preparação para o voo (inclusive quanto ao tipo de aplicação a ser realizada e respectiva escolha do equipamento de distribuição) e a inafastável consulta prévia aos boletins meteorológicos para a região para o período previsto para a atuação, conforme o contido no RBAC n. 137.

O Regulamento Brasileiro de Aviação Civil (RBAC) n. 137, em sua Subparte C (Regras para as Operações Aeroagrícolas), estabelece exigências que devem ser rigorosamente observadas quanto:

- aos requisitos das aeronaves e equipamentos;
- aos requisitos de manutenção;
- às limitações para operadores privados aeroagrícolas;
- aos requisitos para pilotos;
- aos equipamentos de segurança de voo;
- às operações sobre áreas densamente povoadas; e
- às condições atmosféricas para operações aeroagrícolas.

Entre os requisitos para as aeronaves e equipamentos, destacamos:

a. Um operador de aeronave agrícola somente pode utilizá-la nestas operações se:

   [...]

   (5) a aeronave não transportar passageiros.

   [...]

c. Toda aeronave agrícola deve ser equipada com dispositivo de alijamento de carga, capaz de alijar, em emergência, pelo menos metade da carga máxima de produtos agrícolas aprovada para a aeronave, no tempo de 5 segundos, se monomotor, e 10 segundos, se multimotor. Caso a aeronave seja equipada com dispositivo para alijamento do tanque de produtos agrícolas como um todo, o comando de alijamento do tanque deve possuir um sistema de proteção que impeça o alijamento inadvertido.

Quanto aos equipamentos de segurança de voo:

a. Ninguém pode realizar operações aeroagrícolas, a menos que cada tripulante esteja usando:

1) cintos e suspensórios de segurança devidamente colocados e ajustados;

2) quando aplicando produtos tóxicos, máscara para respiração com filtro de proteção contra a inalação de tais produtos;

3) capacete antichoque, dotado de dispositivos para fixação de viseiras e abafadores de ruído; e

4) calçados fechados.

Condições atmosféricas para operações aeroagrícolas:

a. Ninguém pode conduzir operações aeroagrícolas noturnas (além de 30 minutos após o pôr do sol e antes dos 30 minutos anteriores ao nascer do sol), quaisquer que sejam as condições meteorológicas existentes, a menos que autorizado pela Anac e respeitados os requisitos (específicos);

b. Ninguém pode conduzir operações aeroagrícolas em espaço aéreo não controlado, se na área de aplicação:

 1) a visibilidade em voo for inferior a 2,5 km; e

 2) o teto for inferior a 500 pés acima do terreno.

c. Ninguém pode conduzir operações aeroagrícolas em espaço aéreo controlado, quaisquer que sejam as condições atmosféricas existentes, sem a devida autorização do controle de tráfego aéreo com jurisdição sobre a referida área.

As condições ideais para o voo agrícola se dão com temperaturas na faixa de 25 °C, umidade relativa do ar mínima de 55% e ventos não superiores a 10 km/h e não inferiores a 3 km/h.

Os riscos da atividade, entretanto, não se restringem apenas aos envolvidos diretamente com esta, sejam pilotos, técnicos agrícolas ou outrem. Os resíduos das operações e mesmo das aplicações podem alcançar terceiros e oferecer riscos à sua saúde. Portanto, precisam ser evitados, prevenidos.

Nesse sentido, boas práticas foram instituídas pela Instrução Normativa n. 2 do Mapa, que prescreveu, sobretudo, procedimentos de segurança para os aviões e cuidados relativos ao trato com químicos, em especial a lavagem e descontaminação das aeronaves, evitando a contaminação do solo e dos mananciais, com o estabelecimento do local reservado para a atividade de descontaminação (pátio), que deverá contar com instalações e equipamentos apropriados para a tarefa, como reservatório de descontaminação, sistema de oxidação e ozonizador, visando à neutralização desses resíduos antes de seu descarte, ao que se soma a correta armazenagem e destinação das embalagens vazias.

Ademais, a segurança das operações exige a observância de distâncias mínimas para o uso de agrotóxicos, sendo proibida sua aplicação nas proximidades de:

- até 500 metros das povoações, cidades, vilas e bairros;
- áreas de manancial de águas para abastecimento; e
- até 250 metros de rios, moradias isoladas e agrupamentos de animais.

Ao lado do uso continuado dos EPIs estabelecidos para a atividade, recomenda-se que os pilotos façam exames de biomarcadores ao início e final de cada safra, para o adequado acompanhamento de sua saúde ocupacional.

Para tanto, orientações gerais, formulários e modelos de relatórios relativos à aviação agrícola junto ao Ministério da Agricultura estão disponíveis em *site* do órgão governamental,[9] dentre os quais temos o Relatório Mensal de Atividades e do Operacional, assim como a Declaração do Pátio de Descontaminação.

Acidentes envolvendo aeronaves devem ser prontamente informados ao Centro de Investigação e Prevenção de Acidentes Aeronáuticos (Cenipa), por intermédio de suas representações regionais ou por formulário de comunicação de ocorrência disponível no *site* do órgão (<www.cenipa.aer.mil.br>).

Há quem afirme que, "em um futuro não muito distante", os drones (aviões não tripulados) serão capazes de realizar com maior precisão e segurança as atuais (e quiçá outras) atividades inerentes à aviação agrícola.

Enquanto isso não acontece, para uma pretensa elucidação das causas do acidente, e sobretudo para a sua prevenção, os profissionais de Segurança do Trabalho e de Prevenção de Acidentes Aéreos devem estar atentos ao fator humano, assim como aos fatores material e operacional relativos ao voo, em cada um destes.

---

[9] Disponível em: <www.agricultura.gov.br/vegetal/agrotoxicos/aviacao-agricola>. Acesso em: 15 set. 2016.

Sugestões de leitura

BRASIL/Anac. *Certificação e requisitos operacionais:* operações aeroagrícolas. Regulamento Brasileiro de Aviação Civil – RBAC n. 137, Emenda n. 00, de 31 de maio de 2012.

_____. *Licenças, Habilitações e Certificados para Pilotos.* Regulamento Brasileiro de Aviação Civil – RBAC n. 61, Emenda n. 05, de 12 de novembro de 2014.

_____. *Requisitos para concessão de Certificados Médicos Aeronáuticos, para o credenciamento de médicos e clínicas e para o convênio com entidades públicas.* Regulamento Brasileiro de Aviação Civil – RBAC n. 67, Emenda n. 00, de 9 de dezembro de 2011.

BRASIL/Mapa. *Instrução Normativa n. 02*, de 3 de janeiro de 2008.

BRASIL. *Decreto-Lei n. 917*, de 7 de outubro de 1969.

_____. *Decreto n. 86.765*, de 22 de dezembro de 1981.

_____. *Decreto n. 56.584*, de 20 de julho de 1965.

_____. *Lei n. 7.565, de 19 de dezembro de 1986.* Código Brasileiro de Aeronáutica.

_____. Comando da Aeronáutica – Cenipa. *NSCA 3-13: Protocolos de investigação de ocorrências aeronáuticas da aviação civil conduzidas pelo estado brasileiro*, de 14 de fevereiro de 2014.

INTERNATIONAL CIVIL AVIATION ORGANIZATION (ICAO). *Manual of Civil Aviation Medicine*. 3. ed. Montreal, 2012.

SIMÃO, Alexander Coelho. *Acidentes nas operações aeroagrícolas:* análise do fator humano. *RevistaConex.* SIPAER, v. 1, n. 3, jul. 2010.

Para despertar a curiosidade

EMBRAER Ipanema: dimensões e especificações

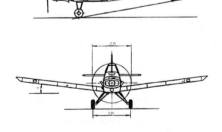
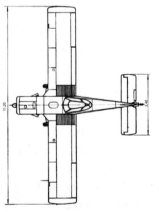

Fonte: Embraer. Disponível em: <www.centrohistoricoembraer.com.br/pt-BR/Historia Aeronaves/Paginas/EMB-200-Ipanema.aspx>.

(continua)

Os desafios da aviação agrícola

Dimensões (m)	
Comprimento	7,43
Altura	2,20
Envergadura	11,20
Performance	
Velocidade máxima de cruzeiro	209 km/h
Alcance	770 km
Distância de decolagem (peso máximo, nível do mar, ISA)	360 m (corrida no solo)
Distância de pouso (nível do mar, ISA)	226 m (corrida no solo)
Grupo motopropulsor	Lycoming O-540-H2B5D, 260 HP, 2.700 rpm
Capacidade de tanque de produtos (hooper)	580 litros / 550 kg

Fonte: Embraer. Disponível em: <http://www.centrohistoricoembraer.com.br/pt-BR/Historia Aeronaves/Paginas/EMB-200-Ipanema.aspx>.

Alfabeto fonético para a conversação entre controladores de voo e tripulantes, a partir da qual se informa o prefixo que serve ao intuito da identificação de uma aeronave:

A – *Alfa*; B – *Bravo*; C – *Charlie*; D – *Delta*; E – *Eco*; F – *Foxtrot*; G – *Golf*; H – *Hotel*; I – *Índia*; J – *Juliete*; K – *Kilo*; L – *Lima*; M – *Mike*; N – *November*; O – *Oscar*; P – *Papa*; Q – *Quebec*; R – *Romeo*; S – *Sierra*; T – *Tango*; U – *Uniforme*; V – *Victor*; X – *X Ray* (no Brasil, *Xadrez*); Y – *Yankee*; W – *Whisky*; Z – *Zulu*.

Por exemplo, se a matrícula do avião for PP-ZIP (o primeiro Ipanema, cujo voo inaugural se deu em 30/7/1970), o piloto vai informar à torre de controle o prefixo deste como "*Papa-Papa-Zulu-Índia-Papa*".

RBAC 61 – SUBPARTE N

Habilitação de piloto agrícola

[...]

61.243 Concessão de habilitação de piloto agrícola;

(a) O candidato a uma habilitação de piloto agrícola deve cumprir o seguinte:

(1) pré-requisito: ser titular de uma licença de piloto da categoria de aeronave para a qual a habilitação de piloto agrícola é requerida, com a habilitação correspondente à aeronave utilizada para a operação agrícola válida;

(2) ter completado, com aproveitamento, um curso teórico de voo aprovado pela Anac, na categoria apropriada, segundo requisitos estabelecidos pelo RBHA 141 ou RBAC que venha a substituí-lo;

(continua)

(3) ter sido aprovado, nos últimos 12 (doze) meses, em exame teórico da ANAC referente à habilitação de piloto agrícola referente à categoria de aeronave requerida;

(4) ter concluído, com aproveitamento, um curso prático de piloto agrícola, aprovado pela Anac, para a categoria de aeronave correspondente à licença na qual será averbada a habilitação, abrangendo no mínimo os seguintes aspectos:

(i) aproximações da área de operação;

(ii) acelerações e desacelerações;

(iii) deslocamentos com aeronave carregada;

(iv) passagens de aplicação no eixo e altura estabelecidos;

(v) curvas de reversão em aplicação;

(vi) execução de arremates de aplicação; e

(vii) procedimentos operacionais.

(5) possuir 400 (quatrocentas) horas de voo totais, das quais, no mínimo, 200 (duzentas) horas de voo devem ter sido realizadas na categoria de aeronave para a qual é solicitada a habilitação, sendo, pelo menos, 100 (cem) dessas horas de voo como piloto em comando;

(6) demonstrar sua capacidade para executar, como piloto em comando de aeronave da categoria para a qual é solicitada a habilitação, os procedimentos e manobras especificados no parágrafo (a)(4) desta seção, com um grau de competência apropriado às prerrogativas que a habilitação de piloto agrícola confere ao seu titular, e para:

(i) reconhecer e gerenciar ameaças e erros;

(ii) operar a aeronave dentro de suas limitações de emprego;

(iii) executar todas as manobras com suavidade e precisão;

(iv) revelar bom julgamento e possuir aptidão para pilotagem;

(v) aplicar os conhecimentos aeronáuticos; e

(vi) manter controle da aeronave durante o tempo do voo, de modo que não ocorram dúvidas quanto ao êxito de algum procedimento ou manobra; e

(7) quando a aeronave utilizada no exame de proficiência comportar acomodação para apenas um tripulante, este poderá ser realizado por avaliação de campo, na qual o avaliador, no solo, assista à execução das operações pelo avaliado, posicionado de modo a poder observar o conjunto de manobras necessárias ao desenvolvimento das operações aéreas agrícolas.

11
Trabalho sob exposição solar

11   Trabalho sob exposição solar

Comumente dizemos que a vida no campo é regida pela luz do sol, pelo "dia solar", pelo menos no que diz respeito ao trabalho em ambientes exteriores. E que, nas condições de visibilidade por esta provida, trabalha-se, faça chuva ou não. Isto é, a céu aberto. E é justamente a presença da iluminação artificial que diferencia as jornadas de trabalho das atividades realizadas em ambientes interiores ou fechados daquelas realizadas ao ar livre, em exposição aos efeitos do clima e de suas condicionantes.

Entre as ocupações cujas condições de trabalho comumente sujeitam os seus executantes à exposição solar, podemos citar: agricultores em suas distintas variantes (tratoristas, por ex.), agentes de trânsito e assemelhados, entregadores de mercadorias, carteiros, trabalhadores da construção civil e de plataformas marítimas, marinheiros, pescadores e jardineiros.

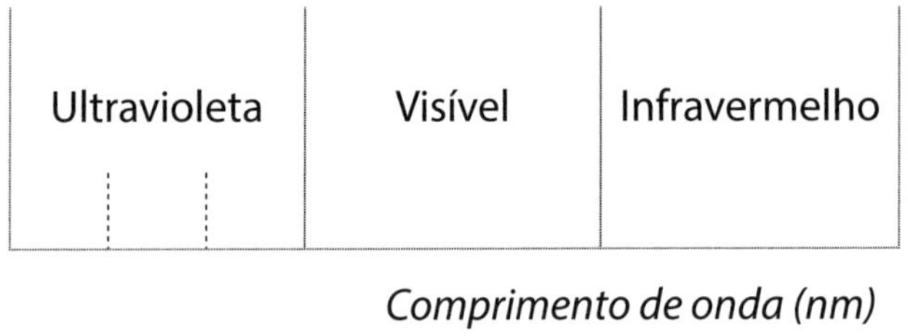

| Ultravioleta | Visível | Infravermelho |

Comprimento de onda (nm)

Figura 11.1   Espectro das radiações solares.

É preciso, entretanto, ter em mente que nem toda exposição à radiação solar ou aos raios ultravioleta (UV) é indesejada. Pequenas doses são benéficas para os seres humanos porque favorecem a produção da vitamina D, essencial à saúde, e encontram aplicação terapêutica para algumas enfermidades (raquitismo, psoríase etc.).

São as radiações compreendidas entre 250 e 400 nm, notadamente a faixa UV-A, que têm potencial danoso em função do seu poder de penetração nas camadas da pele. Cabe, então, compreender que é a exposição por períodos prolongados, de modo não controlado ou sem os devidos cuidados, que implicará perigos à saúde dos indivíduos expostos.

Trabalho sob exposição solar 11

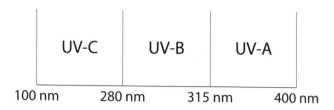

Figura 11.2 Comprimentos de onda para as radiações UV (A, B e C).

Uma maneira prática de apresentar ao grande público a necessidade de proteção quanto à exposição solar, em face dos níveis de radiação e sua contribuição efetiva para resultar queimadura na pele humana, é o Índice de Ultravioleta. Este é uma medida da energia incidente por unidade de área. Cada valor nessa escala corresponde a 25 mW/m². Assim, quanto maior o Índice UV (IUV), maior será o risco de queimaduras em decorrência dessa exposição durante determinado período de tempo.

Índice UV	Nível	TME* (minutos)
0, 1, 2	Baixo	-
3, 4, 5	Moderado	45
6, 7	Alto	30
8, 9, 10	Muito alto	15
11 ou +	Extremo	10

* TME: tempo máximo de exposição.

Quanto às medidas protetivas requeridas em função do IUV, são sugeridas (WHO, 2002):

- o nível baixo (IUV 1 e 2) não requer proteção específica durante a exposição;
- os níveis moderados e alto de exposição (IUV 3 a 7) requerem proteção, ao que se recomenda: manter-se à sombra durante as horas centrais do dia, utilizar camisa, creme protetor e chapéu; e

- os níveis muito alto e extremo (IUV 8 ou superior) demandam proteção extra no tocante a: evitar sair ao sol durante as horas centrais, sendo imprescindíveis o uso de camisa, creme protetor, chapéu e óculos escuros.

A intensidade da radiação UV incidente em determinada localidade não é uniforme em relação às demais, posto que é resultante do seguinte conjunto de fatores:

- altura do sol: quanto mais alto o sol no céu, maior será o nível de radiação. Logo, esse nível depende do horário e da época do ano em que se der a exposição. Os maiores níveis ocorrem por volta do meio-dia e no verão;
- latitude: quanto mais próximo da linha do Equador, mais intensa será a radiação;
- nebulosidade: na ausência de nuvens recebemos maior quantidade de radiação UV, que pode ser alta mesmo em dias nublados por efeito do espalhamento, similar à refletância, elevando os níveis totais a que somos expostos;
- camada de ozônio: ocorrem variações da camada de ozônio e de sua capacidade de absorção da radiação UV ao longo do ano e mesmo durante um único dia;
- altitude: à medida que nos deslocamos para o alto, nos deparamos com uma camada de atmosfera cada vez mais fina a nos proteger por absorver menos os raios UV. Uma subida de 1.000 metros de altitude pode resultar um incremento de 10% a 12% dos níveis de radiação; e
- reflexo das superfícies adjacentes: como a do próprio chão e superfície de águas, que provocam reflexão e espalhamento da radiação incidente sobre elas.

Nesse sentido, a NR 21, que trata dos trabalhos a céu aberto, estabelece:

> *21.1. Nos trabalhos realizados a céu aberto, é obrigatória a existência de abrigos, ainda que rústicos, capazes de proteger os trabalhadores contra intempéries.*

Trabalho sob exposição solar

21.2. Serão exigidas medidas especiais que protejam os trabalhadores contra insolação excessiva, o calor, o frio, a umidade e os ventos inconvenientes.

21.4. Para os trabalhos realizados em regiões pantanosas ou alagadiças, serão imperativas as medidas de profilaxia de endemias, de acordo com as normas de saúde pública.

Juchem et al. (1998) apontam que "para um indivíduo de pele normal há cinco perigos da exposição solar", a saber:

1. *os efeitos agudos (queimadura solar, fototoxicidade induzida por medicamentos);*
2. *os riscos a longo prazo da exposição descontrolada e repetida resultando no desenvolvimento de modificações actínicas ou dermatohelioses (rugas, envelhecimento precoce da pele, adelgaçamento irregular da epiderme, telangiectasias, máculas hiperpigmentadas);*
3. *o desenvolvimento de lesões pré-malignas (ceratoses celulares) e malignas (carcinoma basocelular, carcinoma espinocelular e melanomas);*
4. *a consequência do dano fotoquímico cumulativo aos olhos desprotegidos resultando no escurecimento das lentes (envelhecimento da lente) e formação de catarata nuclear;*
5. *a alteração da resposta imune e da função e distribuição dos componentes do sistema imunológico causando uma incompetência imune seletiva.*

A percepção quanto aos efeitos danosos da exposição prolongada e reiterada à luz solar sobre a pele deve encontrar em cada indivíduo um agente ativo para a identificação de sinais de alerta, em se tratando, em especial, da ocorrência de melanoma, considerada a principal doença fatal originada na pele (JUCHEM et al., 1998). Nesse sentido, convém destacar a importância do autoexame, quando do banho ou em outras ocasiões, como o vestir-se, verificando-se a integridade da pele e as características "ABCD" de manchas ou pintas que eventualmente possam surgir ou se modificar. Ao exame cuidadoso, devemos observar se estas têm:

- A – Assimetria dos bordos;
- B – Bordos irregulares ou mal definidos;
- C – Cor ou pigmentação não uniforme;
- D – são de Diâmetro superior a 6 milímetros.

Manchas com essas descrições, assim como feridas na pele que coçam, descamam, sangram ou não cicatrizam em até cerca de um mês, bem como aumentam de tamanho ou ganham proeminência, são indicativo de alerta e da necessidade imediata de atenção médica especializada.

Ali (1997) explicita que "o câncer cutâneo ocupacional é doença pouco conhecida em virtude de dificuldades em se estabelecer o nexo causal, devido ao período de latência longo (5 a 50 anos) que decorre desde as primeiras exposições ao agente até o aparecimento das manifestações cutâneas". E que, para esse processo, vários fatores podem concorrer, dentre os quais se destacam os:

- genéticos (cor da pele e dermatose preexistente);
- imunológicos: para indivíduos imunodeprimidos;
- ambientais: o tipo da radiação e as características da exposição.

A melanina é um pigmento natural que tem função fotoprotetora; ou seja, que exerce ação protetora contra a ação da luz e da radiação. Ocorrem três tipos: a eumelanina, que vai do castanho ao preto; a feomelanina, que varia do amarelo ao vermelho; e a alomelanina, que tem coloração negra e ocorre apenas em vegetais. Pessoas negras e morenas possuem maiores quantidades eumelanina, enquanto as loiras e ruivas possuem maiores quantidades de feomelanina. As eumelaninas têm alto peso molecular, sendo insolúveis em quase todos os solventes. Já as feomelaninas são solúveis em álcalis diluídos. Logo, aquelas são mais eficientes que estas na proteção contra os raios UV. Não podemos deixar de citar que o uso de diuréticos, antibióticos e outras drogas pode aumentar a sensibilidade da pele em relação a essa radiação, assim como a ingestão de alimentos fotossensibilizantes.

Para a definição da potencial insalubridade quanto à exposição solar, nos deparamos com dois problemas de complexa resolução prática:

- a dificuldade para o estabelecimento concreto da contribuição da tríade – tipo de pele, tempo de exposição e presença ou ausência de proteção, para a determinação do limiar de causalidade entre uma condição laboral específica – que pode se dar de forma descontínua e não uniforme, logo não estável – e a configuração da insalubridade em seus efeitos, que se resolve mediante a ausência da previsão legal,

Trabalho sob exposição solar 11

portanto não aplicável aos casos em exame, embora não se possa prescindir da precípua necessidade de prevenção visando à preservação da integridade dos trabalhadores sujeitos aos comprovados efeitos deletérios dessa exposição; e

- a não uniformidade da condição termoambiental no transcurso do ano, que termina por conferir cenários precários para a perfeita caracterização da insalubridade por exposição ao calor, uma vez que variáveis climáticas – ventilação, umidade e mesmo as temperaturas – sofrem oscilações ao longo do dia e do calendário, por vezes com significativas mudanças diárias desses parâmetros de região para região em uma mesma localidade de nosso país. Assim sendo, se requer a avaliação de cada caso em específico, assumindo-se, para tanto – não sem possível incerteza quanto às conclusões alcançadas –, para fins de suporte à decisão ou julgamento *post facto*, o que geralmente sucede em demandas judiciais dessa natureza, estimativas quanto ao período de dias anuais em que a condição a ser pretensamente determinada está ou esteve presente nas condições de trabalho.

Resta-nos, então, atuar no sentido de evitar o exercício laboral que sujeite os trabalhadores aos potenciais infortúnios da tarefa. Enquanto na primeira situação nos valemos, em particular, de medidas de proteção individual (uso de protetor solar, chapéus com abas largas, capuz ou touca árabe, óculos de proteção contra luminosidade intensa e radiações, além de vestimentas apropriadas, inclusive com mangas para a proteção do braço e do antebraço), ao que se soma a limitação quanto ao horário de não exposição preferencial (entre as 10 h e 16 h, nem sempre viável), no tocante à segunda situação – ou seus efeitos – devem ser tomadas adicionalmente à limitação do horário de exposição medidas similares àquelas requeridas para ambientes internos. Ou seja, a rigorosa manutenção do equilíbrio hidroeletrolítico (entre água e sais minerais, imprescindível para a fisiologia humana), por meio da pronta, adequada e permanente reidratação, assim como a realização de pausas visando ao descanso térmico e o favorecimento da termorregulação.

Nesse sentido, e em consonância com o que explicitamos, determina o Tribunal Superior do Trabalho (TST) na OJ n. 173 da SDI-1/TST, de 14 de setembro de 2012:

ADICIONAL DE INSALUBRIDADE. ATIVIDADE A CÉU ABERTO. EXPOSIÇÃO AO SOL E AO CALOR.

I – Ausente previsão legal, indevido o adicional de insalubridade em atividade a céu aberto, por sujeição à radiação solar. (Art. 195 da CLT e Anexo 7 da NR 15 – Portaria n. 321.4/1978 do MTE).

II – Tem direito ao adicional de insalubridade o trabalhador que exerce atividade exposto ao calor acima dos limites de tolerância, inclusive em ambiente externo com carga solar, nas condições previstas no Anexo 3 da NR 15 da Portaria n. 321.14/78 do MTE.

Enfim, podemos resumir dizendo que o que acarreta a insalubridade não será a incidência das radiações provenientes dos raios solares, mas as condições térmicas às quais o trabalhador estará submetido. Todavia, sendo inegável o potencial danoso da incidência da radiação solar sobre a pele e os olhos e, sobretudo, em razão da susceptibilidade individual, não se pode abrir mão dos cuidados relativos à redução dessa exposição.

Sugestões de leitura

ALI, Salim Amed. *Dermatoses ocupacionais*. São Paulo: Fundacentro, 1994.

BRASIL/MTE. Norma Regulamentadora n. 21. Trabalhos a céu aberto.

CONSEJO INTERAMERICANO DE SEGURIDAD. *Manual de fundamentos de Higiene Industrial*. Englewood: 1981.

COUTO, António et al. *Fluidos e electrólitos do corpo humano* – da Fisiologia à Clínica. Lisboa: Lidel, 1996.

HAYASHIDE, Juliana Midori et al. *Doenças de pele entre trabalhadores rurais expostos à radiação solar*. Estudo integrado entre as áreas de Medicina do Trabalho e Dermatologia. *Revista Brasileira de Medicina do Trabalho*. v. 8, n. 2, 2010.

JUCHEM, Patrícia Pretto et al. Riscos à Saúde da Radiação Ultravioleta. *Revista da Sociedade Brasileira de Cirurgia Plástica*. v. 13, n. 2, abr./maio/jun. 1998.

LADOU, Joseph. *Medicina ambiental y laboral*. Cidade do México: Manual Moderno, 1999.

REY, Luís. *Dicionário de termos técnicos de medicina e saúde*. Rio de Janeiro: Guanabara Koogan, 1999.

WORLD HEALTH ORGANIZATION (WHO). *Global Solar UV Index* – a pratical guide. Genebra, 2002.

12

Segurança no trato com motosserras

12

Segurança no trato com motosserras

A utilização de motosserras na atividade florestal e em muitas propriedades rurais, sem dúvida, ao tempo em que conferiu grande ganho de produtividade na derrubada, desbaste e/ou fracionamento de árvores, deu origem a uma série de relatos versando sobre graves acidentes envolvendo esse tipo de equipamento.

Motosserras são equipamentos semimecanizados utilizados na derrubada, desgalhamento (destopagem) e na toragem (traçamento) de árvores. Têm como partes principais o pinhão, o sabre e a corrente dentada, além de acessórios que asseguram a sua funcionalidade.

Por sua natureza cortante e potente, em razão dos esforços a que o trabalhador é submetido durante a sua utilização (sustentação e postura associadas, vibrações nos membros superiores e no tronco, ruído etc.) e pelas condições para sua operação (o que inclui abastecimento de combustível inflamável, transporte, aspectos de manutenção, como afiação dos dentes, ajuste da tensão da corrente, limpeza e lubrificação de componentes, além das emissões resultantes da combustão), diversas são as oportunidades de ocorrências que podem causar prejuízos à integridade de seus operadores (ou motosserristas) e àqueles em seu entorno, nas proximidades ou em seu campo de ação.

Em razão de suas características potencialmente danosas ao operador e a terceiros, antes de colocá-las em uso há de se questionar sempre: seu uso é realmente necessário? Suas funções poderiam ser realizadas por outra ferramenta que ofereça menores riscos ao operador?

Uma regra de partida é que as motosserras não devem ser utilizadas para o corte de segmentos cujo diâmetro seja inferior a 100 mm. Entre as disponíveis para a tarefa, deve ser sempre escolhida para uso aquela de menor potência, massa e comprimento de sabre. Inconteste o potencial de graves acidentes que pode resultar, direta ou indiretamente, das operações envolvendo o uso de motosserras. Logo, o motosserrista jamais deve atuar sem a supervisão, vigilância ou companhia de outro trabalhador. Entretanto, deve-se manter uma distância de segurança entre áreas de queda de árvores abatidas por diferentes operadores, para a segurança destes e de terceiros (cuja presença deve se dar somente sob estrita autorização).

O uso indevido ou sem a observação dos cuidados de segurança requeridos para a operação de motosserras poderá ensejar muitas

Segurança no trato com motosserras

possibilidades de dano à integridade física de seus operadores e àqueles em seu entorno e proximidades. Além de cortes no transporte, arranque ou outra operação do equipamento que exigem procedimentos e um conjunto de EPIs apropriados para a função, estas poderão adicionalmente provocar:

- entorse nos punhos, lesões na coluna, nas mãos e nos braços: pela vibração do conjunto e falta de sistemas antivibração no equipamento, bem como pela pega incorreta e, ainda, resultante de rebote;
- ruído elevado, em especial quando da aceleração e uso de equipamentos de maior potência, em decorrência do atrito excessivo da corrente-sabre ou da inadequada manutenção do equipamento;
- projeção de partículas, serragem e impacto contra galhadas, o que demanda proteção facial durante todo o período de uso de equipamento;
- intoxicação com os gases da queima de combustíveis (gasolina e óleo);
- risco de eletrocussão: quando da queda da árvore sob a fiação elétrica.

Naturalmente, em razão dessa ambiguidade "produtividade × potencial número e gravidade dos acidentes", a operação de uma motosserra recebe severas restrições, devendo somente ser operada por trabalhador qualificado, cabendo "ao empregador rural ou equiparado promover treinamento para a utilização segura da máquina, com carga horária mínima de oito horas, com conteúdo relativo à utilização segura da motosserra", conforme estabelecido na NR 31 (no item 31.12.39). Podemos acrescentar que, em face deste potencial danoso, esses equipamentos não devem ser operados por menores de 18 anos de idade.

Conforme constante no Anexo V da NR 12 (integralmente reiterado no item 31.12.20), todas as motosserras comercializadas e em uso no país, fabricadas ou não em território nacional, devem dispor dos seguintes dispositivos de segurança:

- *freio manual de corrente* – dispositivo de segurança que interrompe imediatamente o giro da corrente, acionado pela mão esquerda do motosserrista;
- *pino pega-corrente* – quando do eventual rompimento da corrente, o pino reduz seu curso, evitando que o operador seja atingido por ela;

- *protetor de mão esquerda* – proteção frontal que, em condições normais de manuseio do equipamento, evita que a mão do operador alcance ou entre em contato com a corrente;
- *protetor de mão direita* – proteção traseira que evita que a corrente atinja a mão do operador;
- *trava de segurança do acelerador* – dispositivo de segurança cuja função é impedir a aceleração involuntária da corrente.

Como conjunto de EPIs sugeridos para a atividade, em função dos riscos anteriormente elencados, podemos destacar:

- óculos de proteção ou viseira/protetor facial (preferível);
- protetor auricular do tipo concha;
- capacete de alta resistência ao impacto;
- calçado de proteção com biqueira de aço combinado com perneira ou coturno para motosserrista (preferido);
- luvas especiais para a função;
- calça anticorte (policamadas) para motosserrista;
- jaqueta; e
- respirador facial, em razão da geração de particulados e dos gases, para aquelas de motor de combustão interna.

Cabe lembrar que usualmente os fabricantes do equipamento, diretamente ou por meio de representantes, promovem cursos de capacitação e reciclagem, demonstrando não apenas as aplicações ou usos corretos (e indevidos) das motosserras, como também os requisitos de segurança envolvidos em cada uma das situações.

Dentre as recomendações de práticas visando garantir a segurança das operações no trato com motosserras, coletadas juntos aos manuais dos fabricantes, destacamos:

- Verificar regularmente o ajuste da tensão da corrente: folga ou atrito em excesso são prejudiciais ao bom desempenho da operação, assim como ampliam o desgaste e os riscos associados. Desligado o equipamento, a corrente deverá deslizar sobre o sabre, assente sobre toda a sua extensão.

Segurança no trato com motosserras

- Uma sequência de partida apropriada deve se dar com a motosserra sobre o solo, estabilizada, com a lâmina livre de impactos ou apoiada entre as pernas. Jamais arranque-a suspensa, ao ar, sob risco de retrocesso.
- Efetuar o preparo prévio necessário de um entalhe direcional, conforme o corte-padrão recomendado, de acordo com os elementos contidos na Figura 12.1.

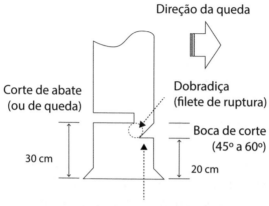

Figura 12.1 Elementos para corte-padrão.
Fonte: *Manual EMAK*.

- Observar, após a derrubada, qual a configuração de tensões a que a árvore a ser traçada está sujeita (veja a Figura 12.2).

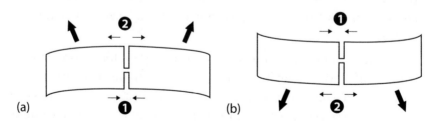

Figura 12.2 Configuração de tensões e ordem de cortes (1 e 2).
Fonte: Adaptada de OIT (2005).

161

- Recomenda-se que o primeiro corte seja realizado sempre na parte sob compressão, lado em que o operador deve permanecer durante toda a operação. Em seguida, realizar um segundo corte na parte sob tração. Quando o diâmetro do tronco for de grandes proporções, sugere-se um pequeno desalinho entre estes cortes visando à redução ou ao alívio das tensões durante a operação.
- Quando do corte de toras, posicionar a perna esquerda à frente, servindo de apoio à operação. Jamais apoiar o pé esquerdo sobre a tora a ser cortada.
- A motosserra somente pode ser operada acima da linha do tronco em situações excepcionais. Evite fazê-lo. Se tal for estritamente necessário, executar a operação em baixa rotação, redobrando os cuidados requeridos para tanto.
- Para evitar o retrocesso (rebote), não utilize a ponta do sabre na operação de corte.
- Quando da conclusão do serviço, o equipamento não deve ser desligado de imediato. Recomenda-se deixá-lo funcionar em vazio por alguns instantes para permitir um resfriamento de alguns componentes, o que trará benefícios para a sua durabilidade. Observar atentamente as instruções e/ou recomendações de manutenção e operação constantes no manual do fabricante. Se este já não estiver mais disponível, convém buscar obter novo exemplar ou elaborar uma rotina de procedimentos para tanto.
- Nunca transportar a motosserra com o motor em funcionamento. Segure-a pelo cabo, com o sabre para trás, sempre em bainha (com proteção da lâmina instalada), abaixo da linha do tronco (isto é, jamais sobre os ombros), conservando o cabo, a corrente e os punhos limpos e secos.
- Previamente à derrubada de árvores, verificada a técnica-padrão de corte, se não houver inclinação natural determinante do tronco, deve ser verificada a direção esperada para a queda, assim como a disposição de galhos em sua copa, em razão de possível enganchamento em outras árvores (ou estruturas e fiações), ademais da direção e intensidade do vento e sua eventual interferência quanto à segurança da operação. Feito isto, deve-se proceder à limpeza de uma área de serviço ao redor da árvore, constituindo um caminho de fuga limpo e sem obstáculos,

Segurança no trato com motosserras

que possam permitir ao operário evadir-se do local com a máxima presteza, em duas possíveis rotas, conforme a Figura 12.3.

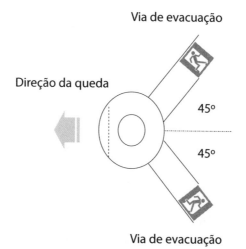

Figura 12.3 Rotas de fuga de derrubada.
Fonte: *Manual EMAK*.

Sugestões de leitura

ORGANIZAÇÃO INTERNACIONAL DO TRABALHO (OIT). S*egurança e saúde no trabalho florestal:* código de práticas da OIT. São Paulo: Fundacentro, 2005.

Manuais de fabricantes

Buffalo <www.buffalo.com.br>

Carlton <www.carltonproducts.com>

Emak <www.emakdobrasil.com.br>

Husqvarna <www.husqvarna.com>

Makita do Brasil <www.makita.com.br>

Nagano <www.naganoprodutos.com.br>

Solo <www.solo-germany.com>

Stihl <www.stihl.com>

12 Segurança no trato com motosserras

NR-12 – Segurança no trabalho em máquinas e equipamentos
ANEXO V – MOTOSSERRAS

1. As motosserras devem dispor dos seguintes dispositivos de segurança:

   a) freio manual ou automático de corrente;

   b) pino pega-corrente;

   c) protetor da mão direita;

   d) protetor da mão esquerda; e

   e) trava de segurança do acelerador.

1.1. As motopodas e similares devem atender, no que couber, o disposto no item 1 e alíneas deste Anexo.

2. Os fabricantes e importadores de motosserras e similares devem informar, nos catálogos e manuais de instruções de todos os modelos, os níveis de ruído e vibração e a metodologia utilizada para a referida aferição.

3. As motosserras e similares fabricadas e importadas devem ser comercializadas com manual de instruções que contenha informações relativas à segurança e à saúde no trabalho, especialmente:

   a) quanto aos riscos à segurança e a saúde durante o seu manuseio;

   b) instruções de segurança no trabalho com o equipamento, de acordo com o previsto nas Recomendações Práticas da Organização Internacional do Trabalho (OIT);

   c) especificações de ruído e vibração; e

   d) advertências sobre o uso inadequado.

4. Os fabricantes e importadores de motosserras e similares instalados no País devem disponibilizar, por meio de seus revendedores, treinamento e material didático para os usuários, conforme conteúdo programático relativo à utilização constante do manual de instruções.

4.1. Os empregadores devem promover, a todos os operadores de motosserra e similares, treinamento para utilização segura da máquina, com carga horária mínima de oito horas e conforme conteúdo programático relativo à utilização constante do manual de instruções.

4.2. Os certificados de garantia das máquinas devem ter campo específico, a ser assinado pelo consumidor, confirmando a disponibilidade do treinamento ou responsabilizando-se pelo treinamento dos trabalhadores que utilizarão a máquina.

5. Todos os modelos de motosserra e similares devem conter sinalização de advertência indelével e resistente, em local de fácil leitura e visualização do usuário, com a seguinte informação: o uso inadequado pode provocar acidentes graves e danos à saúde.

(continua)

Segurança no trato com motosserras

6. É proibido o uso de motosserras e similares à combustão interna em lugares fechados ou insuficientemente ventilados.

Apêndice: Dispositivos de segurança em uma motosserra

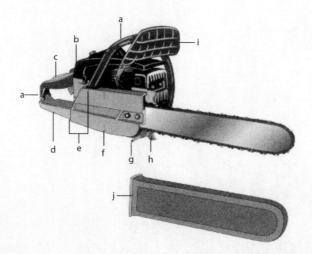

As motosserras que não apresentem os seguintes dispositivos não devem ser utilizadas:

a) punhos separados para ambas as mãos quando estiverem calçadas com luvas;

b) um interruptor de liga/desliga (capaz de ser alcançado com a mão direita no acelerador de mão);

c) uma trava para o acelerador de mão (previne que a motosserra seja ligada inadvertidamente);

d) protetor traseiro da mão (para proteger a mão direita);

e) um sistema antivibratório, consistindo em absorvedores de choque de borracha entre o motor e os punhos (previne enfermidades da mão provocadas pela vibração);

f) breque de correia (ativado manualmente pelo protetor de mão ou mediante o uso de um mecanismo automático no caso de coice);

g) um prendedor de corrente (prende a corrente da serra se ela arrebenta);

h) pino amortecedor (permite que o peso da serra repouse com segurança);

i) protetor dianteiro (para que a mão esquerda seja protegida da corrente);

j) protetor da corrente (para evitar ferimentos durante o transporte da motosserra).

Extraído de: ORGANIZAÇÃO INTERNACIONAL DO TRABALHO (IOT). *Pontos de verificação ergonômica* – soluções práticas e de fácil aplicação para melhorar a segurança, a saúde e as condições de trabalho. São Paulo: Fundacentro, 2001. p. 91.

13

Trabalho em ambientes artificialmente frios

13 Trabalho em ambientes artificialmente frios

Muitos dos produtos originados na agricultura e na pecuária, assim como aqueles resultantes do processamento destes, como a indústria de carnes e derivados, necessitam receber refrigeração para a adequada preservação de suas qualidades, ainda nas instalações produtoras, bem como durante o transporte e o armazenamento até a sua disponibilização ao mercado consumidor. Graças a esse recurso, sobretudo quando localizados a grande distância dos produtores, podemos ter ao nosso dispor carnes, peixes, frutas e alimentos nos mais diversos estágios de preparação, que prescindem dessa facilidade para chegar aos intermediários e destinatários finais da cadeia de consumo. E essa é uma realidade cada vez mais presente nas sociedades modernas, inclusive em nossos lares.

Para cumprirem o papel que lhes cabe na cadeia logística junto ao segmento, a atuação dos distintos atores envolvidos costuma requerer, para a armazenagem e o transporte destes produtos, instalações apropriadas ao volume movimentado na forma de navios, caminhões e câmaras frigoríficas. Neste sentido, os produtores, os atacadistas e até mesmo alguns varejistas, para fazer uso dessas utilidades, provocam a entrada e a permanência de trabalhadores no interior desses ambientes artificialmente frios, por fração de sua jornada laboral, para a realização de operações relativas ao abastecimento, à separação ou ao fracionamento e à retirada de lotes dessas mercadorias para fazê-los chegar aos consumidores, inclusive os domésticos.

As condições dessa atmosfera no tocante à temperatura e circulação do ar, assim como em relação à umidade, podem provocar danos à integridade daqueles que adentram e exercem atividades sob tais exigências. Por um lado, em decorrência da perda da preservação da temperatura corporal – uma vez que o balanço térmico será negativo – e, por outro, em razão da duração desta exposição. A literatura técnica registra uma gama de manifestações que podem resultar do trabalho nessas condições, que vão desde afecções na pele a problemas circulatórios, que podem culminar com a hipotermia e, em caso extremo, com o falecimento do obreiro, se este não receber as orientações e as atenções devidas para tal exercício.

Além de provocar lesões em partes expostas do corpo, como a face, o queixo e o pavilhão auditivo, o frio também tem ação danosa sobre as extremidades, em especial os dedos dos pés e das mãos.

Ali (1995) destaca o eritema pérnio, o *frotsbite*, o fenômeno de Raynaud e o pé de imersão como as principais ocorrências resultantes da exposição ocupacional ao frio, a respeito das quais explicita:

- quanto ao tratamento para o eritema: *"usar roupas adequadas ao frio, proteger as mãos e os pés com luvas, meias especiais com botas apropriadas. Lavar as mãos e pés em água morna. Evitar contato com água fria e ambientes frios"*;
- quanto à tipologia da gravidade das lesões por deficiência circulatória provocadas pelo *frostbite*, as classifica como sendo de:

"1º grau – Lesões com hiperemia e edema;

2º grau – Lesões com hiperemia, edema, vesículas ou bolhas;

3º grau – Lesões com necrose da epiderme, derme ou subcutâneo;

4º grau – Lesões necróticas profundas, [resultando] *perda de extremidades".*

E, para o tratamento, recomenda: *"Reaquecer as áreas afetadas em água morna (40-42 ºC) até que a coloração do leito ungueal volte à normalidade. Não usar fonte calórica seca. A dor localizada deve ser tratada com analgésicos [...] De um modo geral, as lesões graus 1 e 2 e aquelas não infectadas apresentam melhor prognóstico"*;

- quanto à patologia de Raynaud, marcada por sensibilização idiopática[1] recorrente, que pode ter origem secundária ao frio, deve-se buscar a causa primária e a terapêutica dos casos reside *"fundamentalmente em se proteger o trabalhador contra o frio e o estresse emocional, evitar o fumo por sua ação vasoconstrictora"*;
- para o pé de imersão, anota: *"Ocorre em trabalhadores com os pés expostos a água fria ou em ambientes úmidos e sem proteção adequada por longos períodos. Os pés se tornam frios, adormecidos, azulados, sem pulso e, às vezes, com tegumento macerado. O tecido isquêmico[2] torna-se mais suscetível à infecção e esta pode ocorrer em alguns casos. O tratamento pode ser conduzido de modo similar ao do* frostbite*".*

Como medida auxiliar de prevenção, se recomenda o controle da umidade no interior do calçado, que pode ser resultante, também, da sudorese originada nos membros inferiores, pelo que se sugere a

---

[1] "Diz-se de um processo ou doença que surge espontaneamente ou que tem causa obscura ou desconhecida." Rey (1999).
[2] "Anemia localizada devido à redução do fluxo sanguíneo para determinado órgão ou tecido." Rey (1999).

troca das meias em uma frequência tal que impeça a umidificação dos pés, ademais do contido na NR 36.10.1.2: *"Nas atividades com exposição ao frio, devem ser fornecidas meias limpas e higienizadas diariamente"*.

A verificação da insalubridade por frio se dá de modo qualitativo. O anexo 9 da NR 15 – Atividades e operações insalubres/frio – expressa em seu único item:

> *As atividades ou operações executadas no interior de câmaras frigoríficas, ou em locais que apresentem condições similares, que exponham os trabalhadores ao frio, sem a proteção adequada, serão consideradas insalubres em decorrência de laudo de inspeção realizada no local de trabalho.*

Portanto, a condição primária para a caracterização da insalubridade em razão do frio se dá pela verificação da adequação do conjunto dos meios de proteção disponíveis, aos quais nos referiremos mais adiante. De outro lado, pode-se assumir que o atendimento desse requisito não se constitui excludente da concessão do adicional. Deve-se observar também o contido na CLT, que estabelece em seu art. 253:

> *Para os empregados que trabalham no interior das câmaras frigoríficas e para os que movimentam mercadorias do ambiente quente ou normal para o frio e vice-versa, depois de 1 (uma) hora e 40 (quarenta) minutos de trabalho contínuo, será assegurado um período de 20 (vinte) minutos de repouso, computado esse intervalo como de trabalho efetivo.*
>
> *Parágrafo único – Considera-se artificialmente frio, para fins do presente artigo, o que for inferior, nas primeira, segunda e terceira zonas climáticas do mapa oficial do Ministério do Trabalho, Indústria e Comércio, a 15° (quinze graus), na quarta zona a 12° (doze graus), e nas quinta, sexta e sétima zonas a 10° (dez graus).*

Enquanto alguns autores consideram que o conjunto de EPIs adequados às condições do ambiente (temperatura, umidade etc.) é suficiente para elidir a insalubridade por frio, me alinho àqueles que entendem ser necessário atender simultaneamente o contido no artigo da CLT supracitado.

Trabalho em ambientes artificialmente frios

As zonas climáticas referidas são definidas no art. 2º da Portaria n. 21, de 26 de dezembro de 1994, da Secretaria de Segurança e Medicina do Trabalho do Ministério do Trabalho e Emprego, que assim estabelece:

> *Para atender ao disposto no parágrafo único do art. 253 da CLT, define-se como primeira, segunda e terceira zonas climáticas do mapa oficial do MTb, a zona climática quente, a quarta zona, como a zona climática subquente, e a quinta, sexta e sétima zonas, como a zona climática mesotérmica (branda ou mediana) do mapa referido no art. 1º desta Portaria.*

Da confrontação do contido nesta portaria com o "Mapa Brasil climas" do IBGE (Instituto Brasileiro de Geografia e Estatística), reproduzido ao final deste capítulo,[3] teremos:

- como primeira, segunda e terceira zonas climáticas temos toda a região Norte, boa parte do Brasil central, as localidades contidas no semiárido e o Nordeste oriental (estendendo-se até o Rio de Janeiro) com temperatura média anual superior a 18 °C. *Frio artificial = t < 15 °C*;
- como quarta zona climática (subquente), com temperaturas médias de 15 °C a 18 °C, em pelo menos um mês ao ano, temos as regiões dos estados de Goiás, São Paulo, Mato Grosso, Mato Grosso do Sul e Minas Gerais e no Distrito Federal (Brasília). *Frio artificial = t < 12 °C*;
- como quinta, sexta e sétima zona climáticas temos localidades, em especial, da região Sul do país, do mesotérmico (brando e mediano). *Frio artificial = t < 10 °C*.

Cabe ressaltar que o acima mencionado serve apenas como parâmetro preliminar para a determinação da zona climática, uma vez que a localização precisa de cada unidade produtiva, sobretudo em regiões de transição climática, deve ser estabelecida para a devida caracterização das exigências de pausas em relação às temperaturas de referência (10, 12 ou 15 °C).

---

[3] A versão completa deste mapa pode ser obtida em: <ftp://geoftp.ibge.gov.br/mapas_tematicos/mapas_murais/clima.pdf>. Acesso em: 15 set. 2016.

13 — Trabalho em ambientes artificialmente frios

Quando as temperaturas do ambiente forem inferiores a −8 °C, o regime diário de trabalho deve ser diferenciado, seguindo-se as orientações constantes do quadro único deste capítulo. O não cumprimento da pausa térmica pode resultar no pagamento do adicional de insalubridade, acrescido do pertinente às horas extras, conforme o caso, ainda que o obreiro não trabalhe específica ou exclusivamente em câmara frigorífica, conforme a Súmula 438 do TST.

Súmula 438/TST. Jornada de trabalho. Horas extras. Intervalo para recuperação térmica do empregado. Ambiente artificialmente frio. Hermenêutica. CLT, art. 253. Aplicação analógica. Res. 185/2012, de 14/9/2012.

> *O empregado submetido a trabalho contínuo em ambiente artificialmente frio, nos termos do parágrafo único do art. 253 da CLT, ainda que não labore em câmara frigorífica, tem direito ao intervalo intrajornada previsto no "caput" do art. 253 da CLT.*

O que se coaduna ao explicitado na NR 36.13.1:

> *Para os trabalhadores que exercem suas atividades em ambientes artificialmente frios e para os que movimentam mercadorias do ambiente quente ou normal para o frio e vice-versa, depois de uma hora e quarenta minutos de trabalho contínuo, será assegurado um período mínimo de 20 minutos de repouso, nos termos do art. 253 da CLT.*

Vejamos: no caso em que o operário, em razão de seu labor, fizer jus ao intervalo intrajornada básico, ou seja, 20 minutos em cada duas horas diárias, e não usufruí-lo, fará jus a receber o período não gozado como se hora extra fosse, na proporção de 80 minutos diários, com acréscimo de 50%, observada jornada semanal, durante todo o pacto laboral, com reflexos sobre décimo terceiro salário, férias com o terço constitucional e Fundo de Garantia por Tempo de Serviço (FGTS), mesmo que já remunerado com o pagamento do adicional de insalubridade por frio. A esse respeito, veja-se a decisão do Processo n. 0000711-83.2014.5.10.010 da 10ª Vara do Trabalho de Brasília.

Deve ser observado, adicionalmente, para fins de socorro e evacuação no caso de evento indesejado no interior de câmaras frigoríficas, as determinações do item NR 36.2.10:

36.2.10.1 As câmaras frias devem possuir dispositivo que possibilite abertura das portas pelo interior sem muito esforço e alarme ou outro sistema de comunicação que possa ser acionado pelo interior, em caso de emergência.

36.2.10.1.1 As câmaras frias cuja temperatura for igual ou inferior a −18 °C devem possuir indicação do tempo máximo de permanência no local.

Considerações no tocante aos aspectos ergonômicos do trabalho de abate e processamento de carnes e derivados serão tratados no capítulo apropriado sobre ergonomia aplicada à agroindústria, assim como aqueles relativos a outros aspectos de segurança, como acidentes no trato com animais, vazamentos de amônia e outras particularidades.

De acordo com os estabelecido na NR 6 [Item 6.6.1][4] e a partir do Anexo I dessa norma (lista de equipamentos de proteção individual), para atividades em ambientes frios, podemos apresentar o seguinte rol de EPIs, que devem ser utilizados em conjunto para prover a proteção devida contra a condição potencialmente danosa:

A.2.a) capuz ou balaclava para proteção de crânio e pescoço;

B.2.d) protetor facial para proteção de face contra riscos de origem térmica;

E.1.a) vestimentas para proteção do tronco contra riscos de origem térmica;

F.1.d) luvas para proteção contra agentes térmicos;

F.3.e) manga para proteção contra agentes térmicos;

G.1.c) calçado para proteção dos pés contra agentes térmicos;

G.2.a) meia para proteção dos pés contra baixas temperaturas;

G.4.c) proteção das pernas contra agentes térmicos;

H.1.a) macacão para proteção do tronco e dos membros superiores e inferiores contra agentes térmicos.

---

[4] Cabe ao empregador quanto ao EPI: a) adquirir o adequado ao risco de cada atividade; b) exigir seu uso.

13   Trabalho em ambientes artificialmente frios

Sugestões de leitura

ALI, Salim Amed. Dermatoses ocupacionais. In: MENDES, René. *Patologia do Trabalho*. Rio de Janeiro: Atheneu, 1995.

BRASIL/MTE. NR 36 – *Saúde e Segurança no Trabalho em empresas de abate e processamento de carnes e derivados.*

COUTINHO, Antonio Souto. *Conforto e insalubridade térmica em ambientes de trabalho*. João Pessoa: EdUFPB, 1998.

MORAN, Emilio F. *Adaptabilidade humana*. São Paulo: EdUSP, 1994.

REY, Luís. *Dicionário de termos técnicos de medicina e saúde*. Rio de Janeiro: Guanabara Koogan, 1999.

WELLS ASTETE, Martin; GIAMPAOLI, Eduardo; ZIDAM, Leila Nadim. *Riscos físicos*. São Paulo: Fundacentro, 1991.

Mapa de Zonas Climáticas

(continua)

Trabalho em ambientes artificialmente frios

Legenda

Quente (média > 18° C em todos os meses do ano)
- Superúmido sem seca/subseca
- Úmido com 1 a 3 meses secos
- Semi-úmido com 4 a 5 meses secos
- Semi-árido com 6 a 8 meses secos
- Semi-árido com 9 a 11 meses secos

Subquente (média entre 15° C e 18° C em pelo menos 1 mês)
- Superúmido sem seca/subseca
- Úmido com 1 a 3 meses secos
- Semi-úmido com 4 a 5 meses secos

Mesotérmico Brando (média entre 10° C e 15° C)
- Superúmido sem seca/subseca
- Úmido com 1 a 3 meses secos
- Semi-úmido com 4 a 5 meses secos

Mesotérmico Mediano (média < 10° C)
- Úmido com 1 a 3 meses secos

Climas zonais
- Equatorial
- Tropical Zona Equatorial
- Tropical Nordeste Oriental
- Tropical Brasil Central
- Temperado

Nota: atualizado pela Diretoria de Geociências, Coordenação de Recursos Naturais e Estudos Ambientais, em 2002.

Fonte: NIMER, E. Modelo metodológico de classificação de climas. *Revista Brasileira de Geografia*, Rio de Janeiro, v. 41, n. 4, p. 59-89, out./dez. 1979.

Quadro único – Regime de Trabalho em baixas temperaturas

Faixa de temperatura de bulbo seco (°C)	Máxima exposição diária permissível para pessoas adequadamente vestidas para exposição ao frio
15,0 a – 17,9 (*)	Tempo total de trabalho no ambiente frio de 6 horas e 40 minutos, sendo quatro períodos de 1 hora e 40 minutos alternados com 20 minutos de repouso e recuperação térmica, fora do ambiente frio.
12,0 a –17,9 (**)	
10,0 a –17,9 (***)	
–18,0 a –33,9	Tempo total de trabalho no ambiente frio de 4 horas, alternando-se 1 hora de trabalho com 1 hora de repouso e recuperação térmica, fora do ambiente frio.
–34,0 a –56,9	Tempo total de trabalho no ambiente frio de 4 horas, alternando-se 1 hora de trabalho com 1 hora de repouso e recuperação térmica, fora do ambiente frio.

(continua)

13   Trabalho em ambientes artificialmente frios

–57,0 a –73,0	Tempo total de trabalho no ambiente frio de 5 minutos, sendo o restante da jornada cumprida obrigatoriamente fora do ambiente frio.
Abaixo de –73,0	Não é permitida exposição ao ambiente frio seja qual for a vestimenta utilizada.

(*) Faixa de temperatura válida para trabalhos em zona climática quente, de acordo com o mapa oficial do IBGE.

(**) Faixa de temperatura válida para trabalhos em zona climática subquente, de acordo com o mapa oficial do IBGE.

(***) Faixa de temperatura válida para trabalhos em zona climática mesotérmica, de acordo com o mapa oficial do IBGE.

Fonte: Wells Astete, Giampaoli e Zidam (1991).

14

O ruído na agroindústria

Ao mesmo tempo que a mecanização do campo aportou significativa ampliação da capacidade produtiva para a agroindústria, em especial a partir da introdução do uso regular de tratores como força de tração e de acionamento e do acesso a equipamentos motorizados (estacionários ou móveis, a exemplo de forrageiras e motosserras) na rotina dos empreendimentos, o ruído gerado por esses equipamentos passou a ser alvo das preocupações quanto à preservação da integridade auditiva dos trabalhadores, sobretudo devido ao potencial de causar perdas de caráter irreversível, em exposições comumente negligenciadas pelos próprios trabalhadores e pelos gestores laborais. Isto é, a jornada de trabalho é realizada sem qualquer atenuação quanto aos ruídos. Sobretudo porque, devido às suas características, o agronegócio não conta obrigatoriamente em seu quadro funcional com profissionais dedicados à SST, que poderiam fornecer as orientações necessárias para minimização destas condições de trabalho inadequadas e de seus efeitos potencialmente deletérios.

Distintas variáveis podem influenciar o nível de ruído a que o trabalhador estará sujeito, bem como quanto às consequências dessa exposição, dentre as quais poderemos destacar:

- a potência, a velocidade de marcha, a rotação ou aceleração do motor e as características construtivas do equipamento;
- as condições de sua manutenção (afiação de lâminas, lubrificação etc.) e operação (se em vazio ou em até plena carga);
- as características do posto e do ambiente de trabalho em que se dá a exposição (aberto ou fechado, sujeito ou não a fontes secundárias);
- a ação conjugada da exposição a substâncias ototóxicas comumente presentes na agricultura (organofosforados, por exemplo) e mesmo em alguns medicamentos, razão pela qual seu uso continuado deve ser estritamente monitorado.

Estudos diversos apontam que no trato cotidiano com esses mecanismos é comum que trabalhadores do segmento sejam expostos a níveis de ruído acima de 85 dB, o que, não raro, como já afirmamos, se dá sem o uso de protetores. Assim, e em razão da susceptibilidade individual, se faz necessária a tomada de providências para evitar a instalação e/ou progressão de perdas auditivas pelo ruído de origem ocupacional, motivo pelo qual a audição é merecedora de cuidados próprios. Esses devem ter lugar por intermédio do Programa de Conservação Auditiva (PCA), que contemplará:

- a avaliação e o monitoramento da exposição ao ruído;
- a tomada de medidas de controle ambiental e organizacional;
- a avaliação e o monitoramento audiológico;
- o uso de protetores auriculares;
- os aspectos educativos, inclusive higiênicos;
- a avaliação sistemática da eficácia e dos instrumentos do programa.

Para tanto se requer, além de intervenções junto à fonte visando a sua eliminação ou mitigação e no meio, quando oportuno, o provimento do equipamento de proteção adequado à intensidade em que se dá a exposição, a fiscalização quanto à sua conservação e ao uso destes por toda a duração da jornada de trabalho, bem como o efetivo acompanhamento da saúde auditiva dos indivíduos por intermédio de exames audiométricos, em especial o admissional, sobretudo para trabalhadores safristas (que deverão realizar igual exame ao final ou encerramento do contrato), quando a análise das atividades a serem desenvolvidas por estes envolver essa exposição.

Dentre as possíveis repercussões da sujeição ao ruído, a literatura especializada registra alterações gastrointestinais (hipermotilidade e hipersecreção gastroduodenal), na visão (dilatação da pupila), cardio-circulatórias (vasoconstrição e hipertensão arterial) e neuropsíquicas (ansiedade, irritação, alteração do ritmo sono-vigília etc.). A isso se acrescentem as dificuldades introduzidas na comunicação entre as pessoas no ambiente de trabalho, assim como a percepção de ruídos de fundo, a exemplo de sinalizações de segurança (quando da marcha ré de veículos, por exemplo), o que pode provocar alterações na habilidade, resultando redução no rendimento, aumento do número de erros e possibilidade de acidentes.

A título exemplificativo, apenas para indicação da magnitude da exposição a que o trabalhador estará potencialmente sujeito ao longo da jornada de trabalho, registramos algumas das amplitudes de ruído levantadas para alguns equipamentos em território nacional:

Equipamento	Mínimo dB (A)	Máximo dB (A)
Motosserra	72 (em vazio)	105
Roçadeira	90	104
Forrageira	80	102
Picador de milho	92	102
Trator de rabiça[1]	96	99
Tratores outros	76*	102

* Em cabine com isolamento acústico.

Esses resultados se alinham aos apresentados pela Agência Europeia para a Segurança e Saúde no Trabalho,[2] que adaptamos e reproduzimos a seguir:

Exemplo de níveis de ruído no setor da agricultura – dB (A)	
Máquinas agrícolas	
Secador de grãos de tipo cascata	93,4
Secador de grãos de fluxo cruzado	93,8
Secador de forragens	89,8
Triturador de cilindros para preparação de forragens	92,3
Colhedor de lúpulo	93,9
Zona de preparação/instalação de acondicionamento de produtos hortículas	91,6
Máquina para apanha de beterraba	91,7
Trator de rasto contínuo	97,5
Polvilhador pneumático (transportado à mão)	89,4
Serra de corrente	103,9

(continua)

---

[1] A rabiça é cada uma das hastes para manobra e condução do arado manual. O trator de rabiça, com apenas duas rodas dianteiras, é comumente utilizado em pequenas propriedades ou na agricultura familiar.
[2] Disponível em: <https://osha.europa.eu/pt>. Acesso em: 16 set. 2016.

O ruído na agroindústria

Depenadora de perus	99,8
Aviário de perus	94,4
Pulverizador para fruticultura	85-100
Utilização de tratores	
Trator com gadanheira de discos	91,1
Trator com enfardadeira de alta densidade	96,8
Trator corta-sebes	89,6
Trator com pulverizador para fruticultura	97,9
Trator com triturador de palha	90,4
Trator com cabina	73-90
Trator sem cabina	91-99
Trator à potência máxima	105
Trator em plena carga	120
Veículo todo-o-terreno	100

Assim como nos demais segmentos produtivos, cuidado especial deve ser voltado às questões relacionadas ao conforto no uso dos EPIs. O trabalho sob exposição solar muitas vezes provoca excessiva sudorese localizada, que pode resultar amplo desconforto na interface pavilhão auditivo – protetor, sendo capaz de causar a descontinuidade do uso do equipamento por parte dos trabalhadores. Nessa esteira, a escolha do produto a ser disponibilizado e orientações quanto ao seu trato higiênico devem receber especial atenção dos responsáveis pelo sistema de saúde e segurança do trabalho da empresa.

A gestão do ruído laboral deverá, então, contemplar a identificação das fontes emissoras, a avaliação das intensidades a que os trabalhadores diretamente envolvidos e do entorno estarão submetidos, a tomada de medidas para a minimização da exposição, o que pode ser dificultado em razão do ambiente e das condições em que se dará a execução de determinada tarefa (por exemplo, no trato com tratores de rabiça, sem cabine, a plena potência de tração), restando, então, como única medida de atenuação, se impossibilitada a intervenção junto à fonte, os EPIs fornecidos, cuja utilização e conservação devem ser rigorosamente controladas.

Por sua vez, as informações pertinentes ao nível de redução do ruído (NRR) ou de atenuação provida por um dado protetor auricular, bem como outras de caráter técnico, inclusive a validade para a disponibilização ao usuário, devem ser verificadas no sistema de consulta do Certificado de Aprovação (CA)[3] de EPI do Ministério do Trabalho e Emprego (MTE)[4] ou, alternativamente, no *site* mantido pela ANIMASEG[5] e parceiros.

Convém ressaltar a importância do correto registro do fornecimento inicial e das eventuais substituições deste e dos demais EPIs fornecidos a cada um dos trabalhadores em suas respectivas "Fichas de EPI", contendo, como informações essenciais, a descrição do EPI, o número de seu CA, a data de entrega e a assinatura do recebedor.

Sugestões de leitura

BARBOSA FILHO, Antonio Nunes. *Segurança do trabalho e gestão ambiental.* 4. ed. São Paulo: Atlas, 2011.

BRASIL/Ministério da Saúde. Doenças do ouvido relacionadas ao trabalho (Grupo VIII da CID-10). In: *Doenças relacionadas ao trabalho* – manual de procedimentos para os serviços de saúde. Brasília, 2001.

FERREIRA, Débora Gonçalves et al. Efeitos auditivos da exposição combinada: interação entre monóxido de carbono, ruído e tabagismo. *Revista da Sociedade Brasileira de Fonoaudiologia*, São Paulo, v. 17, n. 4, dez. 2012.

MACEDO, Ricardo. *Manual de higiene do trabalho na indústria.* Lisboa: Fundação Calouste Gulbenkian, 1988.

SANTOS, Ubiratan de Paula (Org.). *Ruído* – riscos e prevenção. 2. ed. São Paulo: Hucitec, 1996.

SOUZA, L. H. de et al. Avaliação do nível de ruído causado por diferentes conjuntos mecanizados. *Revista Brasileira de Saúde Ocupacional.* v. 28, n. 105/106, 2004.

---

[3] O Certificado de Aprovação é o documento que atesta que um produto de certificação compulsória – aquele que em razão de sua destinação e/ou aplicação deve ser compulsoriamente testado ou verificado antes de sua disponibilização ao mercado e ao usuário final – está adequado aos fins a que se destina.
[4] Disponível em: <http://caepi.mte.gov.br/internet/ConsultaCAInternet.aspx>. Acesso em: 16 set. 2016.
[5] Associação Nacional da Indústria de Material de Segurança e Proteção ao Trabalho. Disponível em: <www.consultaca.com>. Acesso em: 8 nov. 2016.

15

Doenças respiratórias na agroindústria

15 Doenças respiratórias na agroindústria

Desde a Antiguidade, são consideradas como originadas no trato com produtos vegetais diversas doenças respiratórias. Ramazzini, ao início do século XVIII, citava danos à saúde das lavadeiras do cânhamo e do linho, que maceravam estas fibras, preparando-as para o posterior processamento.

Doenças profissionais que acometem os pulmões em decorrência da inalação de poeiras (orgânicas ou não) são denominadas *pneumoconiose*, termo de origem grega, cunhado em meados de 1860 por Zenker, médico dedicado ao estudo das ocorrências e agravamentos à saúde dos trabalhadores das minas de carvão inglesas (com primeiras descrições realizadas ainda no primeiro quarto do século XIX) e que expressa, literalmente, "estado ou condição daquele que tem poeira nos pulmões" (pneumo: pulmão; coniose: estado mórbido ou doença causada por inalação de pós em suspensão). A data de sua formulação indica que essas enfermidades são objeto de estudo sistemático e, portanto, de interesse médico-ocupacional há, pelo menos, dois séculos.

Nesse sentido, Rey (1999) define pneumoconiose como *"distúrbio broncopulmonar devido à inalação maciça ou repetida, de poeiras diversas, minerais ou orgânicas"*. E distingue as moléstias resultantes em dois grupos, quanto a sua gênese: a) de sobrecarga, resultante "da acumulação de partículas inertes, como o carvão (antracose) e geralmente benignas"; b) fibrosantes, "mais graves, devidas a partículas de sílica ou silicatos (silicose), de asbestos (asbestose) ou de algodão (bissinose)", razão de estas últimas receberem maiores atenções em nossa literatura técnica.

A preparação e a armazenagem de forragens para a alimentação animal, com fracionamento de gramíneas (inclusive a própria cana-de-açúcar), estocagem de frutos, leguminosas e grãos diversos, coleta e tratamento de fibras naturais (linho, cânhamo e o algodão, em especial), bem como as atividades de processamento desses produtos, podem gerar as circunstâncias propícias para o desenvolvimento e a liberação de fibras e poeiras orgânicas de origem vegetal e de micro-organismos agregados a estas (e suas toxinas),[1] que serão veiculados juntos. A isso poderemos acrescentar, ainda, aquelas de origem animal

---

[1] Segundo Rey (1999), endotoxinas são substâncias tóxicas que "integram da parede celular de **bactérias Gram-negativas**" (grifo no original), enquanto micotoxina é um "termo geral aplicado aos metabólitos secundários secretados pelos microfungos que invadem alimentos e gêneros alimentícios".

184

derivadas de excrementos, penas, pelos, ácaros e insetos, formando o que denominamos de bioaerossóis, que, ao serem inalados, podem originar processos inflamatórios nos pulmões dos trabalhadores.

A NR 15, em seu Anexo 13, traz a relação de atividades e operações, com potencial efeito tóxico, ou seja, envolvendo agentes químicos, considerados insalubres em decorrência de inspeção realizada no ambiente de trabalho. Dentre estes, estabelece no item Operações Diversas que as operações com bagaço de cana nas fases de grande exposição à poeira devem ser consideradas como tal em grau médio. A Classificação Internacional de Doenças (CID-10) registra a bagaçose com o código J 67.1 (doença pulmonar que se deve a agentes externos – pneumonite de hipersensibiliade devida a poeiras orgânicas), assim como outras similares: bissinose, canabinose e doença dos cardadores do linho (ver Grupos J 60-J 70, no box final deste capítulo).[2]

Os eventos respiratórios de origem alérgica, por sua natureza, dependem da exposição dos indivíduos aos agentes e de sua sensibilização a eles. Assim, as respostas individuais podem explicar, em parte, porque nem todas as pessoas expostas às mesmas condições desenvolvem as doenças associadas. Muitas vezes, a sensibilização somente se dará após exposição recorrente. A cronificação dos quadros inflamatórios decorrentes pode levar à instalação de lesões irreversíveis, com grave comprometimento das funções pulmonares, e causar, até mesmo, a morte dos afetados pela enfermidade em específico.

Um breve apanhado em Seixas (2000) nos fornece uma extensa lista de doenças do aparelho respiratório relacionadas ao trabalho em distintas atividades relacionadas à agroindústria, deixando claro que inúmeras são as possibilidades para o seu surgimento e que, portanto, as condições em que elas são exercidas devem merecer todas as atenções dos profissionais voltados à preservação da integridade física dos trabalhadores no segmento produtivo. Vejamos algumas delas:

---

[2] A Classificação Internacional de Doenças e Problemas relacionados à Saúde (versão CID-10) é uma sistematização da Organização Mundial da Saúde (OMS) na forma de uma publicação com o objetivo de padronizar a codificação e o registro, bem como as estatísticas atinentes a essas ocorrências em todo o mundo, estratificando-as em grupos e categorias de análise, visando ao estabelecimento de políticas, estratégias e ações governamentais de enfrentamento, profilático, terapêutico e, ainda, de vigilância diante destas.

15 — Doenças respiratórias na agroindústria

1. Do cortador de lenha: doença pulmonar alérgica extrínseca, tendo como alérgeno os fungos do tipo *Rhizopus sp.* e *Mucor sp.*
2. Dos criadores de pássaros (ou pulmão do criador de pombos): pneumonite por hipersensibilidade, causada por proteínas do soro, excrementos e penas de aves.
3. Dos descascadores de bordo: doença pulmonar alérgica extrínseca, devido ao fungo *Cryptruma cortical*, presente nas cascas mofadas do bordo.
4. Do moageiro ou do gorgulho do trigo: doença pulmonar alérgica extrínseca originada no *Sitophilus granarius*.
5. Dos madeireiros: pneumonite de hipersensibilidade, por exposição recorrente ou prolongada à poeira orgânica, podendo resultar doença fibrocística crônica grave.
6. Dos moradores da cabana de sapé: doença pulmonar alérgica extrínseca, devido à sensibilização causada pelo fungo *Sacchoromonospora viridis*, que infesta as folhas e palhas secas utilizadas na cobertura dessas moradias.
7. Do cervejeiro: alveolite alérgica causada pelo fungo *Aspergillus*, que secreta toxinas que são responsáveis pelo adoecer do trabalhador.
8. Do criador de cogumelos: alveolite extrínseca produzida pela inalação de bioaerossóis (poeira orgânica), que provoca resposta imunológica generalizada da árvore respiratória, assemelhando-se à doença do pulmão do granjeiro e do fazendeiro.
9. Do peneirador de batatas: doença pulmonar alérgica resultante do contato com fungos (*Actinomicetos* e *Aspergillus*) presentes na forragem das batatas.
10. Do adubo: decorrente da inalação repetida do fungo *Aspergillus*, que pode ser encontrado nos adubos.
11. Do trabalhador de café: doença que acomete os trabalhadores que têm contato com a poeira dos grãos do café, sendo, portanto, doença pulmonar extrínseca.
12. Do vinhateiro: devido ao fungo *Botrytis cinerea*, encontrado em uvas mofadas, que compromete as paredes alveolares e as vias aéreas terminais.
13. Do trabalhador do malte: alveolite alérgica extrínseca, resultante do malte mofado, cujo agente antígeno é o fungo *Aspergillus* ou o *Aspergillusclavatus*.

14. Do queijeiro: acomete trabalhadores das indústrias de queijo, por contaminação por fungos do tipo *Penicillium casei*.
15. Suberose: acomete trabalhadores da indústria de cortiça, por contato com o fungo *Thermoactinomyces vulgaris*, presente na poeira do material.

De outro lado, a criação de aves e de animais de pequeno porte, com a utilização de raspas ou serragem de madeiras diversas e de outros materiais (cascas de arroz, amendoim, café, bagaço de cana, palha, feno, capim e papel processado), segundo a disponibilidade local para a formação da cama de aviário (também denominada maravalha), ao que se acrescenta a aeração forçada e a movimentação das próprias aves, forma uma atmosfera propícia para a formação de bioaerossóis pelos trabalhadores que realizam atividades nestes ambientes. No tocante a esse processo em particular, recomendamos a leitura de Fernandes (2004).

Reitera Silva (2003) que "as endotoxinas agregadas às partículas vegetais podem se depositar em qualquer parte do sistema respiratório, desencadeando, a partir daí, reações do sistema imunológico", e terão efeitos proporcionais à sua concentração no volume de ar inspirado e ao modo de exposição, se aguda ou crônica. Tais efeitos podem ser assim resumidos:

- em baixa concentração: estimulam o sistema imunológico e causam reações inflamatórias anti-infecciosas;
- em média concentração: ativam as células de defesa, dando início às reações agudas e às respostas sistêmica e localizada, tanto das funções pulmonares quanto clínicas; e
- em alta concentração: provocam febre e pressão alta, alteração celular, septicemia, falha generalizada dos órgãos e, por fim, podem ocasionar a morte.

O reconhecimento do potencial de adoecimento resultante da interação do trabalhador com poeiras em distintos ambientes e atividades da agroindústria conduz, necessariamente, à colaboração entre os profissionais da engenharia de segurança com os da medicina do trabalho, desenvolvendo em conjunto as intervenções requeridas para assegurar a integridade daqueles expostos a tais exigências.

O surgimento de sintomas relacionados a afecções pulmonares deverá dar início à investigação das condições de trabalho e extralaborais visando à identificação de fatores causais e de possíveis contribuintes secundários (tabagismo, uso de bebidas alcoólicas, criações e cultivos domésticos, inclusive com o uso de agroquímicos, etc.).

Dependendo de seu tamanho ou diâmetro aerodinâmico, as partículas em suspensão podem alcançar diferentes sítios do sistema respiratório e resultar distintas afecções, cujas implicações serão mais ou menos reversíveis, na medida em que mais profunda for esta penetração ou em frações do ar inspirado. Assim, em função do ponto de deposição e atuação, estas podem ser classificadas em:

- Partículas inaláveis (com Ø de 25 a 100 µm): penetram pelo nariz e pela boca, alcançando as chamadas vias aéreas superiores (região nasofaringeal);
- Partículas torácicas (com Ø entre 10 e 25 µm): ultrapassam a faringe, atingindo a região traqueobrônquica; e
- Partículas respiráveis (com Ø menor que 10 µm): com penetração além dos bronquíolos, a região de troca dos gases (alveolar).

A estruturação, a implantação e o acompanhamento de um criterioso Programa de Proteção Respiratória (PPR) com o objetivo de minimizar a inalação de contaminantes nocivos pelos trabalhadores potencialmente expostos devem ser levados a termo. Neste mesmo sentido, se requer medidas para o controle e a redução da geração de particulados, dentre as quais podemos destacar a minimização das quantidades de produtos estocados, bem como o controle da umidade e da temperatura nos ambientes em que essas massas orgânicas fornecem condições para a proliferação de micro-organismos e naqueles para os quais estes podem ser carreados e, desse modo, provocar contaminações indiretas, provocando, inclusive, doenças no espaço doméstico do trabalhador, razão pela qual se recomenda a troca das vestimentas quando da realização de atividades sujeitas a esses agentes patogênicos, bem como a lavagem dessas vestimentas aos cuidados e sob a supervisão dos empregadores.

A título de conclusão do capítulo, cabe referência a uma enfermidade que, embora de origem não especificamente ocupacional, pode causar transtornos aos trabalhadores, chegando a causar-lhes afastamento de suas funções. A polinose, também conhecida como febre do feno ou alergia (sazonal) da primavera, tem crescido em número de registros em nosso país, notadamente nos estados da região Sul e nas cidades de clima de altitude.

Data de fins do século IX a primeira notícia de doenças alérgicas relacionadas à inalação de pólen disperso na atmosfera. As proteínas solúveis em água (globulinas, prolaminas, glutaminas e albuminas) são capazes de provocar reações alérgicas em segundos, o que torna todo grão de pólen um potencial agente antigênico.

Os séculos XVII e XVIII foram especialmente importantes para o desenvolvimento da biologia e da botânica, em particular com a determinação dos processos de polinização. Ao longo do século XIX, estudos chegaram a identificar cerca de 2.200 variedades de pólen, cujo campo de interesse alcança *status* científico próprio no século XX (a Palinologia). No início do século XIX (1819), o termo "febre do feno" (*hay fever*) foi cunhado em decorrência da observação dos sintomas apresentados pelos camponeses que lidavam com o produto enfardado ou armazenado nos celeiros.

Vieira (apud Taketomi et al., 2006) destaca que "uma planta para ser considerada causadora de polinose deve ser anemófila, ou seja, capaz de distribuir seus polens através dos ventos, possuir pólen alergógeno, ser abundante e estar próximo do homem".

Dentre as plantas polínicas, que constituem o mais diversificado grupo vegetal na natureza, as gramíneas revestem-se de grande importância, uma vez que seus alérgenos comumente se associam a partículas microscópicas, menores que os próprios grãos intactos (de 20 a 55 mm), condição em que podem penetrar nas vias aéreas e causar reações alérgicas.

No Brasil, o primeiro relato da polinose data da primeira década do século passado, sendo que nos anos 1940 surgem registros de rinite alérgica sazonal. Em nosso país, a principal gramínea causadora de polinose é o azevém (*Lolium multiflorum*). Essa forrageira, de regiões de clima temperado e/ou subtropical, introduzida por imigrantes europeus, de crescimento desordenado e que se propaga sem cultivo nas áreas urbanas e rurais, posto que de características invasoras, representa verdadeira ameaça ecológica.

Para Taketomi et al. (2006), "clinicamente, a polinose é caracterizada por rinoconjuntivite e/ou asma brônquica. Os pacientes manifestam prurido com hiperemia conjuntival, coriza, espirros, prurido nasal ou faringopalatal, ausência ou presença de obstrução nasal".

Destacam Pedron, Bauermann e Neves (1999) que "a polinose pode ser tão rigorosa a ponto de ocorrer o comprometimento ocular, o que levará a um maior ou menor lacrimejamento, fotofobia, prurido ocular e sensação de queimadura na conjuntiva".

Por sua ampla dispersão, quer no ambiente ocupacional, quer em outros ambientes em que o alérgico frequenta, inclusive o doméstico, a polinose é de difícil combate ou remediação. Cabe, tão somente, o afastamento do indivíduo desses espaços ou a limitação do contato com o agente por intermédio do uso de proteção respiratória e ocular.

Taketomi et al. (1999) chamam a atenção para a estimativa de que "um hectare (100 × 100 metros) de cultivo de azevém produza até 100 kg de pólen e que um grama desse pólen possua cerca de 100 milhões de grãos, e que, pacientes sensibilizados, altamente atópicos, possam apresentar sintomas com somente 5 a 10 grãos/m^3 de ar".

Apesar de extensamente cultivadas em nosso território, o milho (*Zea mays*), por ter pólen de grande dimensão, e a cana-de-açúcar (*Saccharum officinarum*), cujos principais cultivares são híbridos, não apresentam condições propícias para polinose endêmica.

Por outro lado, há registros de que palmeiras, cajueiros, algarobeiras, algumas coníferas e mesmo as flores do mamoeiro (*Carica papaya*), que também são cultivados em grandes extensões com fins comerciais, possam induzir alergias respiratórias, sobretudo em indivíduos predispostos. Assim, convém ficar atento aos sintomas compatíveis, quer nos trabalhadores, quer nas populações circunvizinhas dos cultivos de plantas cujo pólen possa desencadear o fenômeno.

Como nos ensinou o fisiologista Claude Bernard (1813-1878): "Quem não conhece o que procura, não sabe interpretar o que encontra!".

Nesse sentido, cabe verificar atentamente a listagem de espécies alergógenas fornecida por Pedron, Bauermann e Neves (1999).

Para fins de sugestão de ampliação do estudo da temática a respeito de doenças respiratórias relacionadas ao trabalho, anexamos a este capítulo excerto da CID-10 relativo às doenças pulmonares devidas a agentes externos – Grupos: J60-J70.

Doenças respiratórias na agroindústria

Sugestões de leitura

ALMEIDA, Waldemar Ferreira de. Trabalho agrícola e sua relação com a saúde/doença. In MENDES, René. *Patologia do trabalho*. Rio de Janeiro: Atheneu, 1985.

BOWLER, Rosemarie M.; CONE, James E. *Segredos em Medicina do Trabalho*. Porto Alegre: Artmed, 2001.

BRASIL – Ministério do Trabalho e Emprego. *Procedimento técnico:* coleta de material particulado sólido suspenso no ar de ambientes de trabalho (NHO 08). São Paulo: Fundacentro, 2007.

FARIA, Neice Müller Xavier et al. *Trabalho rural, exposição a poeiras e sintomas respiratórios entre agricultores. Rev. Saúde Pública*, 40 (5): 827-36, 2006.

FERNANDES, Francisco Cortes. *Poeiras em aviários. Rev. Bras. Med. Trab.* Belo Horizonte. v. 2, n. 4, out./dez. 2004.

HARBER, Philip et al. *Occupational and Environmental Respiratory Disease*. St. Louis: Mosby, 1996.

NOGUEIRA, Diogo Pupo et al. *Bissinose no município da capital de São Paulo, Brasil.* Ver. Saúde Pública. São Paulo, 7: 251-72, 1973.

PEDRON, Luciano et al. Polinose. *Revista Botânica*, n. 49, 1999.

REY, Luís. *Dicionário de termos técnicos de medicina e saúde*. Rio de Janeiro: Guanabara Koogan, 1999.

SEIXAS, Roberto Senna. *Universo das síndromes e doenças*. Salvador: Edufba, 2000.

SILVA, Marcos Domingos. Pulmões em alerta. *Revista Proteção*. v. 16, n. 135. Novo Hamburgo, mar. 2003.

TAKETOMI, Ernesto Akio et al. Doença alérgica polínica: polens alergógenos e seus principais alérgenos. *Rev. Bras. Otorrinolaringologia*, 72 (4), 2006.

Doenças pulmonares devidas a agentes externos – Grupos: J60-J70 (Excerto da CID-10)

Código	Nome
J60	Pneumoconiose dos mineiros de carvão
J61	Pneumoconiose devida a amianto [asbesto] e outras fibras minerais
J62	Pneumoconiose devida a poeira que contenham sílica
J62.0	Pneumoconiose devida a pó de talco
J62.8	Pneumoconiose devida a outras poeiras que contenham sílica

(continua)

15 Doenças respiratórias na agroindústria

J63	Pneumoconiose devida a outras poeiras inorgânicas
J63.0	Aluminose (do pulmão)
J63.1	Fibrose (do pulmão) causada por bauxita
J63.2	Beriliose
J63.3	Fibrose (do pulmão) causada por grafite
J63.4	Siderose
J63.5	Estanose
J63.8	Pneumoconiose devida a outras poeiras inorgânicas especificadas
J64	Pneumoconiose não especificada
J65	Pneumoconiose associada com tuberculose
J66	**Doenças das vias aéreas devidas a poeiras orgânicas específicas**
J66.0	Bissinose
J66.1	Doença dos cardadores de linho
J66.2	Canabinose
J66.8	Doenças das vias aéreas devidas a outras poeiras orgânicas específicas
J67	**Pneumonite de hipersensibilidade devida a poeiras orgânicas**
J67.0	Pulmão de fazendeiro
J67.1	Bagaçose
J67.2	Pulmão dos criadores de pássaros
J67.3	Suberose
J67.4	Pulmão dos trabalhadores do malte
J67.5	Pulmão dos que trabalham com cogumelos
J67.6	Pulmão dos cortadores de casca do bordo
J67.7	Doença pulmonar devida aos sistemas de ar condicionado e de umidificação do ar
J67.8	Pneumonites de hipersensibilidade devidas a outras poeiras orgânicas

(continua)

Doenças respiratórias na agroindústria

J67.9	Pneumonite de hipersensibilidade devida a poeira orgânica não especificada
J68	Afecções respiratórias devidas a inalação de produtos químicos, gases, fumaças e vapores
J68.0	Bronquite e pneumonite devidas a produtos químicos, gases, fumaças e vapores
J68.1	Edema pulmonar devido a produtos químicos, gases, fumaças e vapores
J68.2	Inflamação das vias aéreas superiores devida a produtos químicos, gases, fumaças e vapores, não classificada em outra parte
J68.3	Outras afecções respiratórias agudas e subagudas devidas a produtos químicos, gases, fumaças e vapores
J68.4	Afecções respiratórias crônicas devidas a produtos químicos, gases, fumaças e vapores
J68.8	Outras afecções respiratórias devidas a produtos químicos, gases, fumaças e vapores
J68.9	Afecção respiratória não especificada devida a produtos químicos, gases, fumaça e vapores
J69	Pneumonite devida a sólidos e líquidos
J69.0	Pneumonite devida a alimento ou vômito
J69.1	Pneumonite devida a óleos e essências
J69.8	Pneumonite devida a outros sólidos e líquidos
J70	Afecções respiratórias devida a outros agentes externos
J70.0	Manifestações pulmonares agudas devidas a radiação
J70.1	Manifestações pulmonares crônicas e outras devidas a radiação
J70.2	Transtornos pulmonares intersticiais agudos induzidos por droga
J70.3	Transtornos pulmonares intersticiais crônicos induzidos por droga
J70.4	Transtorno pulmonar intersticial não especificado induzido por droga
J70.8	Afecções respiratórias devidas a outros agentes externos especificados
J70.9	Afecções respiratórias devidas a agentes externos não especificados

16
Prevenção e combate a incêndios

Além dos habituais cuidados quanto às corriqueiras fontes de ignição (seja pelo calor de corpos em atrito, como no caso das canecas de elevação em um silo, seja pelas faíscas geradas pelos processos mecânicos, como o esmerilhamento e a soldagem, seja pela eletricidade estática, seja pelas descargas atmosféricas, razão pela qual todas as construções e estruturas devem ter um sistema apropriado, isto é, devidamente dimensionado segundo as normas vigentes, para a sua captura, baixada e destinação à terra ou, ainda, por falha material ou inadequação de componentes das redes de força e luz) em uma unidade produtiva, o profissional de segurança do trabalho nas atividades agroindustriais deverá voltar atenções a certas particularidades do segmento.

Inicialmente, devemos destacar as dificuldades de acesso e de atuação, seja em razão da localização, seja em função da topografia ou dimensões do terreno, que os bombeiros civis ou militares podem encontrar para fazer o combate ao fogo no campo, em face das proporções que este pode alcançar em uma lavoura sob determinadas condições (estágio da cultura, volume da massa combustível, ressecamento de palhas, cascas e ramas após a colheita, ação dos ventos, regime de chuvas ou período de estiagem etc.) e para o seu controle.

Não raro, a única medida possível é segregar parte desse campo para permitir a autoextinção do fogo, pelo consumo da matéria combustível na área isolada para tal fim, criando-se aceiros ou vazios, o que deverá evitar a propagação das chamas.

Neste mesmo sentido, não podemos nos esquecer da disponibilidade de pontos de captação de água para o reabastecimento de viaturas, posto que o principal método de combate aos incêndios de origem agrícola e/ou florestal é o resfriamento proveniente do uso de grande quantidade de água.

Os incêndios no campo ou em áreas florestais, excetuando-se as ações dolosas, isto é, intencionais e as descargas atmosféricas, geralmente costumam decorrer de condutas negligentes, seja pela prática ancestral de coivaras (queimada de ramagens, galharias e, eventualmente, troncos em áreas roçadas, com a incorporação das cinzas geradas ao terreno, para posterior plantio, comumente utilizada na agricultura de subsistência: indígena, quilombola e ribeirinha, de pequeno porte, familiar), seja pelos restos de fogos de acampamentos (para cozimento, defumação etc.), seja por imperícia no trato com

Prevenção e combate a incêndios

inflamáveis (por exemplo, no manuseio de máquinas e equipamentos, como no caso das motosserras, por vezes aquecidas, em sucessivas operações de uso e reabastecimento).

Ademais dos perigos desse abastecimento no campo, em meios aos cultivos, há oportunidades de ocorrências indesejadas no recebimento do combustível, em seu armazenamento, fracionamento e, ainda, em sua distribuição ou destinação aos usuários, o que pressupõe o transporte, em contenedores nem sempre adequados, aos locais de utilização posterior.

A intervenção frente a incêndios no campo ou no interior de instalações contendo grandes volumes de materiais combustíveis poderá demandar um elevado número de profissionais qualificados e uma quantidade de recursos materiais (veículos e respectivos acessórios, ferramental, equipamentos de proteção específicos, como os exigíveis para respiração autônoma e vestes resistentes ao fogo e outros) que poucos empreendimentos serão capazes de providenciar e manter. Nessa esteira, em associação semelhante aos Planos de Auxílio Mútuo (PAMs) das atividades industriais, empresas do segmento têm se organizado em redes de cooperação, compartilhando pessoal e equipamentos, visando atuação conjunta planejada e coordenada no caso da ocorrência de incêndios em uma das unidades integrantes desse coletivo. Para tanto, são definidas estratégias de ação comuns, em razão do que são partilhados treinamentos e experiências mútuas, sendo, inclusive, realizadas atividades simuladas para a avaliação do desempenho do próprio sistema, assim como da participação individual dos atores envolvidos, inclusive órgãos do Poder Público.

Vejamos o relato do seguinte acontecimento:

> *Incêndio em estoque de algodão dura várias horas. O fogo se alastrou rapidamente e, embora não tenha deixado vítimas, causou grande prejuízo, sendo queimadas dezenas de toneladas do produto, além da maquinaria e instalações da empresa.*

No enfrentamento a este evento, para alcançar controle e posterior extinção do incêndio, foram necessários muitos carros-pipa, uma retroescavadeira (para pôr abaixo as paredes do armazém, movimentar fardos e revolver o material para o resfriamento de seu interior) e imensa quantidade – milhares de litros – de água.

Semelhante ocorrência poderia ser registrada assim:

> Um caminhão que transportava uma carga de algodão em plumas foi destruído por um incêndio às margens da rodovia. Sob a coberta de lona os materiais entraram em combustão e foram totalmente consumidos no evento, que interditou o tráfego local por quase três horas.

Que similitudes guardam entre si? E qual teria sido a causa comum desses dois eventos aparentemente distintos?

Ambos decorrem da combustão espontânea do algodão, processo físico-químico exotérmico em que o material se inflama sem a presença de chama ou faísca que provoque a sua ignição. Tal fenômeno, denominado cavitoma ou decomposição da fibra/pluma do algodão por micro-organismos, ocorre desde o campo com a exposição do caroço aberto à umidade até o armazenamento dos fardos, em especial se o lugar para tanto não for suficientemente ventilado, favorecendo a acumulação do calor gerado, o que provocará a elevação progressiva da temperatura interna do fardo até o ponto de inflamação ou de ignição do material.

Expressam Zarzuela e Aragão (1999) que:

> A combustão espontânea dá-se principalmente quando a substância química se encontra granulada ou particulada, de modo a apresentar grande superfície em contato com o O_2 do ar e existir considerável quantidade de material estocado; deste modo há concentração de calor, progressivamente aumentado até toda a massa inflamar-se. Os compostos sensíveis a entrarem em combustão espontânea podem ser divididos em dois grupos:
>
> - Óleos e gorduras animais ou vegetais; os óleos de linho, cânhamo, de algodão, de noz, de peixe oxidam-se rapidamente em contato com o O_2 do ar, em reação exotérmica sensível; por outro lado, os óleos de oliva, de amêndoa, de nabo silvestre são menos oxidáveis que os primeiros, porém também suscetíveis de se inflamarem, particularmente em contato com trapos, pó de carvão vegetal, serragem.
> - Carvão de madeira, hulha, lingnita podem inflamar-se espontaneamente, pois absorvem O_2 quando expostas ao ar, especialmente quando estes materiais se encontram em estado pulverulento; o calor favorece e acelera a reação química que se desenvolve com substâncias em elevado grau de subdivisão.

Prevenção e combate a incêndios

O processo principia e tem desenvolvimento muito lento no interior da formação do material, até irromper de forma abrupta e violenta ao alcançar uma superfície, onde encontra abundante alimentação pelo ar aberto. "A velocidade de reação calorífica duplica por cada 8 °C de elevação de temperatura", registra Aragão (2010).

Sendo processo que pode ser originado ainda no campo, quando o botão aberto está sujeito à absorção da umidade, por exposição direta à chuva ou não, recomenda-se não se efetuar a colheita nas primeiras horas do dia, quando este pode reter a umidade natural do amanhecer, bem como não depositá-lo diretamente ao chão, sendo necessário para o seu armazenamento o uso de estrados. A instalação, por sua vez, deverá permitir a renovação do ar local, para a dissipação do calor do ambiente, sem, contudo, propiciar a umidificação das fibras. Deve-se, ainda, proceder a uma secagem forçada sempre que o teor da umidade for maior ou igual a 10% em peso, situação em que o produto perde condição básica para a sua comercialização.

Ademais de atenções durante a colheita, o algodão, o arroz e outros produtos agrícolas demandam cuidados no seu acondicionamento e em sua armazenagem, tanto para evitar o surgimento de incêndios quanto para evitar o seu desenvolvimento e propagação.

O sistema de prevenção e combate a incêndios, contendo elementos de detecção e alarme, inclusive as redes de chuveiros automáticos (*sprinklers*), hidrantes e seus reservatórios, será projetado e dimensionado a partir das características da área e das edificações, o tipo de ocupação destas, as classes de incêndio (quer pela natureza dos materiais, quer pela carga de incêndios),[1] assim como pelo número total dos usuários de cada um dos ambientes e seu perfil (idade, limitações etc.), em consonância com a legislação relativa à temática da unidade da federação em que estiver localizado o empreendimento, bem como de acordo com as normas técnicas aplicáveis, nos moldes do estabelecido pela NR 23, item 23.1.

---

[1] *Classes de incêndio pela natureza dos materiais:* A – fogo em sólidos combustíveis, B – fogo em líquidos inflamáveis, C – fogo em equipamentos elétricos, D – fogo em metais pirofóricos e suas ligas;

Classificação pela carga de incêndio ou quantidade de materiais: Risco leve ou Tipo 1 – carga de incêndio de até 270.000 kcal/m^2 (reduzida liberação de calor), Risco médio ou Tipo 2 – carga de incêndio de 270.000 kcal/m^2 até 540.000 kcal/m^2 (moderada liberação de calor), e Risco pesado ou Tipo 3 – carga de incêndio de 540.000 kcal/m^2 até 1.080.000 540.000 kcal/m^2 (elevada liberação de calor).

23.1 Todos os empregadores devem adotar medidas de prevenção de incêndios, em conformidade com a legislação estadual e as normas técnicas aplicáveis.

A minimização de potenciais perdas decorrentes de um incêndio, ao lado de instalações apropriadas para a guarda e conservação da produção, somente se dará com medidas complementares de outras ordens, as quais destacamos a seguir:

- A detecção precoce do princípio de incêndio, seja por sistemas remotos (sensores, monitoramento por câmeras etc.), seja por percepção humana direta (vigias ou outros funcionários), resultando possível intervenção ainda nos instantes iniciais do evento indesejado, reduzindo a sua propagação, favorecerá seu controle e até mesmo a sua extinção, quando concretizadas as ações necessárias para tanto. Tal aspecto se reveste de importância essencial, uma vez que grande parte das ocorrências (cifras da ordem de 60%), segundo informações correntes, têm lugar no horário compreendido entre 6 da tarde e 6 da manhã.

- A segunda medida, mas não menos importante, diz respeito à organização interna ou ocupação dos recintos de armazenamento, no tocante à distribuição dos volumes de massas combustíveis no interior dos armazéns. Estamos falando da compartimentalização, do fracionamento dos blocos de fardos, espaçando-os entre si, visando à descontinuidade da transmissão do fogo, o que contribuirá, também, para a movimentação interna dos materiais (equipamentos e pessoas), bem como sua retirada, afastamento de um foco de incêndio, que, dessa forma, tenderá a ficar restrito ou localizado em determinado empilhamento.

- Um terceiro ponto que contribuirá de forma decisiva para a redução da evolução ou propagação do incêndio diz respeito à adequação da altura do empilhamento à rede de *sprinklers*, das luminárias e da cobertura do ambiente. Caso estes estejam muito próximos, o incêndio poderá ser favorecido: pelo rápido aquecimento da camada de ar contida logo abaixo da coberta, por falhas do sistema elétrico associado e pela redução da eficiência de distribuição dos fluxos de água ou alcance da área de cobertura dos chuveiros, conforme o esquema da Figura 16.1.

- Ainda que essas medidas preventivas sejam levadas a termo, sempre restará a possibilidade de que um incêndio, por razões diversas, se concretize. Nesse cenário, será requerida a atuação de profissionais qualificados e em número compatível com a magnitude do evento, visando combatê-lo, no intuito de evitar perdas humanas (inclusive as desses profissionais) e limitar as perdas materiais decorrentes, bem como prováveis danos ambientais.

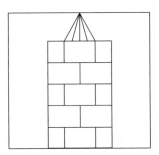 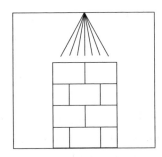

Figura 16.1 Influência da altura da pilha de fardos em relação à eficácia de atuação (alcance ou cobertura do banho) do sistema de chuveiros automáticos.

Sem dúvida, nesse propósito não há como deixar de fazer menção, de imediato, aos bombeiros públicos, militares ou não, que têm como função precípua essa atividade. Todavia, devemos ter em mente que, dentre outras razões, o tempo a ser despendido no deslocamento desde a sua unidade mais próxima até as instalações que demandam a sua pronta intervenção (fábrica, armazém, campo ou outra), assim como as restrições de recursos materiais e humanos dessas corporações, pode, infelizmente, significar a diferença entre grandes perdas e algum salvamento.

A NBR 14.276/2006 estabelece requisitos para a composição, formação, implantação de brigadas de incêndio, abandono de área e primeiros socorros, visando, em caso de sinistro, proteger a vida e o patrimônio, reduzir as consequências sociais do evento indesejado e danos ao meio ambiente.

A profissão de bombeiro civil foi regulamentada pela Lei Federal n. 11.901, de 12 de janeiro de 2009, que traz, além da definição de bombeiro em seu art. 2º, outras particularidades:

Art. 2º – Considera-se Bombeiro Civil aquele que, habilitado nos termos desta Lei, exerça, em caráter habitual, função remunerada e exclusiva de prevenção e combate a incêndio, como empregado contratado diretamente por empresas privadas ou públicas, sociedades de economia mista, ou empresas especializadas em prestação de serviços de prevenção e combate a incêndio.

Esses profissionais têm assegurado, nos moldes do estabelecido por essa lei, adicional de periculosidade de 30% sobre o salário (art. 6º, III), em jornada de trabalho em 12 × 36 horas (art. 5º).

Por sua vez, a NBR 14.608/2007 trata dos requisitos para determinar o mínimo de bombeiros profissionais civis em uma planta, bem como sua qualificação, reciclagem e atuação.

Cabe lembrar que a atuação desses profissionais, voluntários ou profissionais, se dará de modo integrado com as ações dos bombeiros públicos, que deverão coordenar e conduzir as intervenções desse coletivo, ao assumirem as ações de emergência frente ao evento e suas repercussões.

- Por fim, visando minimizar os danos às próprias instalações, à maquinaria e aos materiais porventura retirados do ambiente, em razão do elevado volume de água utilizado para combate ao incêndio, não podemos deixar de fazer referência à necessidade do planejamento de um sistema de escoamento e drenagem de águas servidas, inclusive para fins de reaproveitamento e reutilização em face do evento em ocorrência, evitando o alagamento onde tal não possa ou deva ocorrer.

Depois de esmagado para a obtenção do óleo, restará do caroço do algodão, como resíduo do seu processamento, a torta, borra oleosa que, para fins de transporte, segundo a Agência Nacional de Transporte Terrestre (ANTT), conforme constante na Resolução n. 420/2004, é caracterizável, e tão somente nessa condição, como material perigoso,[2] sendo exigível ao condutor do veículo o curso de Movimentação Operacional de Produtos Perigosos (MOPP), de acordo com o estabelecido pelo Conselho Nacional de Trânsito (Contran) na Resolução n. 168/2004.

---

[2] Subclasse 4.2 – substâncias sujeitas a combustão espontânea, número ONU 1364 – algodão, resíduos oleosos.

Dentre os casos analisados por Aragão (1999), exemplifica bem a condição de borras oleosas como subproduto perigoso o caso de um grave incêndio originado em uma unidade de processamento de cera de carnaúba, em específico no ambiente de armazenagem desse resíduo.

Nessa direção, cabe destacar que ainda que possam ocorrer casos como o citado neste capítulo, de eventual combustão espontânea quando do seu transporte, o algodão em pluma não constitui carga perigosa. Contudo, isso não significa que os fardos do produto não devam ser adequadamente acondicionados, recebendo cuidados específicos (por exemplo, fazê-lo, necessariamente, sob cobertura, no intuito de evitar as chuvas e potencializar cavitomia posterior, bem como eventual sujeição a ignição acidental ou mesmo dolosa).

Aragão (2010) nos alerta, ainda, que "os adubos mistos, representados por misturas de superfosfatos, nitratos e matérias orgânicas, são perigosos, pois, quando a temperatura ambiente é superior a 30 °C, os superfosfatos reagem com os nitratos, produzindo ácido nítrico, que oxida as matérias orgânicas, sempre que esses adubos se encontram estocados demasiadamente compactados, dá-se a combustão espontânea".

311.9.4 Nos processos de compostagem de origem animal, deve-se evitar que a fermentação excessiva provoque incêndios no local.

Devemos, por fim, não nos esquecer dos ensinamentos de Zarzuela e Aragão (1999) de que "amontoados de ervas e folhas mortas, em determinadas condições, constituem agentes provocadores de incêndios em florestas; analogamente grãos não oleaginosos armazenados em silos úmidos conduzem à inflamação da massa, como também a palha e o feno estocados úmidos, papéis usados são suscetíveis de se autoinflamarem e, deste modo, ocasionar incêndio, evitável de forma simples pelo tratamento desses materiais, ventilando-os ou adicionando-lhes sal comum".

Sugestões de leitura

ARAGÃO, Ranvier Feitosa (Coord.). *Incêndios e explosões* – uma introdução à Engenharia Forense. Campinas: Millenium, 2010.

ASSOCIAÇÃO BRASILEIRA DE NORMAS TÉCNICAS (ABNT). *Proteção de estruturas contra descargas atmosféricas* – NBR 5419. Rio de Janeiro, 2015.

_____. *Bombeiro profissional civil* – NBR 14.608. Rio de Janeiro, 2007.

_____. *Programa de brigada de incêndio* – NBR 14.276. Rio de Janeiro, 2006.

_____. *Plano de emergência contra incêndio:* requisitos – NBR 15.219. Rio de Janeiro: 2005.

BRASIL. *Lei n. 11.901, de 12 de janeiro de 2009.* Regulamenta a profissão de bombeiro civil.

ESTADO DE PERNAMBUCO. *Decreto n. 19.644, de 13 de março de 1997* – Código de Segurança Contra incêndio e Pânico para o Estado de Pernambuco – COSCIP.

ESTADO DE SÃO PAULO – Corpo de Bombeiros da Polícia Militar. *Instrução Técnica n. 17/2014 – Brigada de Incêndio.*

GOMES, Ary Gonçalves. *Sistemas de prevenção contra incêndios.* Rio de Janeiro: Interciência, 1998.

NFPA®. *Manual de protección contra incendios.* 17. ed. España (s/l): Mapfre, 1993.

VILLAR, Antônio de Mello. *Prevenção a incêndios e explosões.* João Pessoa: EdUFPb, 2002.

ZARZUELA, José Lopes; ARAGÃO, Ranvier Feitosa. *Química legal e incêndios.* Porto Alegre: Sagra Luzzatto, 1999.

NR 23 – Proteção contra Incêndios

23.1 Todos os empregadores devem adotar medidas de prevenção de incêndios, em conformidade com a legislação estadual e as normas técnicas aplicáveis.

23.1.1 O empregador deve providenciar para todos os trabalhadores informações sobre:

a) utilização dos equipamentos de combate ao incêndio;

b) procedimentos para evacuação dos locais de trabalho com segurança;

c) dispositivos de alarme existentes.

23.2 Os locais de trabalho deverão dispor de saídas, em número suficiente e dispostas de modo que aqueles que se encontrem nesses locais possam abandoná-los com rapidez e segurança, em caso de emergência.

23.3 As aberturas, saídas e vias de passagem devem ser claramente assinaladas por meio de placas ou sinais luminosos, indicando a direção da saída.

(continua)

Prevenção e combate a incêndios

23.4 Nenhuma saída de emergência deverá ser fechada à chave ou presa durante a jornada de trabalho.

23.5 As saídas de emergência podem ser equipadas com dispositivos de travamento que permitam fácil abertura do interior do estabelecimento.

Anexo 1 – Substâncias químicas capazes de provocar combustões espontâneas

Substância	TCE*	Acondicionamento	Precaução contra aquecimento espontâneo	Observações
Alfafa (alimento)	Alta	Sacos, fardos	• Evitar umidade excessiva • Transportar em carros hermeticamente fechados	Faíscas, respingos quentes, cigarros acesos, podem provocar "fogo surdo" por alguns dias, antes de se irromper em labaredas
Amendoim (pele vermelha)	Alta	Sacos de papel grosso, latas e caixotes	• Evitar armazenamento mal ventilado	Trata-se da parte do amendoim entre a casca e o próprio amendoim
Bacalhau (óleo de bacalhau)	Alta	Tambores, latas e vidros	• Evitar contato com trapo, estopa, tecidos e outros materiais combustíveis fibrosos	Materiais orgânicos impregnados são extremamente perigosos e devem ser guardados em recipientes e locais seguros
Carvão vegetal	Alta	Sacos e montes	• Guardar frio • Suprimento de ventilação • Evitar molhagem seguida de secamento	Carvão de madeira dura deve ser cuidadosamente preparado e envelhecido
Milho para alimentação	Alta	Sacos de papel	• O material deve ser tratado cuidadosamente para manter-se ao abrigo da umidade e "curtido" antes da estocagem	Usualmente contém apreciável quantidade de óleo, o qual tem a tendência mais ou menos elevada para se aquecer
Peixe (alimento)	Alta	Sacos e montes	• Conservar umidade de 6% a 12% • Evitar exposição ao calor	Perigoso se seco em demasia ou empacotado acima de 38 °C
Peixe (óleo)	Alta	Tambores, tanques e vidros	• Evitar contato com materiais combustíveis fibrosos	A tendência ao aquecimento varia com a origem

(continua)

| Peixe seco | Alta | Sacos | ■ Evitar umidade | Carregamento ou estoque de peixe seco antes de refrigerado é bastante suscetível de aquecimento |
| Tinta a óleo | Alta | Tambores, latas e vidros | ■ Evitar contato com trapo, estopa, tecidos e outros materiais combustíveis fibrosos | Materiais orgânicos impregnados são extremamente perigosos e devem ser guardados em recipientes e locais seguros |

* TCE – Tendência para Combustão Espontânea.
Fonte: adaptado de Zarzuela e Aragão (1999).

17

Breves relatos e apreciação de acidentes na agroindústria

Esta seção tem o propósito de fornecer, por intermédio da descrição sucinta e discussão de extratos de casos selecionados, subsídios para o levantamento de medidas que possam contribuir para a sua não concretização, poupando a vida de trabalhadores e transeuntes, vítimas do não cumprimento das exigências que se impõem à necessária implementação da segurança em obras. Dessa maneira, **cada relato descrito**[1] **serve como lição** a ser aprendida e exemplo do que não deve ser realizado ou do que não pode ser olvidado.

Outrossim, convém relembrar o já afirmado anteriormente: mais importante do que relacionar as medidas técnicas e as exigências legais e gerenciais que não foram (devidamente) cumpridas pela organização é identificar as razões desse descumprimento, porque justamente aí residem as primeiras causas que originaram cada evento indesejado e abriram o caminho para as suas consequências danosas.

● Caso 1

Quatro funcionários de um depósito de café ficaram feridos em um acidente de trabalho, um deles em estado grave. Os trabalhadores empilhavam sacas de café quando a carga de um equipamento de guindar, com mais de dez sacos, caiu sobre eles e sobre a pilha em que trabalhavam.

Comentário:

O deslocamento de sacarias, assim como o de outros materiais, em volumes distintos deve ser realizado em contenedores apropriados que propiciem a sua unitização. Ou seja, para fins de deslocamento (inclusive içamento) eles devem ser tratados como carga única. Para tanto, a seleção e uso do meio adequado para tanto deve ter lugar, bem como das providências quanto à prevenção de acidentes e dos equipamentos de proteção requeridos (para trabalho em altura, por exemplo), frente às potenciais oportunidades de dano aos trabalhadores. Cabe destacar que regras básicas de segurança no trato com cargas

---

[1] Relatos, em sua maioria, obtidos com base na mídia, sendo excluídos das descrições eventuais formas de identificação do caso, como lugares, datas e nomes de envolvidos nas ocorrências (pessoas e empresas).

Breves relatos e apreciação de acidentes na agroindústria

suspensas devem ser observadas, como coordenar a movimentação da carga entre um operário no plano de trabalho e o operador do meio de movimentação por sinalização manual ou via rádio, não se colocar sob as cargas e somente se aproximar para a retirada do material do contenedor (palete, engradado ou mesmo rede) somente após a sua parada completa sobre o plano ou superfície de trabalho etc. De outro lado, devemos observar as recomendações constantes na NR 11, item 11.2, quanto ao trato manual com sacas, lembrando que esta forma de trabalho, sempre que possível, deve ser evitada, pois, além de ser de baixíssimo rendimento, pode causar sérios transtornos à integridade física dos trabalhadores (por aspectos biomecânicos e em razão de acidentes – como o caso em comento).

Por fim, cabe destacar que o evento indesejado pode ter sido causado por falha dos acessórios do içamento ou por sua operação inadequada (ângulo de elevação ou da linga, por exemplo), pelo que se recomenda:

> *11.1.3.1 Especial atenção será dada aos cabos de aço, cordas, correntes, roldanas e ganchos que deverão ser inspecionados, permanentemente, substituindo-se as suas partes defeituosas.*

● Caso 2

Um homem morreu em um acidente laboral em uma fábrica de ração localizada na região serrana do estado. Ele estava efetuando a limpeza no interior de um misturador quando uma colega de trabalho acionou o equipamento. Os bombeiros chegaram a resgatá-lo ainda com vida; porém, em razão dos graves ferimentos, ele não resistiu. No mesmo dia, após vistoria, a máquina foi interditada.

Comentário:

No caso em comento, resta claro a ausência de procedimento visando assegurar a integridade do executante da tarefa, em especial, em se tratando de sua realização no interior da maquinaria. Inadmissível a religação acidental do equipamento, sobretudo porque, para a necessária proteção do trabalhador, bastava o bloqueio de seu sistema de acionamento. Isso deveria ter sido providenciado como parte do procedimento, cuja classificação de cuidados se enquadra como atividade de risco, necessitando, portanto, da checagem prévia das condições para o exercício seguro da atribuição, bem como da emissão da pertinente "permissão para trabalho de risco", sob a supervisão de profissional qualificado para tanto. A adoção de medidas auxiliares, como a sinalização da atividade em execução junto ao quadro elétrico e nas imediações da máquina, entre outras constantes na NR 12, como o rearme manual obrigatório, poderiam contribuir para evitar que essa ocorrência tivesse lugar.

● Caso 3

Um idoso de mais de 70 anos morreu depois de cair sobre um facão em um assentamento na zona rural do município. Segundo relatos, o homem usava o instrumento como ferramenta de trabalho e o transportava junto ao corpo enquanto se deslocava apressadamente por entre os leirões da plantação. Em certo momento, se desequilibrou e caiu sobre o facão, sendo atingido em um de seus braços, o que resultou em um profundo corte que alcançou uma artéria, em razão do que ocorreu o óbito, a caminho de uma unidade de pronto atendimento, socorrido por um vizinho.

Comentário:

Nesse caso, se um antigo hábito (infelizmente em desuso e que encontra plena correspondência na NR específica) fosse observado, essa ocorrência poderia ter sido evitada:

31.11.4 As ferramentas de corte devem ser:

a) guardadas e transportadas em bainha.

Ademais, podemos afirmar que outra regra básica de segurança no trato com ferramentas não foi observada: correr ou deslocar-se apressadamente com a ferramenta em mãos e não em um contenedor específico para o seu transporte.

Caso 4

Um funcionário de uma empresa processadora de sal para o consumo animal prendeu o braço esquerdo na corrente de uma esteira após puxar a alavanca do equipamento para acioná-lo. A grave lesão resultante – quase imediata amputação – fez o trabalhador perder muito sangue e entrar em estado de choque, sendo necessária a sua remoção por helicóptero até um hospital especializado na capital do estado. Mesmo após diversas cirurgias, não se pode precisar a respeito do restabelecimento do membro atingido.

Comentário:

A narrativa em exame indica a ausência de proteção mecânica das partes móveis e de transmissão de força da máquina. É provável que, ao efetuar, de modo rotineiro, a operação requerida, tenha ocorrido o arrastamento de vestes ou de adorno (relógio, pulseira, anel etc.), pelo que se seguiu o deslocamento do membro afetado em direção a um ponto ou condição de esmagamento, resultando a grave lesão.

O questionamento quanto à habitualidade da operação é importante no tocante à percepção da presença e da exposição aos riscos associados, não só por parte dos próprios operadores, que, por vezes, realizam pequenas intervenções instintivas visando ampliar a sua segurança, como também dos profissionais voltados para essa tarefa, porventura existentes na estrutura organizacional, confrontando-se o seu papel e os resultados da atuação que lhes compete.

Caso 5

Jovem eletrocutado no primeiro dia de trabalho. Conforme relatos, era o primeiro dia de trabalho da vítima, que soldava uma peça quando ocorreu a fatalidade, sendo eletrocutado em razão de descarga elétrica. Não há registros de que o jovem, que acabara de completar 18 anos havia uma semana, tivesse a qualificação requerida para utilizar o equipamento.

Comentário:

A soldagem com arco elétrico (ou com eletrodos consumíveis, popularmente conhecidos como "varetas") é a mais comum técnica de soldagem de metais em todo o mundo, em razão da simplicidade do método, do baixo custo dos equipamentos e dos materiais, além da boa resistência mecânica alcançada e do reduzido tempo para a execução, em especial para pequenas extensões ou em apenas alguns pontos dos componentes em soldagem.

É justamente no momento da abertura do arco (instante inicial da fusão metálica pelo calor gerado no processo) que a intensidade da corrente elétrica é mais elevada, pelo que se requer adequado aterramento do equipamento, assim como da estrutura ou das peças a serem unidas pela soldagem, ao que devemos acrescentar o uso devido e necessário de EPI em face dos riscos do processo, apresentados a seguir:

- radiação ultravioleta (para potencial danoso para os olhos e pele);
- choque elétrico;
- queimaduras (por contato direto e por projeção de partículas);
- queimaduras por inflamação de graxa e outras sujidades presentes;
- fumos metálicos e gases derivados da queima dos eletrodos.

Frente a esses riscos, cabe a utilização do seguinte conjunto de EPIs:

- óculos de proteção com protetores laterais e com filtros para raios UV, protetor facial ou máscara para soldagem (preferível);
- máscara para fumos, gases e vapores;
- vestes primárias em tecido de algodão (macacão com fechamento por velcro, por exemplo), com mangas longas;
- utensílios de raspa de couro: avental, goleira, mangotes, luvas e perneiras ou polainas;
- touca para soldador;
- capacete e protetores auriculares (conforme o caso); e
- calçados de segurança isolantes.

A ausência de domínio técnico quanto às medidas preventivas (a habitual observação do estado ou condição da fiação do equipamento, por exemplo) e protetivas diante da atividade, resultante da reduzida ou inexistente experiência ou treinamento na função, acrescida das prováveis omissões no que se refere à supervisão e liberação prévia necessárias para a execução da tarefa (permissão para trabalho de risco), uma vez que essa requer tal atenção para a sua consecução, levou ao desfecho fatal do caso.

● Caso 6

Após encerrar as tarefas de preparação do terreno para o plantio da safra em uma das unidades cooperadas, ao cair da noite, o operador conduziu o veículo para uma outra propriedade da região, na qual iniciaria atividades já na manhã seguinte. Transitando em uma rodovia de intenso tráfego, essa medida resultou em grave acidente, envolvendo o trator e um veículo de passeio. O tratorista faleceu.

Comentário:

O caso narrado descreve situação bastante comum em diversas regiões do país. Para ampliar a utilidade do bem, que de outra forma poderia não estar disponível a todos os agricultores, há o compartilhamento, segundo um cronograma, do trator e de seus serviços. Todavia, para tanto, há a necessidade do deslocamento do veículo, o que, em geral, se dá após a jornada de trabalho, à noite, com a finalidade do aproveitamento integral do dia solar seguinte. Como em comento, não raro, esse deslocamento se dá em rodovias principais e sem o auxílio de meios de transporte para o trator. Ou seja, este realiza autopropulsão, talvez como tentativa de redução de despesas com a operação, visto que seria necessário um caminhão de certo porte para a condução do trator entre as propriedades.

Além de transitarem em velocidades incompatíveis com a via, muitas vezes isso se dá em situação de risco adicional, pois as condições de visibilidade dos mesmos podem ser prejudicadas por nevoeiros, por ausência de iluminação na via ou no próprio veículo...) e, portanto, de sua percepção e/ou identificação em deslocamento, em especial quando este é realizado no período noturno. Assim, o deslocamento correto, quando necessário, deve ser realizado no período diurno, com o auxílio de veículos sinalizadores (batedores) e das demais medidas requeridas para a sua execução segura, o que deve vir a ser impositivo entre os cooperados, tornando-se a prática habitual.

● Caso 7

Agricultor morre em acidente com trator. O operário, que havia trabalhado o dia inteiro no carregamento de soja, ao anoitecer, voltava para a sede da empresa agropecuária, posicionado na plataforma do trator, quando caiu e bateu a cabeça. Chegou a ser socorrido, mas faleceu a caminho do hospital. Ele tinha ferimentos no rosto e fraturas no ombro e um dos braços.

Comentário:

A não observância de uma regra de conduta fundamental na operação de tratores foi a causa primária desse acidente: nenhum trabalhador deve receber carona neste ou sobre qualquer implemento sob tração. Ao final da jornada, possivelmente com restrições quanto à iluminação natural, uma vez que o acidente se deu ao crepúsculo ou já adentrada a noite, a fadiga está presente para ambos (tratorista e carona), e as forças para sustentação estão limitadas. O carona depende destas para manter-se firme sobre a estrutura, visto que, em geral, em tratores sem cabine não há outro assento disponível e tampouco o pertinente cinto de segurança associado. Ademais, a presença de outro trabalhador ao lado do condutor, por certo em conversação com este, pode causar-lhe distração, reduzindo a atenção consciente nas condições de deslocamento, que pode se dar em velocidade incompatível com o veículo e o terreno, justamente para abreviar a sua duração. Por outro lado, a altura da queda e o impacto contra uma superfície (que pode ser contra o próprio veículo, o chão, o pavimento etc.) agravam as consequências do evento indesejado, quando este não ocorrer colocando a vítima sob as rodas do conjunto e provocando o atropelamento, o que resulta, infelizmente, na maioria das vezes, em inevitável desfecho fatal.

● Caso 8

Tratorista morre atropelado pelo próprio trator que conduzia. Segundo testemunhas, a vítima seguia com o veículo pela estrada quando, ao passar por uma lombada, caiu entre os eixos deste, vindo a ser atingida pelo pneu traseiro. O trator seguiu desgovernado até parar ao bater contra a porteira de uma fazenda alguns metros adiante.

Comentário:

Essa ocorrência nos leva a duas constatações:

- A queda do condutor do veículo decorreu diretamente do não uso do cinto de segurança, que deveria estar disponível no trator (do mesmo modo que as EPCs), o que seria suficiente para mantê-lo no trator.
- O fator primário que originou a saída ou o arremesso do tratorista para longe de seu posto de trabalho durante a condução do trator certamente foi o excesso de velocidade, posto que foi capaz de fazê-lo saltar do assento, ainda que apoiado ao volante, ao passar por cima da lombada.

Verifica-se, portanto, que da combinação desses fatores resultou o evento fatal, que poderia ter sido evitado se apenas uma dessas condições não se fizesse presente. Têm-se, então, elementos de natureza comportamental que, por relegar a um plano de inferior o potencial danoso do evento indesejado e a importância de sua prevenção, terminaram por oferecer as circunstâncias para a sua concretização.

Em outras palavras, a ausência da conscientização do trabalhador, como parte de uma cultura de SST proativa acerca da maneira adequada ou necessária para a condução segura do trator, forneceu a conjuntura para a materialização do acidente.

● Caso 9

Acidente com trator agrícola resultou na morte de um agricultor no parreiral da família. Conforme informações preliminares coletadas ainda na fazenda, o trabalhador perdeu o controle do veículo que conduzia, descendo ribanceira de aproximadamente 60 metros, vindo a capotar. Foi atingido na cabeça e faleceu no local.

Comentário:

Ao que tudo indica, a conjunção de dois fatores levou à ocorrência desse acidente:

- o primeiro, de natureza construtiva ou estrutural do trator: a ausência de um EPC;
- o segundo, de natureza comportamental: as ações e a forma de condução do trator em terreno inclinado (aclive ou declive, como no caso), velocidade, posição de entrada no terreno, uso de freio-motor, troca indevida de marchas etc.

Informações adicionais sugerem que o veículo de uso regular na propriedade era antigo, desprovido de EPC, e seu condutor não tinha realizado qualquer treinamento formal para a condução segura de tratores, pautando sua atuação pela prática cotidiana. Embora essa condição seja comum em muitas propriedades familiares, demonstra a inafastável necessidade da realização de treinamentos com especialistas visando dirimir eventuais dúvidas e, mesmo, para desconstruir mitos e inverdades que são propagadas entre gerações.

● Caso 10

Ao tentar abrir ao meio (com o auxílio de ferramenta de disco abrasivo) um tonel originalmente usado para o transporte de material inflamável visando a sua utilização futura como cocho para animais, o trabalhador rural foi surpreendido pela explosão desse tonel e faleceu em decorrência dos ferimentos resultantes.

Comentário:

Esse é um caso típico de ausência da percepção do perigo e da prevenção cognitiva necessária à realização de determinada tarefa. Ou seja, o trabalhador sujeitou-se a executar a operação de corte do tonel valendo-se de ferramenta com disco abrasivo, cuja ação gerou fagulhas com o consequente aquecimento e volatilização da atmosfera em seu interior, sem sequer se dar conta do potencial acidente a que daria origem.

Embora a operação em curso não tome parte em atividade própria ou específica da agroindústria, resolvemos inseri-la nessa relação como amostra de ocorrências relacionadas a afazeres secundários, com a manutenção e/ou o desenvolvimento de utilidades, como no evento em questão. Ou seja, tarefas realizadas nas instalações ou em interesse desta. E como tal devem receber atenções relativas ao gerenciamento da SST. O levantamento prévio dos perigos e a elaboração de cuidados básicos para assegurar a preservação da integridade dos executantes e de outros indivíduos em seu entorno poderiam ser levados a bom termo. Ademais, convém lembrar que diversas ferramentas só devem ser manipuladas por profissionais habilitados para isso.

Esse caso demonstra reduzido domínio técnico para a execução segura da tarefa, o que pode significar, de outro lado, a inexistência ou fragilidade de uma cultura relativa à SST no empreendimento.

● Caso 11

Trabalhador com cerca de 50 anos ficou gravemente ferido na face ao sofrer queimadura com vapor d'água em abatedouro de aves. O fato ocorreu quando realizava manobra visando à abertura de válvula localizada em posição cujo acesso se dava por meio de uma plataforma com pouco mais de dois metros de altura. O trabalhador utilizou mão de força para destravar a válvula que se encontrava emperrada quando ela se rompeu, razão pela qual ele sofreu a queda que lhe causou ferimentos adicionais.

Comentário:

O caso descrito remete à inexistência de procedimento previamente aprovado para a realização da tarefa, em que deveriam constar os requisitos necessários para a sua execução segura, que se pode constatar pela utilização de ferramenta inapropriada, bem como pela não antecipação da provável queda de nível em decorrência da ruptura do elemento de força. Fica patente a improvisação e a carência de supervisão ou de fiscalização de superior ou de profissional com atribuições de SST, cuja intervenção resultasse na execução segura da operação. Resta inquestionável a falha no tocante à cultura de prevenção de acidentes na empresa, quiçá a ausência de um sistema formal de SST no empreendimento em que ocorreu esse evento indesejado.

● Caso 12

Trabalhador de 24 anos sofreu grave acidente que lhe provocou amputação de um de seus braços quando realizava operação de manutenção e limpeza em máquina no setor de graxaria de um abatedouro, mais precisamente no fuso da trituradora de ossos, onde são processados subprodutos derivados do sebo, gordura, carne e ossos. A vítima se encontrava no interior da máquina quando ela foi religada acidentalmente por um colega de trabalho.

Comentário:

Semelhante ao Caso 2, tem-se a mesma recorrência das causas: ausência de procedimentos previamente aprovados, incluindo dispositivos de bloqueio dos comandos e a sinalização da tarefa nos arredores da máquina, assim como a proteção mecânica necessária da parte potencialmente perigosa quando da realização da tarefa de limpeza ou manutenção, que deveria contar com as checagens prévias de um sistema para permissão de trabalho de risco.

● Caso 13

Tratorista é atropelado pelo veículo que conduzia em acidente fatal. O trabalhador realizava operação de distribuição de calcário e gesso agrícolas para a preparação do solo para o cultivo. Marcas no chão ao lado do corpo da vítima indicam que o condutor foi atropelado pelos pneus traseiros do próprio trator, que passou por sobre o seu corpo.

Breves relatos e apreciação de acidentes na agroindústria

Comentário:

A descrição do caso indica que o trator operava tracionando implemento para a distribuição de corretivos, o que pode exigir certas condições de operação e de deslocamento do conjunto, incluindo velocidade para um melhor rendimento produtivo. A interação entre pneu (e suas condições de inflação) e solo e essas condições pode, por vezes, resultar no fenômeno denominado "galope", que provoca oscilações verticais e horizontais desse bloco agregado, culminando com a queda do tratorista, por causa de saltos em seu assento, em especial quando ele não utilizar cinto de segurança e não atua sobre o sistema para controlar as vibrações do conjunto e seus componentes. Como descrito no capítulo sobre acidentes com tratores, medidas já largamente conhecidas, como o adequado planejamento dessa interação (por exemplo, com o lastreamento e o uso do cinto de segurança), poderiam ter evitado essa ocorrência.

● Caso 14

Colisão de empilhadeira contra tubulação em frigorífico provoca vazamento de amônia, que intoxica cerca de 50 trabalhadores e leva 30 deles, que não conseguiram sair do local a tempo, ao hospital municipal, alguns em estado grave, para atendimento de urgência, após inalarem a substância.

Comentário:

Para uma melhor compreensão da magnitude da ocorrência que analisaremos, convém que, antes de efetuarmos qualquer comentário a respeito, façamos breve relato acerca da amônia e de suas particularidades.

A amônia é um gás inflamável, explosivo (em concentrações de 15% a 28% em volume de ar), tóxico, corrosivo em presença de água e nocivo ao meio ambiente. Quando inalado, pode causar asfixia, sendo requerida a utilização de proteção respiratória adequada, quando em condições de ventilação insuficiente. Em altas concentrações provoca acessos de tosse violentos em razão de sua ação sobre as vias respiratórias. Retardos na evacuação podem resultar forte irritação dessas vias, edema pulmonar e, até mesmo, levar à morte. Aos olhos, o gás pode causar queimaduras e cegueira temporária. A ingestão do produto na forma líquida causará severa corrosão da boca, garganta e estômago. À pele, o contato resultará em irritação e/ou queimaduras.

Apesar dessas características, o produto é largamente utilizado na produção de fertilizantes e em sistemas de refrigeração industrial, em razão de seu baixo custo, de sua excelente transferência de calor e baixa perda de carga, requerendo, para tanto, menores diâmetros de tubulação e componentes (válvulas etc.). Tem cheiro peculiar, forte, facilmente perceptível quando há vazamentos, o que, de certo modo, facilita o seu monitoramento. Dependendo da carga do sistema, devem-se evitar instalações em áreas com acesso ao público, sendo necessárias condições específicas para sua localização e proteção.

Para fins de transporte e manuseio, a amônia é considerada material perigoso (Código ONU 1005). As áreas destinadas à estocagem do produto na forma de cilindros ou de operação de suas tubulações devem contar com um bom sistema de aterramento, assim como com redes de iluminação blindadas, à prova de explosões, pelo que se deve evitar a presença de motores ou quaisquer outros equipamentos ou operações capazes de produzir faíscas. Por motivação de mesma ordem, esta não deve ser estocada em ambientes contendo oxidantes (como o oxigênio ou o cloro) e outros materiais inflamáveis. O recinto deverá contar, ainda, com "chuveiros de emergência" e "lava-olhos" para pronto uso, bem como todo o conjunto de EPIs requerido para intervenções em situações de emergência relacionadas ao produto.

No caso de os olhos serem atingidos, lentes de contato devem ser prontamente retiradas, procedendo-se à lavagem abundante, e as vítimas devem ser encaminhadas imediatamente ao socorro médico especializado.

As vestimentas (diretamente contaminadas ou não) devem ser removidas tão logo quanto possível, procedendo-se a farta lavagem das áreas da pele porventura afetadas.

Vazamentos de amônia exigem rápida evacuação do local para ambientes com ampla renovação da atmosfera (ar livre), sendo, em

Breves relatos e apreciação de acidentes na agroindústria

muitos casos, necessário administrar respiração artificial e, mesmo, fornecer suprimento de oxigênio às vítimas.

Pela descrição da ocorrência, pode-se inferir que os requisitos de prevenção, como a proteção física das tubulações, assim como as medidas de primeiros socorros e de evacuação, não foram realizados a contento, caracterizando inconsistência ou inexistência de um Plano de Ação Emergencial (**PAE**), incluindo a preparação do pessoal local para lidar com o evento indesejado, a definição de atribuições, a realização de treinamentos simulados e outras ações pertinentes.

● Caso 15

Vazamento de gás em curtume causa explosão, deixa quatro mortos e onze trabalhadores feridos, três dos quais em estado grave. Suspeita-se que o produto químico em abastecimento (sulfidrato de sódio)[2] tenha reagido com outras substâncias comumente utilizadas na atividade de curtimento. A rodovia, às margens da qual está situada a empresa, ficou interditada por várias horas, uma vez que o particulado resultante poderia ser inalado por motoristas e causar novos acidentes.

Comentário:

Uma regra básica no trato com substâncias químicas não foi observada: "As características dos materiais são soberanas". Ou seja, o conhecimento prévio e amplo das características da substância a ser operada é imperativo, assim como dos requisitos para a sua realização segura, o que deveria resultar em procedimentos preventivos e protetivos, inclusive quanto à eventual resposta primária na ocorrência de acidente: os primeiros socorros, o combate a incêndios e vazamentos e, até mesmo, para a evacuação, que no caso em questão se mostrou necessária.

A leitura atenta da **FISPQ** (Ficha de Informações de Segurança do Produto Químico) do produto indica que, além de classificado como de corrosão extrema (grau 4), ele reage com ácidos, oxidantes,

---

[2] Sinônimos: hidrossulfeto de sódio, sulfeto de sódio hidratado e hidrogênio sulfeto de sódio.

alumínio, zinco, carbono e sais de diazônio. Sua decomposição por calor gera sulfeto de sódio, cuja reação resulta no sulfeto de hidrogênio, que é altamente tóxico (50 – 100 ppm no ar). Por essa razão, são mais que devidas rigorosas medidas de controle de vazamentos, inclusive contenção, sendo requerida para intervenção nessa situação a utilização de equipamento para respiração autônoma, uma vez que sua inalação pode levar à queimadura do trato respiratório, com a formação de edema pulmonar.

Como em todo abastecimento ou transferência de químicos, a equipe de controle de emergências deverá estar de prontidão, sinalizando a área de operação e permitindo somente a presença de trabalhadores essenciais à sua condução e atuação emergencial, com a adequada utilização de todo o conjunto de EPIs requeridos para a tarefa.

● Caso 16

Cinco crianças de uma mesma comunidade sofreram grave intoxicação por consumir agrotóxico, mais conhecido como "chumbinho", usado ilegalmente como raticida. Segundo informações, elas estavam brincando na estrada que dá acesso ao assentamento em que residem quando encontraram uma sacola plástica cheia de bolinhas, partilhando e, em seguida, comendo – com sabor de uva – do material abandonado. Graças ao socorro médico adequado e imediato – elas apresentavam taquicardia, náuseas, dor abdominal, miose acentuada (contração da pupila) e excessiva salivação, sintomas próprios da ingestão de produtos à base de carbamato, substância presente em agrotóxicos –, nenhuma destas veio a óbito.

Comentário:

Podemos atentar para algumas impropriedades:

- Uso impróprio do produto, cuja ação como raticida se dá apenas no primeiro indivíduo da colônia de ratos que o comer, pois os demais fazem a associação entre a ingestão e o efeito mortal e recusam o alimento envenenado fornecido.

- Raticidas aprovados pela Anvisa,[3] próprios para a aplicação, são do tipo cumarínico: atuam como anticoagulantes e causam envenenamento lento, o que resulta na sua distribuição para toda a colônia.
- O "chumbinho" é um produto ilegal, composto de agrotóxicos de uso exclusivo para a lavoura. Em geral, tem como ingrediente ativo o aldicarbe, de altíssima toxicidade aguda, razão pela qual foi banido do mercado brasileiro. Seu nome popular advém da coloração acinzentada ou verde-escura do produto, pelo que se assemelha ao chumbo. Todavia, infelizmente, ainda pode ser encontrado em nosso país, fruto do contrabando. Tê-lo em posse e utilizá-lo configura-se atividade ilícita criminosa.
- Outras substâncias de potencial danoso similar ao aldicarbe foram encontradas em amostras de "chumbinho" comercializadas ilegalmente como raticida: organofosforados (monocrotofós, terbufós e forato) e carbamatos (metomil e carbofurano).
- Os sintomas típicos da intoxicação por esses produtos, como os descritos no corpo do caso, são registrados em menos de uma hora após a sua ingestão, pelo que se requer pronta intervenção.
- Por fim, podemos falar da destinação do agrotóxico (para não nos referirmos ao caso como abandono indevido) do material, encontrado e ingerido pelas crianças, o que lhes poderia ser fatal, sujeitando o responsável pela causa e suas consequências às penalidades aplicáveis.

● Caso 17

Em uma obra para a instalação de tubulações enterradas para a ampliação do parque industrial de um frigorífico, realizada por uma empresa terceirizada, dois trabalhadores faleceram em razão de soterramento provocado pela queda das laterais de uma vala com cerca de cinco metros de profundidade. Apesar de toda presteza do pessoal da obra e do próprio frigorífico buscando o resgate das vítimas, não foi possível socorrê-las com vida em razão da grande quantidade de

---

[3] Agência Nacional de Vigilância Sanitária, para quem devemos encaminhar denúncias, sob sigilo do denunciante, da comercialização ou utilização do "chumbinho", por intermédio do correio eletrônico: toxicologia@anvisa.gov.br ou, ainda, em ligação gratuita pelo número 0800-722-6001.

material depositado sobre elas, que se encontravam na porção mais inferior da vala no momento do acidente.

Comentário:

A análise dessa ocorrência serve para rememorar a necessidade de supervisão e fiscalização de todas as práticas e procedimentos na execução de tarefas a cargo de terceiros. Acidentes ocorridos nas instalações de um empreendimento e em seu interesse, quando registrados na respectiva Comunicação de Acidente de Trabalho (CAT), serão imputados, também, à tomadora dos serviços (contratante), que terá responsabilidade solidária à contratada por todas as obrigações trabalhistas e, em especial, aquelas relacionadas à preservação da integridade dos trabalhadores em decorrência do acidente de trabalho.

Nesse caso, assim como naqueles com os quais guarda semelhança, convém lembrar a máxima que diz: "O problema de seu fornecedor hoje passa a ser seu amanhã". Fica a dica!

● Caso 18

Cuidado: coices podem ser fatais! Vejamos estes dois relatos:

1. Um tratador de cavalos, que atuava havia quase uma década na função, faleceu após levar dois coices de um cavalo de montaria que levava ao veterinário nas próprias instalações da empresa. Ao avistar um outro cavalo, o animal escapou e iniciou uma briga. O trabalhador tentou apartá-los quando foi atingido. Apesar do socorro prestado pelo Serviço de Atendimento Móvel de Urgência (Samu), em razão dos traumas sofridos, o tratador não resistiu e morreu a caminho do hospital.

2. Vaqueiro de uma fazenda faleceu vitimado por coice de cavalo quando o banhava em um barreiro da propriedade. Segundo informações, ao lavar as ancas do animal, o trabalhador teria se desequilibrado e recebido um golpe violento no rosto, em função do que desmaiou e veio a perecer por afogamento.

Breves relatos e apreciação de acidentes na agroindústria

Comentário:

O coice é um mecanismo de defesa instintivo dos cavalos, um comportamento causado por medo ou excitação. Nervosismo e agitação podem resultar em coices nos animais de sela ou de trabalho no campo. Enfim, em todos os tipos de cavalos. O manejo adequado do animal nas situações que podem culminar com esse movimento é a única maneira de lidar com a questão. Eliminar as causas do evento, distrair a atenção do animal ou prover um novo adestramento podem ser providências úteis, conforme o episódio.

● Caso 19

Trabalhador picado por escorpião amarelo gigante, considerado a mais venenosa espécie e endêmico em toda a região, está em estado grave no hospital da cidade. Segundo relatos, o acidente aconteceu poucos minutos após o agricultor ter calçado as botas no barracão da empresa.

Comentário:

O acidente com peçonhentos ao calçar das botas é recorrente. Por isso, é sempre recomendável batê-las contra o piso antes de calçá-las, para que seja constatado que nenhum bicho esteja alojado em seu interior. Durante os meses de chuva ou muito quentes é comum que os animais busquem abrigos que lhes assegure uma condição favorável de conforto. Ademais, restos de comida e a presença de outras sujidades podem atrair baratas, roedores e outros pequenos animais que servem de alimento àqueles, pelo que se requer a constante limpeza do ambiente e de seu entorno (caixas de gordura, ralos etc.), como forma de afastá-los ou de desestimular a permanência deles no local. De outro lado, o socorro imediato, visando à aplicação, sob supervisão médica e com a brevidade possível, do soro antiescorpiônico, é medida de fundamental importância nos quadros mais graves. Isto é, aqueles cuja resposta é sistêmica, apresentando, além do quadro de dor local, efeitos ou sintomas como náuseas, vômitos, taquicardia, respiração acelerada, sudorese e espasmos.

Caso 20

Dois trabalhadores morrem e outros três são internados em decorrência de acidente na atividade de limpeza na triparia de um abatedouro. Encarregados de esvaziar e proceder à lavagem de um tanque, os trabalhadores a quem a tarefa foi confiada verificaram que, mesmo após o escoamento pelo dreno do líquido depositado, restava ao fundo uma quantidade significativa do produto, razão pela qual decidiram pela retirada manual do material (metabissulfito de sódio). O primeiro a descer, em instantes, perdeu a consciência, sendo seguido em tentativa de socorro por um segundo, tendo-lhe acontecido o mesmo. Seguiu-se nova tentativa de auxílio, também sem êxito, agora com a intervenção simultânea dos outros três trabalhadores, que, após o resgate dos corpos das vítimas fatais, foram encaminhados para atendimento hospitalar.

Comentário:

A análise atenta da ocorrência indicará duas ordens de causas para que o evento indesejado tivesse lugar:

a. A primeira diz respeito às falhas construtivas do tanque, cujo escoamento não se fez por completo de modo autônomo, uma vez que a drenagem se mostrou deficiente, seja pela posição do dreno em relação ao fundo do reservatório, seja em razão do nível deste em relação à rede de esgotamento apropriada para o químico. Ou seja, restou uma quantidade de "líquido que teve de ser retirada manualmente" por trabalhadores que, para tanto, adentraram ao recinto sem as proteções específicas requeridas para a função.

b. A segunda está relacionada ao domínio técnico da tarefa, que podemos subdividir em outras duas dimensões:

  i. o conhecimento das informações relativas aos produtos ou materiais, em especial quanto ao seu potencial danoso (reatividade com água e outros químicos, inflamabilidade, toxicológico etc.), cujas características poderiam ter sido verificadas na FISPQ (Ficha de Informações de Segurança do Produto Químico), que deveria estar disponível na empresa e ser de competência dos trabalhadores envolvidos com a tarefa, notadamente quanto aos procedimentos necessários para a sua manipulação segura, inclusive quanto aos primeiros socorros no caso de acidente;

ii. não se pode deixar de comentar para aqueles a quem foi solicitada e autorizada (ou imposta) a intervenção, o mais amplo despreparo para lidar com a tarefa, sobretudo em razão do risco associado à sua consecução, o que termina por selar o destino dos trabalhadores, implicando responsabilidades sobre aqueles que autorizaram e provocaram o evento.

● Caso 21

Trabalhador sofre grave acidente em fazenda. Segundo informações ele estaria em cima de um tanque de água de um trator usado para pulverizar a lavoura, quando sofreu uma violenta queda, vindo a fraturar um dos braços e costelas.

Comentário:

O trator é um veículo projetado para operação com a atuação de um único trabalhador: o seu condutor. Toda e qualquer presença adicional de pessoas poderá ensejar oportunidade de acidente, tal qual no caso em comento. As poucas informações disponíveis nos levam a crer que o acidentado atuava como uma espécie de lastro, posto que posicionado sobre o dispositivo tracionado. O lastreamento serve para auxiliar na interação dos pneus do conjunto com o terreno em razão da tarefa a ser executada, visando ampliar a capacidade de tração. Todavia, este deve ser realizado de maneira planejada, sob supervisão de profissional habilitado, não sendo pertinente fazê-lo por meio de presença humana. Qualquer inadequação entre a velocidade de deslocamento e as condições dos pneus do conjunto (inflação, dimensões, tipo etc.) e sua interação com o terreno podem provocar saltos ou "vibrações" (o galope) ou outro fenômeno associado, capazes de promover não só a queda do motorista de seu posto de trabalho (se não devidamente fixado a este por meio do cinto de segurança ou se o trator for desprovido de cabine), mas também, de modo bem mais fácil, qualquer outro trabalhador que não conte com este aparato.

Logo, temos aqui um acidente previsível, evitável, pois de resultado de prática inadmissível, embora não incomum.

● Caso 22

Um operador de máquinas morreu após ter o braço direito arrastado pelas engrenagens de uma colheitadeira de café. O trabalhador, além de fraturas, sofreu graves lesões no membro atingido e na região torácica, pelo que faleceu ainda no local do acidente.

Comentário:

As colhedoras ou colheitadeiras, por sua natureza e aplicação, trazem implicações quanto ao projeto e instalação de proteções visando limitar o acesso às suas partes móveis quando em operação, razão pela qual constam do Quadro II do Anexo IV da NR 31 exclusões à proteção em partes móveis (itens 31.12.11.1 e 31.12.20). Nesse sentido, convém ressaltar da estrita importância do treinamento para a formação de uma cultura de prevenção cognitiva, com o reconhecimento do perigo iminente e do comportamento seguro em antecipação à possível interação com partes perigosas.

● Caso 23

Trabalhador rural sofreu grave acidente enquanto cortava capim com uma roçadeira de arrasto. O equipamento travou, e o trabalhador tentou desobstruí-lo com o seu pé direito, empurrando o capim que havia emperrado as lâminas, quando esta voltou a funcionar e arrastou a sua perna. Um colega de trabalho que estava próximo conseguiu desligar a máquina, que teve que ser parcialmente desmontada para o resgate e a retirada do trabalhador das ferragens. Ainda que socorrido, ele teve sua perna amputada.

Comentário:

A ausência da percepção do perigo, em face de energia residual no equipamento, e a intervenção indevida pelo trabalhador não capacitado para a tarefa resultaram no acidente. Resta claro a não observação no contido no item 31.12.67, que assim determina: "É vedada a execução de serviços de limpeza, lubrificação, abastecimento e ajuste com as máquinas e implementos em funcionamento [...]".

● Caso 24

Trabalhador foi atingido por faca de colega, que se desequilibrou em função da queda sobre ele de uma carcaça bovina transportada por via aérea em uma nória. Do acidente resultou profundo corte no rosto daquele, em razão do que a empresa, após investigação das causas do evento, foi condenada a indenizá-lo por danos morais e estéticos.[4]

Comentário:

No curso do processo foi constatado que a nória (transportador no qual as carcaças de animais são penduradas para a retirada de suas partes) não estava em bom estado, não recebendo a manutenção adequada, além de contar com impropriedades em sua montagem.

Informações de testemunhas e do próprio SESMT da empresa reforçam a inadequação das condições do equipamento, pelo que era comum a ocorrência de quedas ou do desprendimento de carcaças do transportador, da restrição de área para a execução das tarefas (o que comprometia o arranjo físico), bem como a não fixação das plataformas utilizadas pelos operários para ter alcance às carcaças em movimentação.

Esse caso aponta a importância de dimensões que não podem ser negligenciadas em se tratando de segurança ocupacional em processos e ambientes industriais: o estado de conservação e de operação dos equipamentos e da maquinaria, e o planejamento e o correto dimensionamento do arranjo físico, o que inclui a área disponível por operador em cada posto de trabalho e a interação com a vizinhança. De outro lado, podemos fazer menção, também, à capacidade de essa estrutura suportar a carga em deslocamento, o que nos impõe refletir

---

[4] Com informações do Portal do TRT 23ª Região (Mato Grosso). PJe 000093-67.2014.5.23.0046.

acerca das mudanças do volume de produção e seus impactos sobre o conjunto dos recursos produtivos, inclusive maquinaria, instalações e toda a estrutura a ela relacionada.

A esse respeito, veja-se, em caráter complementar, este breve relato:

> *Estrutura metálica, com cerca de 40 ton de carga, cede e centenas de caixas com alimentos congelados caíram sobre os trabalhadores, vindo um destes a falecer em razão dos ferimentos.*
>
> *Qual a causa primária dessa ocorrência? Teria sido a estrutura projetada para o atual volume de produção ou para uma outra capacidade inferior?*
>
> *Em resumo: quaisquer alterações nas variáveis utilizadas para o projeto das redes e instalações, via de regra, ensejam revisões e alterações projetuais conduzidas a cargo de profissionais habilitados para tanto.*

● Caso 25

Explosão de pneu deixa trabalhador com traumatismo craniano e outros ferimentos. Após realizar conserto no pneu de um trator, o ajudante de borracheiro foi vitimado pela explosão deste quando o enchia para a reposição no veículo. Segundo testemunhas, com o estouro, o trabalhador foi arremessado a uma altura de cerca de cinco metros, vindo a se chocar contra uma viga no teto do galpão da oficina, o que lhe causou o traumatismo craniano e outras pequenas lesões por todo o corpo.

Comentário:

Impactos no tronco e na cabeça (causando lesões oculares e danos auditivos) são comuns nesse tipo de ocorrência, razões pelas quais, em geral, elas são graves. Não raro ocorrem, também, lacerações profundas que podem alcançar vasos importantes, cuja hemorragia pode levar a(s) vítima(s) ao óbito em poucos minutos. O uso irrestrito de grades ou gaiolas de segurança, projetadas, construídas e instaladas em consonância com especificações técnicas adequadas, associado ao uso dos EPIs aplicáveis à função, pode minimizar as consequências de eventuais rupturas de pneus durante as operações de desmontagem e enchimento.

● Caso 26

Borracheiro de empresa agropecuária faleceu quando consertava um pneu em uma máquina agrícola. Segundo testemunhas, um grande estampido foi ouvido a muitos metros de distância. O friso do aro se desprendeu da roda e atingiu o trabalhador, conferindo-lhe forte impacto, pelo que foi arremessado ao solo com um profundo corte em uma das artérias do pescoço, que em poucos minutos resultou em sua morte.

Comentário:

Como no caso anterior, significativa parcela da gravidade deste acidente poderia ter sido reduzida com o uso da gaiola de segurança como prática regular das atividades ligadas ao trato com pneus sob grande inflação. No caso concreto, observa-se que a *causa mortis* resultou do impacto provocado pelo aro da roda arremessado contra o trabalhador, o que teria sido evitado com o aparato de segurança, uma vez que projetado e instalado para tal fim.

● Caso 27

Trabalhador morre enquanto preparava ração para animais em uma ensiladeira. Segundo informações, a vítima teve ambos os braços arrastados ao interior da máquina, em razão do que veio a óbito no local.

Comentário:

A ensiladeira ou forrageira estacionária é uma trituradora, composta de um conjunto de lâminas (ou facas) rotativas que picam ou trituram a forragem (capim, sorgo, cana-de-açúcar ou outras) nas dimensões adequadas para que possam servir de ração para cada rebanho. Seu potencial danoso é elevado. Contudo, as intervenções protetivas são simples e eliminam a possibilidade de novas ocorrências. Em geral, basta a adoção dos princípios da abertura e da distância segura para fins de proteção mecânica. Ao lado destas, cabe, também, a adoção de procedimentos visando à segurança das operações de manutenção, troca e ajuste das lâminas, em especial o bloqueio elétrico para evitar o acionamento indevido, bem como a instalação de botoeira de emergência com rearme manual, ademais das funções de liga/desliga próprias, em conformidade com o estabelecido na NR 12.

● Caso 28

Trabalhador rural temporário morre após ser atropelado por trator na fazenda. O acidente ocorreu quando auxiliava a operação de trator e acabou caindo entre os vagões do veículo. Gravemente ferido, foi socorrido ao hospital mais próximo, vindo a falecer ao dar entrada na UTI.

Comentário:

Uma das regras fundamentais de segurança para a operação de veículos autopropelidos diz respeito à limitação da interação de trabalhadores e, eventualmente, transeuntes com eles. Em algumas ocupações rurais, por vezes os trabalhadores são levados a realizar atividades sobre a carroceria de veículos que transportam matérias-primas, para o seu carregamento ou descarregamento, como no caso do tombamento da cana-de-açúcar em usinas. Previsível, portanto antecipável, a possível queda de nível, em especial se o operário não contar com algum dispositivo limitador e, sobretudo, quando o veículo se põe em movimento nessa condição. De outro lado, a cobrança excessiva pela rapidez na execução da tarefa pode se configurar como fator organizacional contribuinte para a ocorrência do acidente, cuja investigação e análise alcançarão a constatação de que este tem origem multidimensional e multicausal.

● Caso 29

Trabalhador que acompanhava o descarregamento de uma carga de milho morre soterrado, quando escorregou e caiu em um funil de recepção do produto agrícola. Os funcionários da fazenda ainda tentaram, sem sucesso, fazer o resgate do colega. Os bombeiros, ao alcançarem o corpo, já o encontraram sem vida. Asfixia foi a causa da morte.

Comentário:

Observa-se, nesse caso, a ausência de cuidados básicos, seja quanto ao reconhecimento dos riscos, seja no tocante à definição de medidas de controle.

Sendo o sistema de recebimento de grãos um sistema mecânico, seria suficiente para a eliminação de possibilidades de queda ao seu interior a implantação de um dispositivo de limitação de acesso e/ou passagem, um anteparo capaz de evitar a entrada indevida de pessoas em sua área de ação. Todavia, ainda que estes estejam presentes em alguns sistemas, por vezes são retirados para conferir celeridade ou ampliar a velocidade de escoamento, restando inafastável a condição primária para o acidente.

De outro lado, sabendo-se da possibilidade de soterramento e consequente fatalidade da ocorrência, em caso de queda ao interior desse sistema, se faz necessário o uso de proteção individual contra queda, com a devida ancoragem não apenas do trabalhador, como também das ferramentas usualmente utilizadas por este para a movimentação dos grãos na superfície em escoamento. A conjunção desses fatores seria a mais provável causa da ocorrência em comento.

● Caso 30

Trabalhador morre ao dormir sob uma das carretas que faziam o transporte de cana-de-açúcar do canavial até a usina. A vítima trabalhava como auxiliar de serviços gerais e aproveitou a paralisação da colheita, em razão das más condições das estradas, resultado das fortes chuvas ocorridas na região há uma semana, para descansar. Consta que o tratorista, desconhecendo a presença do trabalhador sob o trator, movimentou o veículo, o que resultou no atropelamento com graves ferimentos, aos quais não resistiu e veio a falecer. Informações do boletim de ocorrência lavrado dão conta que próximo ao local do acidente existia barraca montada pela usina para descanso dos trabalhadores e para a sua proteção em caso de mau tempo.

Comentário:

Este caso se insere na série "O incrível acontece!". Não, não é impossível, pois, infelizmente, teve lugar. Quando discutimos a questão do trabalhador tecnicamente hipossuficiente em geral nos vem à mente o período passado em que se edificou esse conceito. Tempo em que, supostamente, um cidadão médio de qualquer localidade de nosso país não tinha acesso à escolarização e a um mínimo de informações, em especial de caráter preventivo para não deixá-lo sujeitar-se a situações como a acima descrita. Apesar da proximidade do barracão, o que, por si só, demonstra cuidado com a integridade dos trabalhadores, aquele, em particular, por considerar mais apropriado o abrigo sob o veículo do que se deslocar até o local devido, sofreu as consequências de sua percepção e escolha equivocadas. E o que fazer para que tal não aconteça outra vez? Utilizar o ocorrido como lição e ampliar o acesso às informações sobre segurança no trabalho e no tocante à importância da atuação proativa de cada trabalhador nesse sentido.

● Caso 31

Acidente com trator mata funcionário de fazenda. Conforme informações do boletim de ocorrência, ele conduzia um trator e ao lado dele um colega de trabalho guiava outra máquina. O trator por ele conduzido tombou e sua cabeça foi prensada pela capota de aço, vindo a falecer no local.

Comentário:

A capota não suportou o esforço causado pelo tombamento e não atuou como estrutura ou célula de proteção como esperado, o que resultou na morte do tratorista. Admitindo-se que essa capota não fazia parte no projeto original da fábrica (do contrário teríamos a possibilidade de investigar a responsabilidade do fabricante pelo fato do produto), podemos considerar que tal possa ter ocorrido por dois motivos:

- houve falhas no projeto e na escolha do material utilizado para a confecção da capota para fins de EPC, pelo que esta não atendeu às expectativas de serviço, quando exigida;

- não houve falhas na especificação do material ou de projeto, entretanto a execução deste falhou quando da escolha do ponto de fixação do novo componente com as peças estruturais, que se deformaram com o esforço resultante da capotagem.

Do caso em comento, podemos concluir: o projeto e a execução de estruturas de proteção, bem como quaisquer outras intervenções não originais com o trator, somente devem ser feitos sob estrita supervisão de profissional devidamente habilitado. Do contrário, podem não ter serventia alguma aos propósitos pretendidos.

● Caso 32

Um acidente de trabalho matou trabalhador que tentava consertar uma máquina colheitadeira. Segundo informações, havia cerca de uma hora que a colheita teria começado quando a máquina parou de funcionar. Ainda no campo, o trabalhador posicionou-se sob esta quando uma de suas partes, de aproximadamente duas toneladas, caiu sobre ele, que teve morte imediata.

Comentário:

O item 31.12.66 assevera que "As atividades de manutenção e ajuste devem ser feitas por trabalhadores qualificados ou capacitados, com as máquinas paradas e observância das recomendações constantes dos manuais ou instruções de operação e manutenção seguras".

Portanto, a tentativa de realização de intervenção de manutenção em condições inadequadas, no próprio campo, sem contar com o suporte dos dispositivos e/ou mecanismos disponíveis em uma oficina mecânica, assim como por trabalhador não qualificado para a tarefa, pode ter contribuído para a queda do componente de grande massa sobre o trabalhador que estava posicionado sob a máquina.

● Caso 33

Um motosserrista foi atingido pelo eucalipto que tinha acabado de cortar, sofrendo grave traumatismo craniano, pelo que veio a falecer ainda no local de trabalho. Outro trabalhador que dividia a tarefa com a vítima, a uma dezena de metros de distância do ponto em que este se encontrava, observou que o tronco em que o trabalhador atuava se enroscou na copa de outras árvores. Destaca ainda que, passados alguns minutos sem ouvir a ação da motosserra, se aproximou do companheiro, momento em que percebeu o ocorrido, acionando, de imediato, os seus superiores para as providências necessárias. Os proprietários da plantação informaram que todo o cultivo havia sido vendido a uma fábrica da cidade vizinha e que o corte havia sido contratado por uma empresa terceirizada pelo comprador de sua produção.

Comentário:

O caso apresentado registra a ocorrência de acidente em árvore em derrubada enganchada em outra(s), o que constitui perigo fatal e, como tal, deveria ter seu tombamento complementado, de imediato, segundo um procedimento previamente aprovado e de domínio do trabalhador, por intermédio de treinamento, visando assegurar a conclusão segura da tarefa. A prática sugerida seria promover o seu arrastamento por guincho mecânico ou, quando indisponível, ter sua queda provocada por arrastamento ou rolamento, por método igualmente pré-aprovado. Nesse sentido, recomenda-se, entre outras medidas que busquem evitar a ocorrência de acidentes, não transitar sob ou subir na árvore sustentada (enganchada), não subir em ou cortar aquela(s) que esteja(m) sustentando. Além da inexistência de um plano de corte, resta inconteste a ausência de medidas de segurança entre cada uma das empresas participantes do empreendimento.

● Caso 34

Trabalhador que realizava a poda de árvores para empresa terceirizada da prefeitura sofre acidente e tem dois pododáctilos amputados por motosserra. De acordo com informações, a vítima estava em cima de um caminhão e cumpria a atividade de poda quando cortou um dos galhos e baixou bruscamente a ferramenta, que atingiu a bota, impondo-lhe o ferimento. Ele foi encaminhado e atendido no pronto-socorro municipal. Não corre risco de morte. A assessoria da

Breves relatos e apreciação de acidentes na agroindústria

prefeitura informou que o edital para a licitação do serviço exige do contratado seguro de vida, além de atendimento médico no caso de acidentes laborais.

Comentário:

Embora o caso em questão não trate em específico de caso relacionado à agroindústria ou à produção florestal, as condições de sua ocorrência servem bem ao propósito de explicitar um cuidado necessário quando da utilização de motosserras: esta jamais pode ser baixada com a corrente em acionamento, sob o risco de atingir o seu utilizador, como ocorrido, ou algum objeto nesta trajetória, que pode ser arremessado contra este ou outrem nas imediações.

Pode-se (deve-se) questionar a respeito da pretensa inadequação da bota disponibilizada (teria a proteção requerida ou necessária para os artelhos? Cremos que não!), bem como quanto à presumível insuficiência ou ausência de treinamento do operador. Por fim, podemos, ainda, indagar quanto à adequação do tipo (ou tamanho) do equipamento utilizado para os fins almejados para a tarefa. Seria possível cumpri-la com outro equipamento mais apropriado?

Quanto aos termos do edital, estes não eximem a contratante de sua responsabilidade diante do ocorrido.

● Caso 35

1. Trabalhador de assentamento realizava corte de madeira quando perdeu o controle da motosserra que atingiu sua própria perna. Ele não resistiu aos ferimentos e faleceu.
2. Motosserra escapa da mão de trabalhador que realizava o corte de madeira para a preparação de carvão, provocando-lhe graves lesões no tórax, pescoço e braço direito que o levaram a óbito.

Comentário:

Esses dois casos, que em conjunto representam as partes do corpo mais comumente afetadas pelos acidentes no trato com motosserras, certamente decorrem da conjunção de dois fatores:

237

- ausência de treinamento formal para o trato seguro com a ferramenta. Ou seja, a falta de domínio técnico do equipamento; e
- ausência ou inadequação dos EPIs necessários para a operação segura deste.

Convém relembrar a advertência, indelével e resistente, que deve ser aposta em local de fácil leitura e visualização do usuário de todos os modelos de motosserra e similares, conforme estabelecido no item 5, do Anexo V, da NR 12: *"O uso inadequado pode provocar acidentes graves e danos à saúde"*.

Sem dúvida, essa advertência tem razão de existir!

● Caso 36

Trabalhador morre ao realizar cortes em área de reflorestamento. Uma das árvores caiu sobre o trabalhador, que perdeu o controle da motosserra, que terminou por atingi-lo no abdome, provocando-lhe profundos e graves ferimentos que o levaram a falecer ainda a caminho do hospital.

Comentário:

Esse caso remete aos cuidados referentes ao entorno do trabalhador durante a execução do corte de árvores. Isto é, os perigos derivados, como a posição original de queda, da derrubada sequencial, a presença de cipós, cabos e galhadas nessa trajetória, do eventual ricocheteamento de partes ou aparas, bem como de fiação aérea, entre outras possibilidades de acidentes secundários.

● Caso 37

Trabalhadora sofre acidente fatal em frigorífico. A trabalhadora estava limpando uma esteira quando se desequilibrou, caiu sobre o equipamento, teve o corpo arrastado por ela e terminou prensada em outra máquina. O impacto e os ferimentos resultantes foram de tal ordem que ela veio a falecer no local.

Comentário:

Esse caso se assemelha ao já discutido no Caso 2. Observa-se a ausência de proteção mecânica da parte móvel, assim como de bloqueio para a realização de intervenção de limpeza ou similar, condição essencial para a sua realização segura. Isso configura a inexistência de procedimento para a sua execução. Pode-se vislumbrar, ainda, a indisponibilidade de dispositivo de parada de emergência para ser prontamente acionado por outro trabalhador ou pela própria vítima, o que culminou no desfecho fatal.

● Caso 38

Para os profissionais que socorreram o trabalhador vítima de acidente com motosserra, "somente um golpe de sorte" explicaria a lesão de menor gravidade ocorrida. Apesar de exposto o osso temporal, na região entre a testa e o ouvido, não houve ruptura do mesmo, o que, segundo os socorristas, seria fatal.

"Fiz todo o serviço com capacete. Quando tinha encerrado o trabalho, achei que um galho não tinha ficado bom. Fui cortar sem o capacete, quando o motor deu um tranco e voltou sobre mim", disse o trabalhador.

Comentário:

O fenômeno descrito pelo operário é o "rebote" ou "retrocesso", movimento ascendente da motosserra que se volta contra o trabalhador, vindo a atingi-lo, sobretudo na porção superior de seu tronco ou em sua cabeça. Alguns modelos do equipamento possuem um sistema avançado de freios, capaz de predizer o movimento e a ocorrência associada e, de imediato, fazer cessar o deslocamento da corrente, protegendo, assim, o seu usuário.

Quanto ao caso em concreto, resta clara a lição de que a mínima fração de tempo requerida para a operação não pode ser realizada sem a utilização de todo o conjunto de EPIs requeridos para a sua execução segura. Apesar da sorte nesse evento, não convém dar oportunidade ao azar!

● Caso 39

Um acidente com um trator agrícola resultou na morte instantânea de uma jovem de 21 anos, nas terras de sua família. Informações preliminares indicam que a moça teria deixado o veículo estacionado sem, contudo, acionar o freio estacionário. Ela se encontrava a poucos metros de distância, em uma vala de silagem, recolhendo alimento para os animais, quando a máquina teria se deslocado e descido desgovernada, atingindo-a em cheio, somente vindo a parar após colidir com uma das instalações da propriedade. Socorrida de imediato por familiares, já chegou ao hospital municipal sem vida.

Comentário:

A ocorrência deixa inconteste a falta de treinamento efetivo quanto à condução e operação segura desse tipo de veículo. Um procedimento simples, que deveria ser habitual, arraigado no comportamento do operador, poderia ter evitado a tragédia. Em razão de sua elevada massa, um trator pode, após ter cessado o seu movimento, parar e alcançar uma estabilidade provisória, calcada, por exemplo, em sulcos na superfície em que se encontra, a qual pode ser rompida a qualquer momento quando este se encontrar em um plano ou terreno inclinado. Vencida a inércia inicial, a aceleração da descida será proporcional à massa do veículo e da inclinação do piso.

● Caso 40

1. Acidente com avião agrícola mata piloto após a aeronave chocar-se contra os fios de alta-tensão e cair em fazenda na qual fazia pulverização em uma plantação de soja.

2. Acidente com avião agrícola leva piloto a óbito. A aeronave, que no momento da queda não estava realizando pulverização da lavoura, caiu de bico sobre a plantação. Segundo informações, no momento do acidente ventava forte, e o céu estava intensamente nublado. Após a queda, deu-se uma grande explosão, razão pela qual não foi possível qualquer intervenção em socorro ao piloto. Peritos do Serviço Regional de Investigação e Prevenção de Acidentes

Aeronáuticos (Seripa) e da Agência Nacional de Aviação Civil (Anac) devem vistoriar o local.

Comentário:

Os casos de acidentes de aviação aeroagrícola mencionados dizem respeito a causas comumente citadas como fatores causais para ocorrências desta natureza:

- A presença de fiação aérea nas proximidades dos campos cultivados, com os quais aeronaves se chocam, em especial por dois motivos principais: a fadiga decorrente das jornadas de trabalho excessivas e as condições de reduzida visibilidade ao cair da noite, no crepúsculo de final de tarde.
- A usual presença de fenômenos climáticos, como fortes chuvas e ventos, que ameaçam a integridade das aeronaves, que podem ser consideradas frágeis em razão de sua reduzida massa, condição essencial para a satisfação de sua função precípua.

18

Questões para estudo e discussão[1]

---
[1] Este estudo é parte integrante da obra de BARBOSA FILHO, Antonio Nunes. *Segurança do trabalho na agropecuária e na agroindústria*. São Paulo: Atlas, 2017. É permitida a reprodução, desde que citada a fonte.

18   Questões para estudo e discussão

1. Quais os principais cuidados a serem estabelecidos no tocante aos seguintes aspectos do trabalho agroindustrial:
   a. contato com animais peçonhentos, como cobras, taturanas, escorpiões, aranhas, vespas, entre outros;
   b. contato com frutas cítricas, como caju, limão e laranja;
   c. cultivo e colheita de abacaxi;
   d. utilização de defensivos agrícolas, fertilizantes e fitossanitários;
   e. gestão das embalagens (tratamento e destinação) e de resíduos agropecuários;
   f. manuseio de ferramentas manuais;
   g. trato com animais de grande porte.
2. Que fatores influenciam a explosividade de pós agrícolas?
3. Que elementos são necessários para a ocorrência de explosões desses pós?
4. Por que existem explosões em cadeia nas unidades de armazenagem?
5. Como se dá a formação da "ponte de grãos" e por qual razão oferece perigos aos trabalhadores?
6. Como podemos evitar a sua formação e que medidas de segurança devem ser tomadas em face de sua potencial existência?
7. Qual a influência da umidade dos grãos no tocante à saúde e segurança ocupacional, quando de seu armazenamento em silos?
8. E quanto à umidade da atmosfera do silo propriamente dita?
9. Por que razões devemos estender as ações relativas à SST na agroindústria aos trabalhadores contratados por tempo determinado e, mesmo, para os safristas?
10. Que EPIs devem integrar o conjunto de equipamentos individuais para a operação segura de uma motosserra?
11. Que medidas devem ser satisfeitas para que uma atividade realizada em ambiente artificialmente frio não seja considerada insalubre?

Questões para estudo e discussão

18

12. O que diferencia o *frostbite* do fenômeno de Raynaud como potenciais consequências do trabalho sob exposição ao frio?

13. O que você entende por "pé de imersão" e que cuidados devem ser tomados para evitá-lo?

14. Como definimos, em nosso país, uma atividade como sob condição artificialmente fria?

15. Por que se faz necessário o uso de vestimentas adequadas para o trabalho em baixas temperaturas?

16. Que conjunto de EPIs deve ser fornecido para a proteção térmica em ambientes artificialmente frios?

17. Como se dá a avaliação de insalubridade no tocante ao agente físico frio?

18. Qual a importância das pausas térmicas durante uma jornada laboral em ambientes artificialmente frios?

19. Que medidas devem ser estabelecidas visando à prevenção de acidentes no interior de câmaras frigoríficas?

20. Que variáveis podem influenciar o nível de ruído a que um trabalhador agrícola está sujeito?

21. Que variáveis devem ser consideradas para a correta definição do protetor auricular a ser fornecido para o trabalhador da agroindústria?

22. Que medidas deverão estar contempladas em um Programa de Conservação Auditiva (PCA) na agroindústria?

23. Qual a importância da consulta prévia do Certificado de Aprovação (CA) quando de seleção de determinado EPI a ser disponibilizado aos trabalhadores?

24. Qual a importância do uso do protetor auditivo por toda a duração da jornada laboral?

25. O que são substâncias ototóxicas, onde podem ser encontradas na agroindústria e qual sua contribuição para consequências danosas ao aparelho auditivo?

26. Quais os principais riscos de acidentes na condução de tratores?

27. Quais as principais causas de acidentes na condução de tratores – no aspecto comportamental – e como evitá-las?

28. Qual a importância do cinto de segurança e das estruturas de proteção em caso de capotamento (EPC) para a integridade do tratorista?

29. Como podem ser classificadas as estruturas de proteção em caso de capotamento?

30. O que origina o fenômeno do "galope" na condução de um trator? O que deve ser feito para evitá-lo?

31. Qual a finalidade do uso de gaiolas de proteção para a inflação ou operação de pneus?

32. Que práticas de segurança adicionais devem ser adotadas nas tarefas relacionadas ao trato ou reparação de pneus de veículos de grande porte?

33. Por que razão recomenda-se o acesso do tratorista sempre pelo lado esquerdo do veículo?

34. Que cuidados devem ser tomados durante as operações de acoplamento e desacoplamento de implementos a serem tracionados por tratores?

35. Qual a correta sequência para a desconexão e posterior reconexão de acumuladores (baterias) em veículos para a realização de serviços ou substituição?

36. Que condições ou dispositivos de segurança devem ser verificados rotineira e previamente à operação de tratores?

37. Por que razão é expressamente proibido o transporte de passageiros (carona ou auxiliar na operação) em máquinas e equipamentos motorizados e nos implementos a este acoplados?

38. O que você entende por lastreamento de pneus, como executá-lo e qual a sua finalidade?

Questões para estudo e discussão

18

39. Por que nas subidas acentuadas, com mais de 12% de inclinação, recomenda-se fazê-lo em marcha à ré?

40. Quais os procedimentos recomendados para o transporte e o abastecimento de motosserras de combustão interna?

41. Quais os dispositivos de segurança obrigatórios em todas as motosserras comercializadas e em uso no país e quais suas finalidades?

42. O que pode causar o "rebote" durante a operação com uma motosserra?

43. Que situações demandam o uso de equipamentos contra queda de altura no interior de silos?

44. Em que outros ambientes da agroindústria é recomendada a utilização desses EPIs?

45. O que diferencia as faixas de radiação solar, em especial as UVA e UVB?

46. O que distingue os efeitos agudos dos de longo prazo da exposição solar?

47. Qual a função da melanina?

48. O que é fotossensibilização? O que são substâncias fotossensibilizantes?

49. Que fatores podem contribuir para o surgimento do câncer ocupacional cutâneo?

50. Quais problemas de ordem prática são de complexa resolução quanto à definição de potencial insalubridade no tocante à exposição solar?

51. Por que, sempre que possível, deve-se evitar exposição ocupacional aos raios solares no período do dia compreendido entre as 10h e 16h sem as proteções necessárias?

52. Qual a importância da rigorosa manutenção do equilíbrio hidroeletrolítico (água + sais) para trabalhadores que realizam atividades sob exposição solar?

53. Que sinais de alerta devem ser observados no autoexame da pele recomendado para trabalhadores expostos à radiação ultravioleta originada na exposição solar?

54. Como se resolve a avaliação de insalubridade no tocante à exposição solar, segundo entendimento do Tribunal Superior do Trabalho (TST)?

55. Disserte sobre o autoexame e as características ABCD de manchas na pele.

56. Quais as principais causas de acidentes com aeronaves agrícolas?

57. Quais os requisitos, segundo o Regulamento Brasileiro de Aviação Civil, para a obtenção da habilitação como piloto no tocante à segurança operacional do voo agrícola?

58. Que características da jornada e das operações a cargo do piloto agrícola representam ameaças à sua integridade?

59. Por que razão voos rasantes são considerados de maior risco?

60. O que significa "alijar" a carga de um avião agrícola?

61. Quais os requisitos do sistema de alijamento de emergência?

62. Que equipamentos de segurança de voo devem ser utilizados pelos tripulantes de operações aeroagrícolas?

63. Quais as principais recomendações no tocante às condições atmosféricas para operações aeroagrícolas?

64. Quais as condições ideais para o voo agrícola quanto à temperatura, umidade e velocidade dos ventos?

65. Quais as funções e os requisitos dos pátios de descontaminação de aeronaves agrícolas?

66. Quais as regras de distâncias mínimas a serem observadas na aplicação de agrotóxicos por via aérea?

67. Como deve se dar o monitoramento da saúde ocupacional da equipe dedicada à aplicação aérea de defensivos agrícolas?

Questões para estudo e discussão

68. Como é definido o grau de risco biológico de um patógeno (biorrisco)?

69. Qual a importância do planejamento e da implantação de um Programa de Proteção Respiratória (PPR) nas atividades de distintos segmentos da agroindústria?

70. Que informações devem ser utilizadas nesse planejamento?

71. O que são "endotoxinas" e que efeitos podem trazer à saúde dos trabalhadores?

72. Que medidas podem ser tomadas para sua eliminação ou controle nas atividades agroindustriais?

73. Como são classificadas as partículas que adentram o nosso sistema respiratório?

74. Qual a importância dessa classificação para fins de proteção respiratória?

75. Quais as principais dificuldades para a implantação de um Programa de Proteção Respiratória nas atividades agrícola, pecuária, florestal e relacionadas?

76. Liste os ambientes e as atividades do trabalho agroindustrial que potencialmente demandam o desenvolvimento de Programas de Proteção Respiratória com os trabalhadores.

77. Que elementos são necessários para a formação de um incêndio?

78. Quais as principais formas de ignição ou de fornecimento de energia para a deflagração de um incêndio nas atividades agroindustriais e florestais?

79. Quais os métodos usuais de extinção ou combate a um incêndio e quais suas aplicações/limitações na agroindústria?

80. O que entende por cavitoma? Explique o mecanismo do fenômeno e suas implicações quanto à formação de incêndios e sua extinção.

81. Por que razão os incêndios originados em combustão espontânea são considerados perigosos e de difícil controle, especialmente se são deflagrados no horário noturno?

Questões para estudo e discussão

82. Cite alguns materiais sujeitos à combustão espontânea. Que características da armazenagem favorecem a ocorrência do fenômeno?

83. Que medidas de segurança no tocante aos incêndios, em caráter preventivo, devem ser estabelecidas e rigorosamente observadas na armazenagem de produtos agrícolas sujeitos à combustão espontânea?

84. Como devemos proceder em caso de incêndios em armazéns de produtos agrícolas?

85. Qual a importância de as instalações de armazenamento contarem com um robusto sistema de drenagem e escoamento de águas?

86. O que diferencia a brigada de incêndio do bombeiro civil?

87. Quais as funções da brigada de incêndio? Como devem ser dimensionadas?

88. Segundo a natureza dos materiais combustíveis existentes nos ambientes a serem protegidos, como podem ser classificados os incêndios destes resultantes?

89. Qual a importância dessa classificação para o projeto e operação do sistema de prevenção e combate a incêndio pertinente?

90. E quanto à carga ou quantidade de materiais combustíveis existentes nos ambientes a proteger e o poder de liberação de calor dos incêndios que tiverem lugar nestes, como poderemos classificá-los? Defina carga de incêndio.

91. Qual a importância dos dispositivos de detecção e alarme para a eficácia do sistema de prevenção e combate a incêndios?

92. Qual a importância do controle da umidade nos ambientes agrícolas visando à prevenção de pneumopatias de origem ocupacional?

93. O que são bioaerossóis?

94. Como são classificadas as partículas em suspensão em função de seu tamanho aerodinâmico e quais são as implicações deste sobre o processo de adoecimento?

Questões para estudo e discussão

95. Que fatores extralaborais ou secundários podem contribuir para o surgimento de afecções pulmonares em trabalhadores rurais?

96. O que é a *polinose* e qual sua importância ocupacional?

97. Disserte sobre a *bagaçose* e a *bissinose*.

98. Como deve ser estruturado e gerenciado um Programa de Proteção Respiratória (PPR) aplicado aos segmentos agroindustrial e florestal?

99. Que medidas devem ser tomadas para não expor trabalhadores a condições que favoreçam o desenvolvimento de doenças pulmonares no ambiente rural?

100. Em que se fundamenta o Índice de Ultravioleta?

101. Qual a importância desse índice para o controle da exposição ocupacional ao sol?

102. Que fatores podem interferir na intensidade de radiação UV incidente sobre um trabalhador que realiza atividades em campo aberto?

103. Em que consistem as características A, B, C e D de manchas da pele a serem verificadas em autoexame como sinais de alerta da ocorrência de melanomas?

104. Que fatores concorrem para o surgimento do câncer cutâneo ocupacional?

105. Que mecanismos podem resultar na transmissão de zoonoses para trabalhadores?

106. Qual a importância da imunização ocupacional no ambiente rural?

107. O que você entende por "animais sinatrópicos" e qual a sua contribuição para a transmissão de doenças no ambiente rural? Que cuidados devem ser tomados para a prevenção das enfermidades originadas nesses animais?

108. Disserte sobre as seguintes doenças e as respectivas medidas de controle de saúde humana e animal:

i. leptospirose;
ii. tuberculose;
iii. febre aftosa;
iv. raiva ou hidrofobia;
v. clamidiose;
vi. salmonelose.

109. Quais os principais parasitas externos (ectoparasitas) que podem acometer o trabalhador rural e que consequências podem advir de sua ocorrência?

110. Que cuidados devem ser tomados para evitar uma eventual recorrência destes após o tratamento das pessoas e animais infestados?

111. Disserte sobre as principais zoonoses que podem resultar do trato com animais domésticos ou de companhia.

112. Por que razão a *larva migrans* cutânea recebe a alcunha de "bicho geográfico" e que cuidados são necessários para a sua prevenção?

113. Explique quais as recomendações relativas aos primeiros socorros em razão de acidentes com:
    a. escorpiões;
    b. serpentes;
    c. contato com substâncias naturais;
    d. picadas de insetos;
    e. agrotóxicos.

114. Segundo sua aplicação, como podem ser classificados os agrotóxicos?

115. O que determina a classe toxicológica de um agrotóxico? Como se dá a representação desta por cores em rótulos e embalagens?

116. Quais os principais grupos químicos componentes dos inseticidas? E qual deles é o causador do maior número de acidentes fatais entre os inseticidas e por quais razões?

117. Quais e por que alguns agrotóxicos recebem a denominação de "sujos"? Qual o significado da expressão "agrotóxico sujo"?

Questões para estudo e discussão

118. Por que não devemos reutilizar embalagens de agrotóxicos?

119. Como deve ser executada a "tríplice lavagem" e com que finalidade?

120. Que tipos de EPIs devem conter um kit para trabalhadores que lidam com agrotóxicos e quais as suas aplicações individuais?

121. Como determinamos a periodicidade e demais parâmetros relativos ao monitoramento da saúde ocupacional de trabalhadores que lidam com agrotóxicos?

122. O que você entende por "tempo de desativação" de um agrotóxico?

123. Qual o procedimento correto para a destinação e o descarte de embalagens de defensivos agrícolas?

124. Qual a importância do "rearme manual" de uma máquina?

125. Que critérios devemos considerar para a seleção de dispositivos de parada de emergência?

126. Que variáveis definem a categoria de um sistema de comendo de uma máquina, conforme a NBR 14.153/1998?

127. Qual a importância da divisão de uma máquina em zonas de atuação e de parada de emergência? Que cuidados devem ser tomados quando tal condição se fizer presente?

128. Que relações devemos estabelecer entre "aberturas de acesso" e "distâncias de segurança" no tocante à proteção mecânica de máquinas?

129. Por que enclausurar máquinas pode não ser a solução ótima quanto à proteção do trabalhador?

130. Em que situações devemos nos valer de dispositivos de intertravamento e de bloqueio?

131. Discorra sobre mecanismos de proteção complementares, como freio motor, válvulas de sobrepressão e outros.

132. Em que consiste o "bloqueio e liberação de energias" e em que situações é aplicável?

133. O que você entende por "burla"? Quais suas implicações para a SST?

134. Quais os principais cuidados que se deve ter com o aterramento de estruturas e cercas elétricas no meio rural? Qual a importância dessas medidas?

135. Qual a importância da investigação e análise de acidentes ocorridos no meio rural?

136. Quais as principais recomendações para acidentes envolvendo o vazamento de amônia?

137. Em que consiste o fenômeno da "alotopia"? Qual a importância de sua avaliação nos programas de saúde dos trabalhadores da agroindústria?

138. Qual a importância de se cumprirem as regras de recepção e descarga de animais em um frigorífico, conforme constante no item 36.6?

139. Qual a importância da função SST para a rotina de uma organização agropecuária ou agroindustrial?

140. Como são dimensionados a CIPA e o SESMT em empresas do setor rural? Há diferenciações se estas forem apenas agrícola ou de natureza agroindustrial?

Impressão e acabamento: